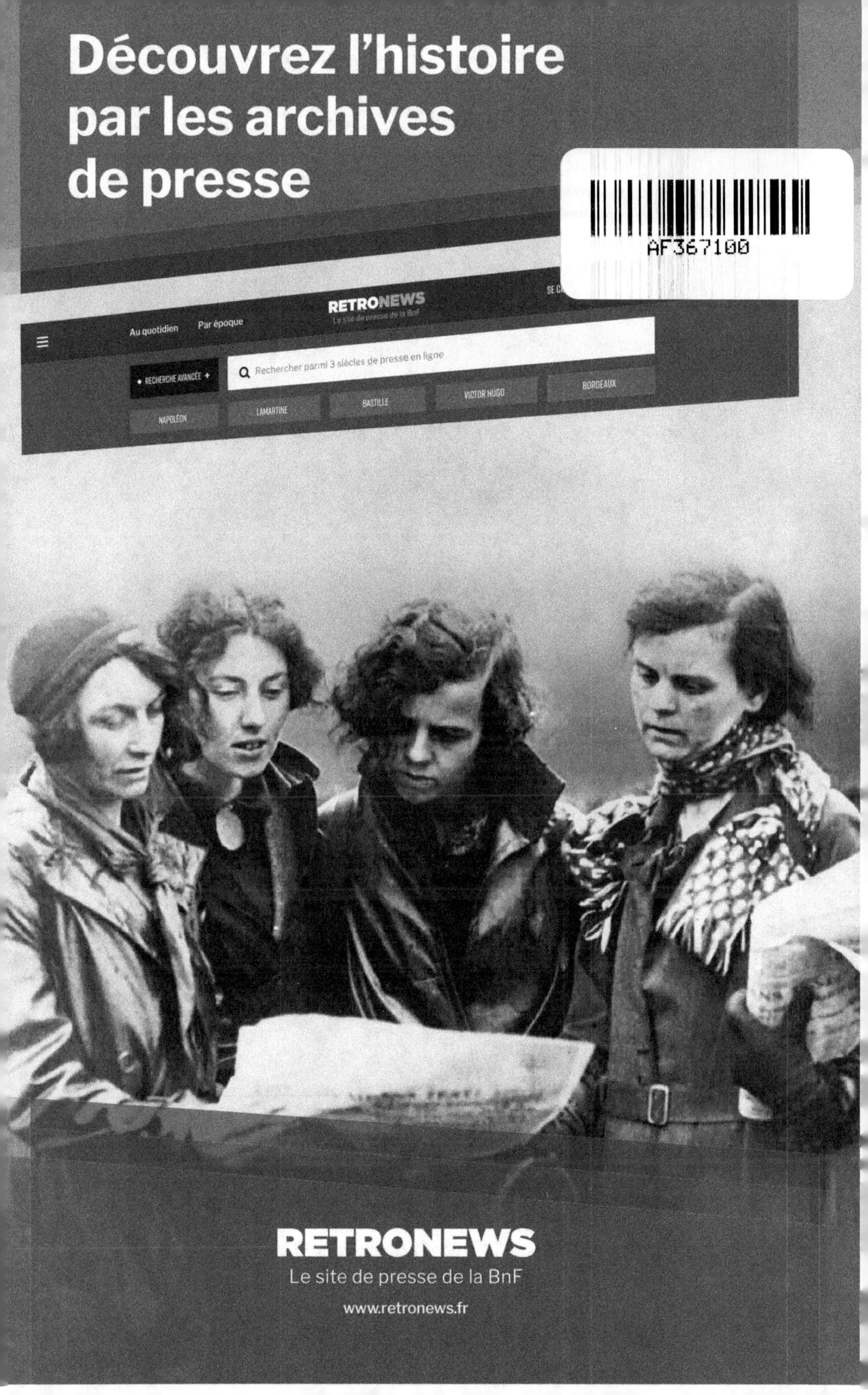

Découvrez l'histoire par les archives de presse

RETRONEWS

Le site de presse de la BnF

www.retronews.fr

MÉMOIRES

DE LA

SOCIÉTÉ

D'ÉMULATION

DES CÔTES-DU-NORD.

—

TOME PREMIER.

—

<table>
<tr><td>SAINT-BRIEUC,</td><td>PARIS,</td></tr>
<tr><td>L. PRUD'HOMME,</td><td>A. DURAND,</td></tr>
<tr><td>Imprimeur-Libraire-Lithogr.</td><td>Rue des Grès.</td></tr>
</table>

1865.

SOCIÉTÉ D'ÉMULATION

CÔTES-DU-NORD.

AVERTISSEMENT.

Au moment de livrer au public un premier volume de *Mémoires*, la Société d'Émulation des Côtes-du-Nord doit rappeler qu'elle respecte toujours la liberté de ses Membres, et qu'elle laisse à chacun la responsabilité de ses œuvres.

La Direction remplit un devoir bien doux, en exprimant, dès les premières lignes de ce recueil, la gratitude de la Société entière pour la Commission qui a bien voulu diriger l'impression de ce volume (1).

(1) Cette Commission est composée de MM. du Cleuziou, Perrio et Vivier..

Cet hommage rendu à un travail long et fastidieux n'est pas le seul que nous éprouvions le besoin de formuler en ce moment : notre pensée se tourne naturellement vers ceux de nos Collègues dont les travaux ne paraissent pas ici ; vers ceux qui ont soutenu, pendant ces quatre années, le poids des discussions, et jeté tant d'intérêt sur nos séances par leurs communications orales.

Cette partie si notable de nos travaux n'a trouvé qu'une place bien étroite dans les Comptes-Rendus sommaires des séances ; mais les Membres qui ont choisi cette part, la plus difficile souvent, ont largement contribué à remplir notre Programme : PROVOQUER, SOUTENIR ET COORDONNER LES EFFORTS DE CEUX DE NOS COMPATRIOTES QUI CULTIVENT LES SCIENCES, LES LETTRES ET LES ARTS.

Avons-nous, comme nous nous le sommes toujours proposé, excité quelquefois, par un encouragement opportun, la force productrice en ce pays ? Avons-nous, par un bon conseil venu à propos, contribué à y ramener le goût ? Avons-nous, en histoire, en archéologie, en science, en littérature, apporté notre pierre, si modeste qu'elle fût, à l'édifice national ? Avons-nous été de quelque utilité à l'agriculture, cette maitresse source de la richesse publique ? En un mot, avons-nous servi en quelque chose les grands intérêts de la France, tout en nous attachant spécialement aux intérêts moraux et matériels des Côtes-du-Nord ?

C'est au pays à le dire ; à ce volume et aux Comptes-Rendus de nos séances à le prouver.

Nous pouvons, du moins, nous porter garants des intentions de tous les Membres de notre Compagnie, et des efforts qu'ils vont continuer de faire pour se rendre de plus en plus utiles.

Les Membres de la Direction,

J. GESLIN DE BOURGOGNE, GAULTIER DU MOTTAY, Jules LAMARE.

Saint-Brieuc, le 7 Mars 1865.

ÉGLISE SAINT-JACQUES

A SAINT-LÉON, EN MERLÉAC (¹).

Sur les confins des antiques *pagi* du Kintin et du
Porhoët, au point où le vieux chemin reliant Châte-
laudren à Pontivy coupait, sous un angle à peu près
droit, la voie romaine qui de Carhaix se dirigeait vers
l'Est (2), au milieu d'un bassin formé par les montagnes qui séparent les versants nord et sud de la Bretagne, dans une solitude que de pauvres chaumières,
semées de loin en loin, ne suffisent pas à animer, un
plateau schisteux soulève péniblement sa tête bleue, sans
pouvoir atteindre à la moitié des hauteurs environnantes.

(1) Ce Mémoire a été lu dans la séance du 7 Mars 1861.

(2) Cette voie, dont les restes sont visibles sur un grand nombre de points, se
relève vers le N.-E., aux abords de Saint-Léon. Dans le voisinage, on signale plusieurs dolmens et allées couvertes ; le principal de ces monuments est la grotte aux
fées du Breil, près de Kerigant. Des substructions gallo-romaines et des restes du
drainage de la même époque ont été constatés sur plusieurs points de cette voie.

Dans cette gorge, voisine de la riante vallée de l'Oust, tout est morne, stérile et désolé. Le plateau est couvert de ruines, que quelques actes du moyen-âge nomment la *ville de Saint-Léon*. Les quatre grandes voies qui y aboutissent sont presque effacées; l'étang, encombré de longues herbes incolores, n'est plus qu'une immense fondrière, où les bestiaux vont trop souvent s'engloutir. De lourdes vapeurs flottent sur cet infect marais, que les crêtes dénudées des montagnes semblent elles-mêmes fuir à l'horizon. Un arrêt fatal plane, dirait-on, sur ce lieu sinistre : c'est comme un paysage maudit des bords de la mer Morte.

Le silence s'est fait dans la mémoire des hommes aussi bien que dans ces campagnes. Qui pourrait dire aujourd'hui ce que furent la ville de Saint-Léon, ses sept églises (1) et ses moines rouges ? Quand Dieu condamne un peuple à mort, il frappe la contrée qui le portait du sceau de sa colère; il en sème les champs du sel de la stérilité : voyez les déserts de Babylone, de Ninive, de Palmyre, de Memphis, et de tant d'autres cités, dont les débris gisent, aujourd'hui perdus, dans les solitudes des deux hémisphères.

L'arrêt est quelquefois moins sévère pour les petits que pour les grands coupables. Toutefois, de Saint-Léon il ne reste qu'une tradition vague, qui ne remonte pas au-delà de l'époque où les marchands de toile des évêchés de Cornouaille, de Tréguier, de Saint-Brieuc, de Saint-Malo et de Vannes, se donnaient rendez-vous sous ses halles.

____

(1) Nous n'avons pu recueillir que les noms de quatre : Saint-Jacques, Saint-Nicolas, Saint-Maudé, Saint-Julien.

Mes recherches aux Archives des Côtes-du-Nord, du Morbihan, de Là Loire-Inférieure et d'Ille-et-Vilaine, ne m'ont rien appris de plus sur le passé de Saint-Léon. Dom Morice, qui a puisé à pleines mains aux archives de Rohan, n'a publié qu'un seul acte qui nomme Saint-Léon avant le xive siècle : c'est une charte de Renaud ou Reynald, évêque de Cornouaille, qui confirme, en 1245, les dons faits par son prédécesseur, Guillaume, à l'abbaye de Bon-Repos. Il mentionne notamment « *domos et hospitia quæ habent dicti monachi apud Corle et apud sanctum Leonem* » (1).

Qu'étaient-ce ces *hospitia* de Saint-Léon ? Etait-ce des maisons de *hospites* ou de *mansionarii*, c'est-à-dire de simples tenures relevant des Rohan ? ou bien n'était-ce pas de pieuses fondations, de ces hospices, charitables hôtelleries du moyen-âge ?

Au cartulaire de Saint-Aubin (2), qui s'imprime en ce moment, nous voyons d'autres Cisterciens, ceux-là mêmes qui donnèrent la vie spirituelle à Bon-Repos, traiter aussi pour des *hospitia* avec les Chevaliers de Saint-Jean de Jérusalem. Est-ce là qu'il faut chercher l'explication des moines rouges dont on parle encore dans le pays, et de la grande croix rouge que nous allons trouver dans la maîtresse voûte de l'église Saint-Jacques, et du manteau blanc et rouge dont Jéhovah est vêtu dans les peintures de ce monument ?

Saint-Léon ne paraît guère dans les actes de Bretagne; mais il n'en est pas ainsi de Merléac, qui s'y trouve souvent désigné sous le titre de *burgum* ou de *villa*.

(1) *Hist. de Bretag.*, Pr. I, 925.

(2) *Anciens Évéchés de Bretagne*, T. III, p. 40, charte X.

C'est sous cette dénomination qu'il figure notamment dans un acte de 1293, tiré des archives de Blain (1). N'est-il donc pas probable que, comme le veut la tradition, le siége de la paroisse fut longtemps à Saint-Léon ; qu'il ne fut transféré à la chapelle élevée près du château de Merléac que quand Saint-Léon eut perdu son importance, et que le groupe d'habitations assises à l'abri du château eût grossi ?

En effet, Merléac, démembrement de la seigneurie de Corlay, n'apparaît pas d'abord comme individualité féodale bien puissante : c'est toujours de la paroisse ou du bourg qu'il est question ; et cette paroisse, par son importance et son ancienneté, se trouvait tellement en dehors des serres de la féodalité que, en 1491, quand le seigneur supérieur de ces contrées, le vicomte de Rohan, obtint de Charles VIII le rétablissement de son château de Corlay, avec droit de garde et de guet, les paroissiens de Merléac s'y opposèrent, par le ministère de Onnet Le Potier, « leur procureur prouvé » (2). Remarquons, en passant, que nos campagnes étaient donc, au moyen-âge, loin de l'état d'ilotisme que supposent beaucoup de gens, puisque voici une simple paroisse rurale qui tient tête à son seigneur, et qui est imitée par plusieurs autres paroisses voisines.

Une déclaration de la famille de Rohan, en 1479, prouve qu'à cette époque Saint-Léon n'avait pas encore disparu. Dans la longue énumération de leurs domaines,

---

(1) D. Mor. I, 1109 ; voir aussi les col. 1078, 1080, 1098, 1214, 1216, etc. — M. l'abbé Souchet, doyen du Chapitre de Saint-Brieuc, a remarqué avec raison qu'on a dit d'abord Saint-Léon, puis Saint-Léon-Merléac, puis Merléac-Saint-Léon, enfin Merléac tout court, à partir de 1682.

(2) D. Taillandier, II, p. cclIII.

ces seigneurs citent avec orgueil, à côté des villes closes de Pontivy, Rohan et Corlay, les bourgs de Saint-Léon et de Loudéac (1).

Tout cela ne nous dit pas quel a été l'apogée de la prospérité de Saint-Léon, l'époque ni la durée de sa splendeur, non plus que la date et les causes de sa décadence. Peut-être les archives de la Porte-Dohain, que nous n'avons pu explorer encore, malgré les aimables instances du propriétaire (2), fourniraient-elles quelques données certaines, au moins sur le déplacement de la route de Quintin à Pontivy, et sur le transfert du marché aux toiles de Saint-Léon à Uzel, devenu ville à son tour.

L'unique témoin des derniers beaux jours de Saint-Léon serait tout au plus l'église Saint-Jacques, qui élève encore, au-dessus des ruines, les haillons de son ancienne splendeur. Vers la fin de l'automne 1860, une incroyable méprise fit qu'on en démolit les toits avant qu'on se fût assuré des moyens de reconstruire. Je n'en fus averti que plusieurs semaines après que les pluies lavaient les peintures et détachaient pièce à pièce les lambris historiés.

Aussitôt, grâce à la précieuse intervention de M. Legué, secrétaire-général, les mesures furent prises pour effectuer avec ordre la dépose des vitraux, de la rosace et de tout ce qui restait des lambris. Le tout fut placé par ordre dans un lieu sûr. Les particuliers fournirent du bois, la Fabrique fit de grands sacrifices, le Département lui vint en aide. Aujourd'hui, les toits sont entièrement

(1) D. Taillandier, II, p. cxc.

(2) M. de Cuverville, député au Corps-Législatif : il conserve les titres de la seigneurie d'Uzel, dont il a hérité.

refaits à neuf. S. E. le Ministre d'Etat a envoyé sur les lieux un architecte de la Commission des monuments historiques ; le rapport de celui-ci a pleinement confirmé ceux que j'avais précédemment adressés, et tout fait espérer qu'un crédit ouvert par l'État permettra d'opérer le rétablissement de la rosace, dont les lacunes se complètent en ce moment par l'habile ciseau d'Hernot, notre naïf tailleur d'images. Sur les lambris, refaits à neuf, seront vissés les débris des vieilles peintures ; les verrières seront nettoyées, remises en plomb, et elles reprendront la place qui appartient à chacune (1).

Mais ce que nous ne pourrons sauver, ce qui sera à jamais une perte regrettable pour l'iconographie et pour l'art, ce sont les fresques qui décoraient l'intérieur de l'église. Une épaisse couche de badigeon les avait préservées jusqu'ici ; mais les glaces de ce rude hiver, pénétrant les enduits sans couverture, les ont soulevées, comme elles ont soulevé nos routes, et chaque jour il s'en détache de larges placards, sans que les plus célèbres artistes de France, consultés à ce sujet, aient pu nous indiquer jusqu'ici le moyen de conjurer ce désastre. Raison de plus pour consigner, sur le papier du moins, un aperçu général de ce monument, tel qu'il nous a été donné de le voir, quand il conservait encore tout son caractère.

Sur la foi d'Albert Le Grand, ou plutôt en interprétant un anachronisme de notre gracieux légendaire, on suppose généralement que l'église Saint-Jacques fut

______

(1) Ces travaux s'exécutent peu à peu, avec les faibles ressources que le Conseil-Général peut y consacrer ; mais jusqu'ici aucun secours n'est venu de l'État (Janvier 1864).

bâtie par Jean Validir (1). Ce prélat fut nommé à l'évêché de Léon en 1428 ; il fut transféré au siége de Vannes
en 1433, et mourut en 1448.

Jean Validir paraît véritablement être né à Saint-Léon,
d'après plusieurs actes où il est mentionné comme simple « compagnon du confesseur du duc. » Il est possible
qu'il ait élevé une chapelle dans son lieu natal ; il est
probable même qu'il a contribué à décorer l'église Saint-
Jacques ; mais il n'est pas vrai qu'il l'ait bâtie. En effet,
une charte publiée par D. Morice nous montre, en 1317,
une sentence arbitrale de « l'official de la cour de Porhoët et Kintin, » qui sur l'ordre de son évêque, Allain
Moreau, règle la part respective du chantre de Quemper,
du desservant (*vicarius*) de Merléac, et du vicomte de
Rohan, dans les abondantes offrandes de la chapelle
Saint-Jacques. Cette chapelle venait d'être rebâtie, « *ca-
pellam de novo constructam,* » dans le fief du vicomte,
sur la paroisse de Merléac, « *infra metas seu fines ipsius
parochiæ de Merliac.* » Elle n'était pas entièrement
achevée, car une partie des recettes devait être consa-
crée « *ad ædificationem, constructionem et reparationem
dictæ capellæ* (2).

Le caractère général de l'architecture confirme pleinement la donnée de cet acte authentique. Saint-Jacques
est une jolie église à trois nefs, de 20 mètres de longueur sur 13 de large. Ces nefs sont séparées par huit
colonnes, dont la projection horizontale est un carré

----

(1) « Il édifia une chapelle en l'honneur de saint Léon au bourg d'Uzel, en ladite
paroisse de Merléac. » (*Catalogue des Évéques de Vannes*, p. 154.) — Jamais le
bourg d'Uzel n'a fait partie de la paroisse de Merléac ; jamais Uzel n'a eu de chapelle dédiée à saint Léon.

(2) *Hist. de Bretag.*, Preuv. I, 1276.

cantonné d'une colonnette à chaque angle. Un robuste pilier, d'où s'échappent douze colonnettes, soutient un clocher où l'on accède par un élégant escalier en granit; mais la flèche et la cloche très-vantées ont disparu à la Révolution. Le porche occidental, simple et grave, se rattache à la construction du commencement du xive siècle.

Mais ce qui frappe tout d'abord en arrivant à Saint-Léon, c'est la magnifique baie qui occupe presque tout le chevet de l'église. Les lignes savantes et gracieuses qui s'entrelacent pour former sa somptueuse rosace ont induit en erreur plus d'un archéologue. Comme elles appartiennent manifestement à l'époque de transition entre les styles rayonnant et flamboyant, plusieurs ont attribué à l'édifice entier le caractère de ce qui en est aujourd'hui le trait principal ; mais nous montrerons plus loin que cette baie est de près d'un siècle postérieure au reste du bâtiment.

Trois modes d'ornementation polychrôme concourent à décorer l'ensemble de l'édifice : vitraux, lambris et murailles, tout a été peint, mais à des époques différentes.

Les verrières se repartissent en six fenêtres, dont trois dans la longère nord, et une au chevet de chaque nef latérale, à droite et à gauche de la maîtresse vitre (1). Tous ces vitraux ont plus ou moins souffert, soit par des coups, soit par d'inintelligentes réparations, soit par l'étrange moyen dont on s'était servi pour les soustraire au vandalisme des colonnes mobiles (2).

(1) Les petites fenêtres ont de hauteur 2^m 30 sur 1^m 10 de largeur.

(2) Elles avaient été enduites de fiente de vache, sur laquelle on avait déposé une couche d'argile.

Les cinq petites fenêtres seraient, dans leur ensemble, indéchiffrables aujourd'hui ; mais en réunissant des observations faites, il y a environ quinze ans (1), aux notes que j'ai recueillies moi-même, il y a quelques années, la pensée de l'artiste reparaît, et l'on reconnaît l'épopée terrestre de la sainte Vierge. D'abord, jeune fille aux longs cheveux flottants, une main posée sur son cœur, elle porte de l'autre un *volumen* a demi déroulé, d'où s'échappent ces mots : « *Quæ est qua aureum sicut aurum..... deliciis affluens inixa super dilectum suum.* » Puis, dans un riche costume, elle se prépare à entrer dans une autre phase de la vie : elle pose la main sur une couronne d'or, emblème de la royauté douloureuse qu'elle va commencer. Un philactère porte ce qui suit : « *Veni, sponsa, accipe auream coronam.* »

Les deux fenêtres latérales du chevet ont dû représenter la suite de cette existence auguste : du côté de l'évangile, on reconnaît encore, l'Annonciation, la Visite à sainte Élisabeth et l'Adoration des mages ; du côté de l'épître, on ne voit plus que la Vierge mère portant son fils, et, plus loin, assistant au crucifiement.

La maîtresse vitre, quoique moins endommagée, est loin aussi d'être complète. Voici ce qu'un examen attentif nous a permis d'y découvrir :

A la rose brille de toutes parts l'éclatant écusson de Rohan (de gueules à neuf mâcles d'or) ; autour du joyau étincelant qui forme le centre de la rose, des anges, disposés en rond, portent des philactères où sont ins-

____

(1) Ces observations sont consignées dans un mémoire, précieux quoiqu'incomplet, qui fut dressé par M. Le Breton, architecte à Loudéac, sous la direction de M. Denjoy, alors sous-préfet, mort conseiller d'État.

crits les douze articles du Symbole. La bordure de tout
le vitrail est semée de **M**, de doubles **N** et de coquilles
Saint-Jacques, le tout couronné d'or.

Outre une somptueuse ornementation architecturale,
les fonds de la vitre sont composés d'une grisaille où se
détachent, en couleur, avec une grande délicatesse, des
roses, des fleurons, des branches d'arbre et des oiseaux.
C'est sur cette élégante tenture que se déroulent, en
première ligne, les scènes de la Passion : le baiser de
Judas, la flagellation, les saintes femmes au tombeau,
le calvaire, l'apparition à Marie-Magdeleine, se distinguent encore. Puis viennent diverses scènes de la vie
de saint Jacques : ses prédications, son supplice, le
transport de ses reliques à travers les mers, leur débarquement sur les côtes de Galice, le culte du saint, dont
l'image repose dans une niche. Si le dessin a beaucoup
souffert, les tons or, rouges et verts sont bien conservés,
et sont encore d'un effet puissant. Vers le bas, il reste
quelques écussons, sans doute des seigneurs qui avaient
concouru au don de la verrière. D'abord on voit les
armes d'azur à la croix engrelée d'or de la famille du
Houlle, l'une des plus considérables de la paroisse (1) ;
puis vient une de ses alliances, avec les Rosmadec sans
doute (de gueules à 3 jumelles d'or); puis un autre écu
qui porte d'azur à la croix d'or simple.

Nous venons de prononcer le nom des Rosmadec,
seigneurs de Buhen; ceci nous rappelle que dans une
autre belle verrière, un peu postérieure à celle de Saint-
Léon, et où figure également cette famille, dans le vitrail

____

(1) M. de Courcy s'est trompé, en donnant à cette famille d'azur à la croix engrelée d'*argent :* ce vitrail confirme la réformation.

de Notre-Dame de la Cour, en Lantic, la noblesse qui
y concourut de ses aumónes, au lieu d'être humblement
placée au bas de la vitre, occupe le tympan immédiatement au-dessous du duc régnant et de sa famille. Ici,
au contraire, les Rohan n'ont pas voulu souffrir d'autres
qu'eux dans la rose. N'est-ce pas un trait du caractère
altier qui se reflète dans la devise : « Prince ne daigne,
roi ne puis, Rohan je suis » ? Et, disons-le en passant,
cette fierté ne déplaisait pas à la Bretagne, dont l'ancienne noblesse repoussait toute espèce de titres, comme
portant atteinte à son indépendance un peu sauvage.

Au bas de ce vitrail, nous avons découvert un frag-
ment bien important, puisqu'il donne le nom du verrier
et la date de l'œuvre ; on y lit, en écriture gothique du
xv⁰ siècle : « G. BRART FIST CEST..... LAN MIL IIII⁰ II. »
Cette vitre et la splendide membrure qui l'enferme sont
donc postérieures à la construction de l'église, et y ont
été placées après coup, à une époque qui précède encore
Jean Validir, dont l'écusson, *d'azur au chef de gueules,
chargé de trois quintefeuilles d'argent,* n'y figure nulle
part.

Je l'ai dit, les fresques de la nef ont beaucoup souffert, et c'est à grand'peine que, aidé du secours de mon
savant ami, M. Gaultier du Mottay, qui ne connaît guère
de difficultés iconographiques, je suis parvenu à déchiffrer le sens de ces figures de Christ, de dames et de
chevaliers, effacées plus qu'à demi.

Les trois nefs ont dû être historiées. La grande, la
seule découverte jusqu'ici, présente, dans une série de
tableaux, tout le douloureux drame de la Passion.

Le premier de ces tableaux, au bas de la nef, du côté
de l'évangile, doit figurer l'Entrée à Jérusalem. Il est

suivi de la Scène, du Lavement des pieds, du Jardin
des Olives, de la Présentation au Grand-Prêtre, de la
Flagellation et de l'*Ecce homo*. De l'autre côté, on trouve
le Portement de croix, le Calvaire, la Mise au tombeau,
la Résurrection : le reste manque.

Cette œuvre, du commencement du xve siècle, comme
la peinture sur verre, paraît avoir été traitée avec une
ampleur, une simplicité et une grâce remarquables.
L'artiste a habillé ses personnages dans les costumes de
son temps : les femmes ont la robe serrée et l'élégant
surcot ; les soldats sont en armures. Les tableaux n'ont
pas moins de 10 à 12 pieds de longueur ; la hauteur
des personnages est de plus d'un mètre ; dans la scène
du Golgotha, il y en a au moins vingt, dont une douzaine entourent à cheval la croix du Christ.

L'*Ecce homo* est d'un aspect étrange : un cloître représente le prétoire du gouverneur romain. Des personnages des deux sexes se tiennent debout devant le
Dieu martyr ; une femme seule est prosternée au milieu
de l'espace vide qui sépare la foule du divin Supplicié.

Le sol, du côté droit, est bordé par une garniture de
créneaux, sur laquelle des tours s'élèvent de distance
en distance ; cette garniture suit le mouvement des lignes architecturales comme la rampe d'un théâtre ; on
dirait que l'artiste a copié un de ces mystères qui se représentaient au moyen-âge. De l'autre côté, au contraire,
les personnages marchent au milieu d'une luxuriante
végétation d'herbes de toutes sortes et de fleurs à hautes
tiges. Ces restes de peintures annoncent chez l'artiste
un esprit original qui, par des moyens simples, a su
s'élever parfois à une véritable grandeur.

Nous arrivons au troisième ordre de tableaux, ceux

qui décorent les lambris, et c'est par là que l'attention publique a été le plus stimulée jusqu'ici en faveur de l'église Saint-Jacques de Saint-Léon. Ces peintures se repartissent au-dessus des trois nefs, que nous allons successivement étudier. Elles sont moins anciennes que les précédentes : celles de la grande nef et du bas-côté nord ne sont guère antérieures à la deuxième moitié du XVe siècle, et celles du bas-côté sud nous paraissent plus jeunes d'un siècle au moins. Ce qui pourrait peut-être contribuer à préciser la date de ces dernières, c'est le rôle considérable que le démon de la controverse y joue : elles ont dû être exécutées dans un temps voisin de la Réforme.

Voûte centrale : — Ce qui autrefois attirait d'abord le regard dans cette voûte, c'était une grande croix rouge qui en occupait toute la longueur. Dans la même couleur, mais dans un ton différent, se dessinaient, sur le bois de cette croix, une légion d'anges et d'archanges, et sur les bras, les emblêmes des quatre évangélistes. Pourquoi cette énigmatique représentation ? Ce n'est certes pas pour l'effet artistique que le peintre l'a figurée : a-t-il caché là-dessous une idée symbolique, ou est-ce simplement le souvenir de la tradition qui place là les moines rouges ?

Quoiqu'il en soit, la voûte, ainsi partagée en deux dans le sens de la longueur, offrait, de chaque côté, un rang de tableaux carrés ; au-dessous, une ligne d'inscriptions explicatives (1), et, au-dessous encore, un rang

---

(1) Ces inscriptions étaient entièrement illisibles au moment de la dépose. Une fois nettoyées et passées au blanc d'œuf, peut-être sera-t-il possible de les déchiffrer au moins en partie.

de médaillons circulaires , disposition non moins bi-
zarre que la croix. Le tout était fort endommagé : là
encore nous avons eu bien de la peine à reconnaître
les quatre premiers chapitres de la Genèse. Ils commencent, comme les fresques, par le bas de la nef, du côté
de l'évangile.

Le premier médaillon nous représente Dieu dans sa
gloire, entouré des puissances célestes. Sous ses pieds
roule au loin le globe encore stérile, et qu'enveloppe une
ronde infernale de noirs démons. Leur chef, posé la tête
en bas sur le globe, complète l'idée du désordre, des
ténèbres et du chaos. Puis vient le second jour et la séparation des eaux ; puis le troisième et la terre verdoyante.

Les trois jours bibliques qui suivent se retrouvent
dans les caissons rectangulaires de l'étage supérieur.
C'est d'abord la distribution des globes lumineux dans
l'espace ; la création des oiseaux et des poissons ; celles
des quadrupèdes, de l'homme et de sa compagne. Plusieurs animaux fantastiques semblent attester qu'à cette
époque déjà on avait la conscience des races perdues ;
quant aux éléphants, ils sont chargés de tours, comme
si l'artiste y avait vu des proéminences naturelles.

L'autre côté de la voûte se lit dans l'ordre inverse,
en commençant par l'étage supérieur, à partir de l'autel :

Voici que Dieu unit Adam et Eve ; voici la faute et le
châtiment. Comme à Notre-Dame du Tertre, de Châte-
laudren, l'exécuteur de la vengeance divine chasse les
coupables à grands coups de verges ; l'entrée du Paradis
est défendue par une fortification du xv° siècle. Les
médaillons du second rang représentent l'homme condamné au travail et à la douleur, le sacrifice de Caïn et
d'Abel, et le premier meurtre.

Les voûtes des collatéraux se partagent, comme la maîtresse voûte, en deux parties longitudinales : du côté de la nef, c'est un orchestre d'anges ; de l'autre côté, une légende. Chaque côté se divise en six caissons ; les anges se groupent dans chacun deux par deux.

Collatéral droit : — En commençant par le bas de l'église, nous avons vu un petit tambour signalé dans Isidore de Séville, un triangle, l'*organistrum* du manuscrit de saint Blaise (1), la citharre, le crout, la gigue à deux et à trois trous, la rote et la lyre.

L'autre côté de la voûte est occupé par la légende de la Vierge. Du premier caisson il ne restait plus, depuis longtemps, qu'un château du xv⁰ siècle, dont les toits aigus étaient surmontés d'une croix et d'une bannière aux armes de Bretagne. Ceci représentait, paraît-il, l'entrée du Temple, vers laquelle s'avançait la Vierge enfant. Vient ensuite le Mariage de Marie et de Joseph : en raison de l'exactitude des costumes et des ressemblances, on dirait que l'artiste, par une flatterie assez dans le goût du temps, avait représenté le mariage de François Ier de Bretagne avec Isabeau d'Écosse, béni à Vannes, par Jean Validir, en 1440. Le fait est que les poulaines, les chausses mi-parties, les pourpoints serrés, les ornements épiscopaux dont on a couvert le Grand-Prêtre, rappellent complètement cette époque. Là, nous reconnaîtrons volontiers la main du prélat né à St-Léon.

Les quatre tableaux suivants offraient au regard l'Annonciation, la Nativité, l'Apparition de l'Ange aux bergers et l'Adoration des mages. Tout ce côté est le plus maltraité par le manque d'entretien du toit.

____

(1) Voir le beau travail de M. Crousmaker sur la musique au moyen-âge.

Collatéral gauche: — L'orchestre céleste, à percussion ou à cordes de l'autre côté, est généralement à vent dans celui-ci. Nous y avons reconnu les quatre flûtes du moyen-âge (à bec, traversière, double et syrine) ; la trompette droite, la grande trompette guerrière courbe, la trompette à clefs sans pavillon, la sarquebutte ou trompette courbe, des cymbales et des timbales.

Premier Tableau : Saint Jacques, que l'on reconnaît aux coquilles dont il est orné, est en chaire, et disserte contre Philète, disciple du magicien Hermogène. Une assemblée, où l'on voit des docteurs, des religieux, des laïques, et même une femme, entoure les deux adversaires.

Deuxième Tableau : Philète converti retourne vers son ancien maître ; en l'abordant, il lui présente deux bâtons en croix, et aussitôt celui-ci se sauve avec ses disciples, parmi lesquels se cachent deux diables, qu'on reconnaît à leurs longues oreilles.

Troisième Tableau : Le saint envoie le démon enchaîner Hermogène et ses disciples.

Quatrième Tableau : Le diable remet ses captifs à l'apôtre, qui, après leur avoir montré combien la société des démons est pernicieuse à l'homme, les met en liberté.

Cinquième Tableau : Hermogène, rendu à la liberté, se convertit et se fait disciple de saint Jacques. Armé du bâton du saint, il en use énergiquement sur les épaules de quatre démons, qui se sauvent en hurlant comme.... des diables qu'ils sont (1).

Le sixième tableau a entièrement disparu.

(1) Quelques-unes de ces peintures ont été, il y a plusieurs années, dessinées par M. Raoul de Fréminville.

Tels sont, Messieurs, les principaux détails de la partie jusqu'ici découverte dans l'église de Saint-Léon. Les habitants, la Fabrique, le Conseil-Général, ont fait tout ce qui dépendait d'eux pour empêcher cette œuvre précieuse de disparaître; l'habile entrepreneur, M. François Touyé, et le peintre, M. Merlin, n'ont pas reculé devant des avances considérables, pour les travaux les plus urgents. Le pays n'aura donc rien négligé, si la Société d'Émulation veut attacher son nom à la conservation de ce grand débris, et prier instamment S. E. Monsieur le Ministre de l'Instruction Publique de recommander notre Saint-Léon au Ministre d'État et à la Commission des Monuments Historiques.

J. GESLIN DE BOURGOGNE.

DE L'INDUSTRIE SÉRICICOLE

DANS LES COTES-DU-NORD

En raison de sa position, de la nature de son sol, de la moyenne de sa température, le littoral breton ne devrait laisser rien à désirer dans l'abondance comme dans la variété de ses produits.

Pourtant, et malgré le mouvement qui tend à améliorer le sort de ceux qui cultivent, l'agriculture est encore peu rémunératrice : difficilement, dans notre pays, on peut l'envisager comme une industrie réelle, attirant vers elle des capitaux ; rarement, ils lui arrivent. Aussi, en dehors de quelques propriétaires qui exploitent leur bien, et dont le plus grand nombre obtient plutôt une augmentation de la valeur foncière qu'une élévation de revenu, l'agriculture est-elle aux mains d'hommes peu entreprenants, peu instruits des choses de leur métier, et bien loin, conséquemment, de connaître tout le parti qu'il est possible de tirer du sol qu'ils sont appelés à faire fructifier.

Avec l'industrie chevaline, établie au point de vue de la production seulement, sur le littoral des Côtes-du-Nord, on ne trouve, à l'état d'industrie agricole, dans l'intérieur du pays, que l'élève du gros bétail et des chevaux légers, et partout les produits ordinaires en pommes de terre, blés, avoine, sarrasin, etc., produits qui ne sont largement rémunérateurs qu'en quelques années exceptionnelles, comme les dernières que nous avons traversées.

A côté de l'augmentation des fermages, de la main-d'œuvre et de la plupart des matières premières, j'ai dit que l'agriculture n'avait encore su se créer aucune industrie proprement dite, qui l'affranchisse des liens qui l'arrêtent : quelques cultures de colza et de lin qui réussissent fort bien, voilà les seules tendances vers un avenir meilleur ; voilà les seuls efforts d'un pays appelé à parfaitement faire, apte à produire, pour arriver à tenir la place qu'il peut prendre dans la production territoriale.

C'est afin d'aider à ce dernier résultat, que mes efforts tendent à créer et développer une industrie qui contribuerait singulièrement à la richesse de nos départements de l'Ouest, comme elle a fait la fortune de pays autrefois plus pauvres qu'eux : je veux parler de la culture du mûrier, et de l'élève des vers-à-soie, qui en est la conséquence.

Si, jusqu'à présent, l'industrie séricicole a été confinée aux départements méridionaux, il ne faut pas se figurer que son transport dans l'Ouest puisse être considéré comme extravagant, et entouré de difficultés à en rendre l'exécution impossible.

L'industrie qui nous occupe se partage naturellement
en deux parties : la culture du mûrier et l'élève du ver-
à-soie.

J'ai dit, en commençant, que, par la moyenne de sa
température, la Bretagne, et notamment son littoral,
pouvait se prêter à des cultures que des pays, paraissant
tout d'abord plus favorisés qu'elle, ne verraient réussir
qu'avec assez de difficultés.

Beaucoup de froid fait moins de mal quand il succède
à une température moins élevée ; les grandes transitions
sont les causes de maladie et de mort. Or, celles-là sont
à peu près inconnues chez nous ; et, d'ailleurs, le mûrier
peut-il geler en Bretagne, quand il supporte, en Prusse,
28° au-dessous de zéro, sans en éprouver d'altération ?

L'observation des végétaux qui nous entourent ré-
soud, à moitié déjà, la culture possible du mûrier en
Bretagne : la végétation de figuiers centenaires, mûris-
sant parfaitement leurs fruits ; le passage de l'hiver, et
en pleine terre, de myrtes, de fuchsias, etc., prouvent
assez que nos températures ne sont pas extrêmes, que
quelque chose, dans notre atmosphère, mitige les effets
des grands froids que nous pouvons endurer, et que
beaucoup de végétaux encore inconnus chez nous sont
susceptibles de les supporter.

L'élève du ver-à-soie fait la seconde partie de l'industrie sérigène, qui peut, sous des conditions moyennes,
non-seulement réussir, mais encore se régénérer. Chacun
connaît l'influence des grandes chaleurs sur le ver-à-soie :
influence pernicieuse où on a cru reconnaître une des
causes principales de l'affection qui le décime en ce
moment, et qui a naturellement conduit à recommander
l'abaissement de température dans les chambrées. Il est

beaucoup plus facile de chauffer une magnanerie que de la refroidir, et les *touffes* du Midi ne viendront jamais exercer leur délétère influence dans nos départements de l'Ouest.

Le ver-à-soie est un insecte essentiellement domestique, qui ne s'élève en plein air dans aucun pays, et qui partout reçoit les soins assidus de l'éducateur, dont il ne peut se passer.

Qu'on l'étudie en Chine, en Italie, dans le midi de la France, c'est toujours la même chose : des appartements plus ou moins appropriés à son éducation, des magnaneries construites exprès ; voilà les lieux où on l'élève. Partant de là, et puisque l'insecte dont il s'agit doit être soustrait aux intempéries extérieures, il devient donc possible de l'élever partout, à la rigueur, en lui composant, dans les limites de l'appartement dont on dispose, un climat convenable, que l'on amènera à la chaleur désirable, à l'aide de feu de cheminées, de poëles ou de calorifères.

Cette sorte de création artificielle de climats, et qui, du plus au moins, se fait partout, même dans le Midi, pour obtenir une égalité de température, permet de propager presqu'indéfiniment vers le Nord l'industrie qui nous occupe, en tant que le mûrier qui lui sert de base y végétera suffisamment.

Bien pénétré des idées que je viens d'émettre, et après avoir sérieusement étudié cette question, je commençai, en 1852, à planter des mûriers dans un sol de très-mauvaise qualité, exposé au sud et à l'est. La variété plantée fut mal choisie ; pourtant, elle végéta parfaitement pour l'espèce à laquelle elle appartenait. C'étaient des *moretty*, plants d'un an, provenant de semis, se subdivisant presqu'à l'infini, comme beaucoup de sujets de semence, et dont le plus grand nombre a le grand inconvénient de brindiller extraordinairement.

De nouvelles espèces ont été plantées depuis, et toutes, sans exception, greffées ou non, poussent franchement, vigoureusement, en produisant des feuilles d'un développement magnifique.

Les espèces greffées *feuilles de rose*, *élata*, *colomba*, sont fort rustiques, et donnent des feuilles d'un grand poids.

La variété nouvelle appelée l'*hou* me paraît particulièrement recommandable ; elle prend facilement de bouture et réunit les conditions de rusticité à la vigueur et à la beauté du feuillage.

Le *multicaule*, qui gèle dans le Midi et qui ne réussit en Chine qu'en le recepant avant l'hiver, pour le buter ensuite, vient ici sans aucune de ces précautions, prend également de bouture et pousse avec une vigueur qui véritablement surprend.

Dans la culture du mûrier, le but étant de faire produire le plus de feuilles possible, la tenue des arbres doit tendre à favoriser le développement de pousses vigoureuses, que l'on aérera en enlevant les branches qui pourraient gêner l'action solaire et la libre circulation de l'air.

Pour atteindre ce résultat, la forme en vase est celle qui convient le mieux, d'autant plus qu'elle fournit au cueilleur la place nécessaire pour l'effeuillement.

L'enlèvement des brindilles, des branches mortes et de celles qui poussent mal, devient nécessaire pour maintenir l'arbre dans de justes proportions et lui conserver sa forme régulière.

La pousse d'Août étant moins vigoureuse chez nous que dans le Midi, je crois qu'il est préférable, ainsi qu'on le recommande d'ailleurs, de tailler avant la pousse, c'est-à-dire vers le commencement d'avril, quand les bourgeons paraissent très-gonflés.

On ne taillerait que tous les deux ans les arbres qu'on ne cueillerait pas dans l'année; de la sorte, la cueillette serait bisannuelle, mais amplement compensée par la vigueur des sujets et l'abondance des produits. On partagerait la plantation en deux parties, qui seraient cueillies tour à tour.

En rapport avec le développement de mes arbres, j'ai successivement fait de petites éducations de vers-à-soie.

En 1858, elles commencèrent à prendre un caractère industriel.

Éclos naturellement du 5 au 8 Juin, les vers ont mis de 33 à 35 jours à accomplir les diverses phases de leur existence, qui s'est passée, comme les suivantes, avec beaucoup de régularité.

La chaleur de l'appartement où ils ont été élevés n'était jamais fort grande : elle a été d'une moyenne de 15 à 16° Réaumur, pendant qu'au dehors elle montait parfois à 25° et plus.

La nuit, les repas étaient interrompus, et le feu cessait, afin de diminuer l'appétit des vers ; car il est de remarque que les besoins de ces chenilles augmentent ou diminuent selon que la chaleur s'élève ou s'abaisse.

Les repas des premiers âges se composent de feuilles hachées qu'on distribue souvent et en petite quantité. Entre les deux premières mues, je n'ai jamais donné plus de quatre à cinq repas par jour.

Dans les âges qui suivent, je diminue d'un à deux repas, en donnant parfois de légers suppléments.

Les *délitements* ou changements de litière se font aussi fréquemment que besoin s'en fait sentir. Il convient de ne pas les épargner.

Dans l'intervalle des deux premières mües, on peut se contenter d'un seul *délitement,* qu'on opère avant le sommeil ; on en fait un deuxième au réveil. On se sert, à cet effet, soit de gros tulles pour les premiers et de feuilles de papier percées pour les suivants.

Arrive la *montée*, et les vers qui ne veulent plus manger cherchent à s'échapper pour former leur cocon. De petits faisceaux de bruyère sèche ou de tiges de choux, de navets ou de colza également sèches, conviennent parfaitement ; on en confectionne de petites colonnes en forme d'arceaux, que les vers aiment beaucoup rencontrer. Quelques jours après, les cocons en sont arrachés. On peut les vendre sur les lieux ou les étouffer pour les expédier après dessication.

L'état sanitaire des vers a été fort bon : je n'ai jamais constaté ni muscardine ni gattine ; des gras et des mous ont seuls constitué les quelques pertes que j'aie eu à supporter.

La beauté des cocons s'est toujours maintenue ; la moyenne en poids a été, depuis le commencement, de 522 au kilogramme. Quant à la qualité de la soie, voici l'extrait d'une lettre écrite par un filateur de St-Vallier (Drôme), qui avait acheté ma récolte de 1858 :

« J'ai examiné et essayé avec attention les cocons
» jaunes et blancs que vous m'avez vendus, provenant
» de votre récolte de 1858. Le résultat a parfaitement
» répondu à mon attente et à la bonne opinion que
» j'avais eue de ces cocons à première vue.

» L'échantillon de leur produit que je vous ai adressé,
» réunit les qualités désirables : belle couleur, élasticité
» et netteté.

» Poúr ma fabrication, je n'en ferais pas de différence
» avec les bons cocons ordinaires que produisent nos
» départements du Midi , et je les considère comme
» *bien supérieurs* aux cocons du Levant et de la Chine.

» Je me ferai un plaisir, à l'avenir, etc. »

M. Bonneton, de Saint-Vallier, me payait les cocons
à peu près secs 18 francs le kilogramme.

En 1859, une personne qui visitait la Tourraine pour
y faire des achats de graine de vers-à-soie, m'écrivit
pour m'en demander, en même temps que de Lyon on
m'offrait le même écoulement de produits.

J'en fabriquai, à titre d'essai, 18 onces, que j'expédiai
au prix de 12 francs l'once.

En 1860, ma graine ayant réussi, on m'invitait à en
fabriquer la plus grande quantité possible. Seulement,
comme la production de la soie jaune entre beaucoup
plus dans les habitudes des magnaniers du Midi que
celle de la blanche, je ne pus répondre que partielle-
ment au désir qu'on m'exprimait d'avoir de la jaune,
car la plus grande partie de mon éducation était en
Sinas.

Depuis lors, je me suis attaché à augmenter la race
désirée, et, pour vouloir aller plus vite, je me suis re-
tardé.

Aux offres que l'on me faisait de graines que l'on
prétendait très-sûres, le désir m'a pris de les essayer.

Deux années de suite, et quoique de sources différentes, je n'en ai éprouvé que des déceptions. La mor-
talité était effrayante, et, avant la fin de l'éducation, je

me voyais forcé d'abandonner ce qui ne semblait survivre que pour quelques jours seulement.

L'éducation de 1862 se fit donc mi-partie de ma
graine et des œufs que j'avais reçus de Périgueux.

Ceux-ci donnèrent des vers qui furent malades et
disparurent complétement avant la montée.

Les chenilles issues de mon ancienne graine se com-
portèrent admirablement, et fournirent des cocons sains
avec lesquels j'espérais me remonter de semence.

Mais la contagion, qui ne s'était pas exercée dans le
milieu commun où les deux sortes de graines avaient
été élevées, n'en produisit pas moins sa délétère influence sur mes vers, qui avaient donné de si beaux
cocons ; aussi l'éducation de 1863, qui en fut unique-
ment composée, ne produisit-elle presque rien.

Heureusement que tout n'était pas perdu. Avant l'importation des graines étrangères à la Bretagne, j'avais
fait quelques petites distributions de la mienne, qui se
trouvait ainsi conservée entre les mains de quelques
amateurs. Une éducation faite, l'année dernière, chez
MM. Angier et Fortmorel, a admirablement réussi, et a
produit une certaine quantité de graine que M. Soulier,
venu exprès de Saint-Hyppolite-du-Fort (Gard), s'est
empressé d'acheter.

Ce qui confirme la qualité de cette graine, c'est l'essai
même qui en a été fait.

Une petite quantité ayant éclos naturellement après
sa ponte, les vers qui en sont provenus ont été recueillis
et élevés chez moi. Cette seconde éducation, faite en
automne a été superbe ; jamais vers ne se sont mieux
comportés, et la graine qui en est provenue va me
servir, en 1864, à constituer mon *unique* éducation.

Comme on le voit, on ne peut être trop circonspect dans l'importation de graines étrangères, fabriquées souvent sans soin, au milieu d'épidémies, et dans des circonstances telles que les résultats sont de nature à apporter des découragements et des perturbations qui nuisent singulièrement à l'industrie qui nous occupe.

S'il était pourtant donné à notre pays d'apporter son contingent à la production des œufs qui se font éclore chaque année en France, quel avantage n'en retirerait-il pas ! Toute la graine qui s'y emploie est bien loin d'avoir été produite sur notre sol et le vide à remplir est immense. Il suffit de se rappeler que, chaque année, on fait éclore en France 50,000 kilogrammes de ces œufs.

Jusqu'à ce jour, les résultats ont été favorables à l'industrie qui m'occupe. Les efforts que j'ai tentés ne sont pas restés infructueux, car d'autres plantations ont été effectuées successivement.

Ce qui peut hâter le développement du progrès séricicole, c'est le partage qu'on peut, pour ainsi dire, en faire : tel particulier qui ne se sent pas porté à élever des vers-à-soie, peut planter des mûriers, pour en vendre la feuille. Dans le Midi, il est des propriétaires de plantations qui n'élèvent jamais, et qui vendent, chaque année, pour des sommes considérables de feuilles de mûriers. On peut en trouver la défaite sur place ou au poids, et, suivant les années, son prix peut varier.

D'un autre côté, combien de personnes qui ne possèdent pas de terre seraient heureuses de rencontrer, par l'achat de feuilles, une occupation de six semaines qui les aidât à vivre : travail à la portée de toutes les intelligences et de tous les bras, qui ne réclame qu'un peu de soins.

Attrayant par sa nature, incessant pendant le temps qu'il dure, l'élève des vers-à-soie, outre qu'il peut apporter de l'ouvrage à beaucoup de femmes et d'enfants qui sont susceptibles d'en manquer, est encore capable d'augmenter le goût du travail et le cercle des connaissances humaines, par l'activité qu'il réclame, la variété des soins à employer et l'observation des phénomènes naturels auxquels on assiste, tout en leur prêtant son concours.

Espoir donc dans l'avenir, où notre département comptera parmi ceux qui produisent la soie. Les difficultés ne m'arrêteront pas pour rapprocher ce terme ; heureux, s'il m'est donné d'y arriver, d'avoir apporté mon concours à la création d'une industrie dans un pays qui en possède si peu, et, par là, fournir du travail à une population capable de s'y livrer avantageusement.

HAMON Jne,

MÉDECIN-VÉTÉRINAIRE.

Saint-Brieuc, 19 Février 1863.

SUBSTRUCTIONS GALLO-ROMAINES

DE CAULNES (¹).

Dans le courant de l'année dernière, les journaux du département avaient signalé la découverte, par suite du nivellement de la station de Caulnes (chemin de fer de Rennes à Brest), de quelques débris de constructions remontant à l'époque gallo-romaine, bien reconnaissables, en effet, par les briques et le ciment avec lesquels elles avaient été édifiées en grande partie. Persuadés que ces constructions devaient se prolonger sous les champs qui bordent au nord l'emplacement de la station, M. le Maire de Caulnes et son frère, M. le docteur Barbé-Guillard, prirent immédiatement des mesures pour rechercher quelle pouvait être leur importance, et organisèrent une souscription dont le montant leur permit de vaincre tout d'abord les résistances assez vives des propriétaires des terrains qu'on voulait sonder.

---

(1) Cette note a été lue dans la séance du 5 Décembre 1863.

On se mit ensuite à l'œuvre, sous la direction de M. Bourbier, conducteur des travaux du chemin de fer, lequel fournit, pour cette opération, tous les outils nécessaires. Au bout de quelques jours, on avait remué déjà beaucoup de terres ; malheureusement, les fonds vinrent à manquer, et il fallut attendre, pour recommencer les travaux, que les honorables promoteurs des fouilles eussent réuni, mais avec plus de difficultés que la première fois, de nouvelles sommes, qui ont été épuisées dans le courant de cette année (1).

Il serait difficile de donner une description bien précise de l'ensemble des découvertes de Caulnes ; mais un plan très-détaillé, levé par M. Bourbier, et que nous joignons au présent mémoire, fait comprendre, d'un seul coup-d'œil, quelle disposition affectent les substructions. On y remarque tout d'abord une série d'appartements, n°s 1 à 6, séparés à angle droit par des murs variant de 42 à 60 centimètres d'épaisseur. Chacune de ces pièces a une superficie de 12 à 16 mètres carrés (3^m 50^c à 4^m de côté) ; toutes sont pourvues d'un hypocauste construit dans le même système. L'une, celle qui se trouve le plus à l'ouest et qui est la mieux conservée, laisse voir le *præfurnium* de son hypocauste, dont la bouche donnait sur une petite cour. Au-delà de ces appartements existent plusieurs murailles rectilignes et parallèles, dont les deux principales forment, non loin de cette dernière chambre, deux hémicycles à peu près semblables. Dans l'intérieur de l'hémicycle le plus éloigné, se montre (n° 7) un appartement carré comme

---

(1) A cette deuxième souscription prirent part la Commission de la Topographie des Gaules et M. le Préfet des Côtes-du-Nord.

les autres, ayant 3ᵐ 25ᶜ de côté. Il semble isolé de toute autre construction et n'a pas d'hypocauste; il est le seul de toutes les pièces découvertes qui laisse voir le lieu de la porte d'entrée.

A vingt mètres à l'est de ce premier groupe d'appartements, on a mis à jour une série d'autres substructions, parmi lesquelles on remarque une pièce (n° 8) dont les murs extérieurs sont construits carrément, mais dont les parois extérieures affectent une forme demi-circulaire; il est également muni d'un hypocauste qu'alimentaient deux bouches ou ouvertures.

Toutes ces murailles sont construites en appareil irrégulier; elles sont enduites à l'intérieur d'un ciment très-solide, de couleur tantôt blanche (*albarium opus*), tantôt rosée, à cause de la brique pilée qui entrait dans sa composition; plusieurs semblent avoir été revêtues, du moins à leur base, soit de lames de marbre, soit de feuilles de schiste-maclifère, trouvées en grand nombre, pour préserver de l'humidité les parties basses des appartements. Quant à l'épaisseur des murs, elle varie, comme on l'a dit plus haut, de 42 à 60 centimètres, suivant la destination des pièces qu'ils formaient. Ils sont rasés presque partout au niveau des planchers ou plutôt des aires de béton, soutenues par les hypocaustes; leur appareil est peu soigné, ce qui tient peut-être à la rareté des pierres à bâtir dans ce pays.

Dès le premier moment, on ne manqua pas de s'écrier, en voyant ces hypocaustes, si régulièrement placés sous chaque chambre (1), que les substructions découvertes

____

(1) Tous les hypocaustes sont formés de petits piliers, disposés en quinconce, de 0ᵐ 45ᶜ de hauteur sur 0ᵐ 25ᶜ de côté, construits avec des briques carrées posées

appartenaient à des bains antiques. Malgré toute ma déférence pour plusieurs de ceux qui ont exprimé cette opinion, je dois déclarer que je ne puis la partager. J'admets volontiers que chaque villa gallo-romaine, et surtout une agglomération de l'importance de celle-ci, dût avoir ses *lavacra*, mais il est impossible, à la simple inspection des ruines de Caulnes, d'affirmer qu'elles ont plutôt appartenu à des bains qu'à tout autre établissement. L'état des lieux ne présente, en effet, aucune des dispositions recommandées par Vitruve (1) pour des établissements de ce genre, aucun des aménagements qu'offrent les peintures antiques représentant des *balneæ*, et parmi les innombrables fragments recueillis dans ces ruines, il n'en est aucun qu'on puisse attribuer, soit à des *vasaria*, dont l'office était de contenir l'eau chaude ou l'eau froide, soit à un *labrum* ou baignoire, soit même à quelques réservoirs en briques ou béton, destinés quelquefois à remplacer les chaudières.

Que signifient donc tous ces hypocaustes, dira-t-on peut-être ? Ils signifient simplement que les colons qui, du Midi, vinrent, à la suite de la conquête romaine, s'établir dans notre péninsule froide et humide, étaient naturellement frileux, et s'étaient précautionnés pour tenir leurs habitations aussi chaudes que possible, en les pourvoyant de calorifères dont le but s'explique très-

à plat ; ces briques s'élargissent, dans la partie supérieure, de manière à faire chapiteau. La plate-forme supportée par ces petit piliers est en béton ou mastic extrêmement dur, de 0m 25c d'épaisseur. Cette plate-forme était couverte, dans l'intérieur des appartements, avec des tuiles de différentes formes, arrangées de manière à produire une espèce de dessin.

(1) Voir les dix livres d'architecture de Vitruve, traduits par E. Tardieu et A. Coussin, architectes, ainsi que l'Atlas et les plans joints à cet ouvrage.

bien, quand on examine les hypocaustes de Caulnes,
de même que les nombreuses substructions découvertes
dans le Morbihan, et, plus près de nous, au Port-
Aurèle, en Plérin, lesquelles sont toutes pourvues de ce
système de chauffage. On admettra difficilement qu'il
fut possible, quelque combustible qu'on employât alors,
de chauffer,— à travers des parquets en béton de $0^m 25$
à $0^m 28^c$ d'épaisseur, et dans une série de chambres
dont la moins étendue avait une superficie de 12 mètres
carrés,— de l'eau ou de l'air au dégré usité dans les
établissements de bains.

La construction de la chambre n° 1er nous semble
répondre d'une manière remarquable aux recomman-
dations de Vitruve : « Si le lieu était tel, dit-il, que
la muraille fût constamment humide, *il faudrait bâtir
un autre mur plus étroit en dedans* et distant du gros
mur autant qu'il est besoin, laissant entre les deux un
canal qui soit plus bas que le pavé de l'appartement et
qui ait des ouvertures libres en un lieu découvert. »
Tel est le but de ces deux murs d'une épaisseur de
$0^m 20^c$ seulement, placés en face l'un de l'autre, et
comme deux cloisons, à $0^m 10^c$ seulement des murailles principales. Une pareille disposition permettait,
d'une part, à l'humidité de s'écouler, et, d'autre part,
à l'air chaud sortant de l'hypocauste de circuler dans
l'espace ménagé entre les murs et de pénétrer dans les
appartements par des bouches de chaleur. La coupe
GHIK du plan indique très-bien cette disposition.

Je demande pardon de cette discussion, qui semblera
peut-être oiseuse à quelques lecteurs, mais dont le principal motif est de répondre d'avance à tous ceux qui ne
voient que des bains romains dans toutes les décou-

vertes de la nature de celle-ci. Pourtant, je ne suis pas éloigné de reconnaître, dans l'appartement semi-circulaire (n° 8 du plan), une disposition qui rappelle le *laconium*, sorte d'alcove en forme de niche ou étuve, dans laquelle on excitait la transpiration. L'hypocauste placé sur cette petite pièce paraît avoir été alimenté par deux bouches, peut-être pour donner plus d'énergie au calorifère.

Il est temps de dire un mot des nombreux débris que l'active surveillance de M. Bourbier a pu distinguer dans la masse très-considérable des terres remuées. Parmi les monnaies, il faut citer un grand bronze, très-bien conservé, d'Antonin-le-Pieux (1); un grand bronze de Faustine mère, sa femme (2); un moyen bronze de la même (3); un petit bronze de Flavius Valens, frère de Valentinien Ier (4); un autre petit bronze de Claude II, dit le Gothique (5), et deux autres petits bronzes trop frustes pour avoir pu être déterminés.

Les tessons de poterie n'indiquent, en général, qu'un art en décadence ; à l'exception de quelques goulots de petites amphores en terre fine, de fragments de patères en terre rouge et vernie, avec des dessins en relief, tout

---

(1) ANTONINVS AVG PIVS P. P. TR. P. COS. IIII. Tête laurée à droite. — R. FELICITAS AVG. S. C. La Félicité debout, tenant une corne d'abondance et un caducée.

(2) DIVA AVG FAVSTINA. — R. CONCORDIAE. L'Empereur et Faustine debout sur une estrade et se donnant la main ; plus bas, deux petites figures également debout et se donnant aussi la main ; au milieu, un autel.

(3) DIVA FAVSTINA. — Revers effacé.

(4) D. N. VALENS P. F. AVG. Buste à droite.— R. SECVRITAS REIPBVLICAE. Victoire marchant, tenant une couronne et une palme.

(5) TMP. CLAVDIVS AVG. Tête radiée à droite.— R. SECVRIT. AVG. La Sécurité debout.

le reste est composé avec de la terre commune, d'une couleur grise plus ou moins foncée. Sur aucun de ces débris on n'a retrouvé de nom d'ouvrier.

On a pu rassembler quelques morceaux de statuettes en terre blanche : l'une d'elles, de 12 cent., représente un cheval monté par un homme à demi-nu ; — plusieurs objets en bronze dont il est impossible de fixer la destination, sauf une plaque d'agraffe ou de fibule assez reconnaissable ; — deux épingles à cheveux en ivoire, et beaucoup de fragments de verre blanc, mais terni par un long séjour dans la terre.

Les débris de feuilles ou lames de schiste sculpté sont nombreux : sur les unes on a représenté des palmettes, sur les autres des rinceaux ; l'une d'elles offre à la vue le torse d'un homme nu, assez grossièrement exécuté.— Quant aux briques et aux tuiles à rebords, elles sont innombrables ; il y en a de toutes formes et de toute dimension : plusieurs sont marquées de losanges faites avec un style ; d'autres, portent des signes diversement tracés avec les doigts avant la cuisson ; ce sont, probablement, des marques de fabrique.

Tous ces objets, et beaucoup d'autres dont le souvenir m'échappe, ont été recueillis avec soin par M. le Maire de Caulnes et M. le docteur Barbé-Guillard, puis déposés dans des vitrines préparées à cette intention et placées à demeure dans la salle du conseil municipal de cette commune (1).

Il est impossible, quand on parcourt le pays voisin

---

(1) Les champs explorés ayant dû être remis à leurs propriétaires le 1er Octobre dernier, pour être rendus à l'agriculture, toutes les substructions mises à jour ont été recouvertes avec la terre qu'on avait enlevée ; on n'en peut plus voir que les parties qui se trouvent dans la gare du chemin de fer.

de Caulnes (1), de ne pas reconnaître que les substructions dont on vient de parler appartiennent, non à une villa, comme on l'avait cru d'abord, mais à un groupe d'habitations qui couvraient plus d'un hectare ; à une de ces *mansiones*, en un mot, ou lieux de repos, situées de distance à autre le long des anciennes voies romaines, et qui servaient aussi bien d'étapes aux troupes en mouvement, que de logements aux simples voyageurs. Celle-ci est située sur le bord de la voie qui se rendait d'*Aleth* à Nantes, en passant par Pleudihen, près de la Motte-Pilandelle (2) à Léhon, où elle était coupée, à angle droit, par la voie de Rennes à Corseul, puis à Saint-Carné, Trévron, Saint-Jouan (le Pont-Rimbert), Saint-Méen et Rieux, l'antique *Duretie* de la table de Peutinger. Depuis un temps immémorial, cette voie est connue dans le pays sous le nom de *Chemin Corseul*, et des actes du dix-septième siècle l'indiquent ainsi comme débornement de plusieurs propriétés.

Jm GAULTIER DU MOTTAY.

(1) Non loin de Caulnes se trouvent encore des substructions assez étendues, au *Chénay-Langoman*, et, à quelque distance de là, au *Clos-Long*, dans la commune de Guitté.

(2) J'ai pu constater, dans le courant du mois de Juin dernier, au levant du beau tumulus de la *Motte-Pilandelle*, des substructions gallo-romaines dans lesquelles j'ai recueilli des briques de diverses formes, des coquillages, des ossements d'animaux, etc.

NOTE

SUR LES DÉFRICHEMENTS

QUI SE SONT ACCOMPLIS

DANS LA COMMUNE DE St-JACUT-DU-MENÉ

(CÔTES-DU-NORD) (1).

La commune de Saint-Jacut-du-Mené, située à peu près au milieu des vastes landes dont elle porte le nom, était encore, en 1836, une des plus pauvres, sinon la plus pauvre du département des Côtes-du-Nord.

Sa population, se montant à 700 âmes, qui s'est accrue depuis de celle d'une section prise au Goúray, commune voisine, et qui, par suite, s'est élevée à 1,092 habitants, se répartissait sur une étendue de 1,554 hectares, et vivait misérablement du produit bien minime de la fabrication de grosses toiles d'étoupes et de la vente de chétifs bestiaux qu'on promenait tout l'été sur

(1) Cette note a été lue dans la séance du 10 Mai 1862.

de vaines pâtures, composant près des deux tiers de la commune (900 hectares), où ils ne trouvaient que la plus insuffisante nourriture. — Des hommes faits, filant une quenouille, étaient souvent les étranges conducteurs de ces faméliques animaux. — Les habitants étaient donc, on peut le dire, mendiants et forcés de mendier, et l'on estime que les deux tiers d'entr'eux vivaient, en totalité ou en partie, des aumônes qu'ils étaient obligés d'aller chercher au loin : de là des habitudes de vagabondage qui devaient influer sur leur moralité.

Par ailleurs, les terres arables étaient si mal soignées, qu'elles ne produisaient que des récoltes insuffisantes pour la nourriture de ceux qui les recueillaient.

En vain M. Boinet, desservant de Saint-Jacut, honteux de voir des hommes, non-seulement filer, mais vagabonder et vivre de misère près de vastes espaces incultes, exhortait ses paroissiens à sortir de leur apathie, à échanger leur quenouille contre une pioche, à travailler sérieusement ; il parlait à la pire espèce des sourds, à celle qui ne veut pas entendre, et un sourire niaisement incrédule, que le respect n'arrêtait pas toujours, accueillait ses paroles. « La lande sera toujours lande, » lui répondaient-ils.

Il voulut enfin leur démontrer que ce qu'il disait était fructueusement praticable, et il se mit à cultiver, avec succès, une douzaine d'hectares de terre.

Mais, en toutes choses, les novateurs rencontrent des difficultés : il fut dénoncé à son Evêque comme s'occupant de travaux étrangers à son ministère.

Mgr Le Mée, qui dirigeait alors le diocèse, lui fit connaître cette dénonciation et l'appela à l'évêché. Le Curé s'empressa de déférer à cet ordre, fort de sa conscience,

mais, malgré tout, un peu inquiet du jugement de son supérieur.—Il ne tarda pas à se rassurer, quand celui-ci, après lui avoir fait rendre compte de ses opérations agricoles et de la situation de sa paroisse , lui dit :
« Monsieur le Recteur, les hommes certainement n'ont
» pas seulement besoin que de pain , mais le pain leur
» est bien nécessaire ; allez en paix ; continuez votre
» œuvre, et emportez la certitude de ma complète
» approbation. Je vous ai fait appeler pour vous donner
» ce témoignage de ma satisfaction. » Le prêtre-laboureur revint au milieu de ses landes , consolé et fortifié.

A peu près au moment où M. Boinet combattait ainsi pour le vrai progrès, pour l'amélioration de ses ouailles, par le travail si moralisant de la terre, un homme intelligent, M. Le Moine, Hyppolite, capitaine au long-cours, qui avait voyagé et vu le monde, vint, par suite de circonstances de famille qui le portaient à quitter la mer, s'établir en ce pays, malgré la réputation de stérilité qui lui était légitimement acquise.— M. Le Moine n'était point agriculteur ; mais, doué d'un esprit observateur, il reconnut bien vite, ainsi que M. Boinet, que la terre ne manquait pas aux habitants, mais bien plutôt que les habitants négligeaient la terre ; qu'ils avaient des habitudes de fainéantise , de mercantilisme et de vagabondage, et que la misère serait toujours leur partage, s'ils ne se modifiaient, s'ils ne se faisaient enfin cultivateurs.—Lui aussi prêcha d'exemple, et attaqua la lande.—Il ne craignit pas de lui demander beaucoup : il ensemença du froment, inconnu dans la commune, du seigle, du blé-noir, des choux, des navets, etc. — Après quelques essais peu concluants, il obtint une production sérieuse de froment, de choux et de racines, au

grand étonnement des paysans, qui avaient ri de ses
tentatives.

Prudent et sage, il avait opéré en petit, avec des
moyens à la portée de tout le monde.— Sûr de sa voie,
il n'hésita plus et employa vingt ouvriers au défriche-
ment et à la culture d'une certaine étendue de terres
réputées improductives, et ceux-ci comprirent et dirent
à leurs voisins que la lande était bonne à quelque chose.
On l'avait méprisée, on la désira et l'on regretta d'être
pauvre.— Saisissant cette disposition des esprits, M. Le
Moine s'adressa à l'administration municipale pour l'engager à mettre en vente les terrains vagues voisins des
villages les plus misérables, espérant que les riverains
voudraient ces terrains et s'attacheraient ainsi au sol.—
On l'écouta, on l'approuva même, mais on ne suivit pas
ses avis.— Enfin, il eut recours au recteur, M. Boinet.
— Ils s'entendirent et pesèrent sur le conseil municipal
pour le porter à mettre des landes en vente et à en réserver une bonne part aux habitants pauvres, en leur
laissant des délais pour payer. On mit en adjudication
200 hectares, mais les conditions furent telles, que les
plus aisés seuls des habitants purent devenir acquéreurs.
— Heureusement, beaucoup d'illégalités avaient été
commises en cette affaire; la vente fut annulée : le maire
se retira. M. Le Moine lui succéda, et le projet qu'il
avait formé put se réaliser.— Il fit inscrire au cahier
des charges d'une nouvelle adjudication, une clause
permettant, « à toute personne majeure, de se rendre
» adjudicataire d'au moins un hectare de terre, à charge
» de faire enclore et mettre en bon état de culture cette
» terre dans l'espace de cinq années, et dans le cas où,
» au bout du temps auquel devait avoir lieu le paie-

» ment, l'adjudicataire ayant rempli les conditions de
» la vente n'aurait pu en payer le prix, la commune lui
» aurait accordé un autre délai de cinq années. » L'intérêt à 5 $^o/_o$ de chaque année était seulement exigé dès
le jour d'entrée en possession.

Cette première vente eut lieu en 1840.

Tous les pauvres achetèrent des landes. Dans moins
de cinq années, elles furent mises en culture, et, chose
remarquable, elles furent *entièrement* payées avant l'é-
poque fixée, même par les familles les moins aisées.—
Alors, de nouvelles ventes eurent lieu, et se sont suc-
cédées jusqu'en 1858.

Le Maire et le Desservant continuèrent longtemps à
s'entendre, et l'agriculture, poussée par eux, encouragée
par des distributions de graines, entrait franchement
dans la voie du progrès. Mais les landes avaient, à un
certain moment, produit une somme de 26,600 francs
qu'il fallait employer.—Le Curé voulait tout d'abord la
reconstruction de l'église; le Maire, qui n'en reconnaissait pas l'urgence immédiate, préférait l'établissement
d'une école *dans laquelle l'agriculture pratique eût pu
être sérieusement enseignée.*—A la question de priorité
près de l'un ou l'autre édifice, il n'y avait pas, au fond,
désaccord entre les chefs spirituel et temporel de Saint-
Jacut. Des dissidences surgirent cependant, et le Maire
se retira.—L'église fut reconstruite, mais aussitôt après
une maison d'école fut édifiée, puis un presbytère. —
L'école étant confiée à un instituteur laïque, on joignit
à la maison de celui-ci huit hectares de landes pour être
mis en culture sous les yeux des élèves, qui reçurent
ainsi et continuent de recevoir une bonne instruction
primaire, dirigée tout particulièrement vers l'agricul-

ture. Il est intéressant de constater combien cette modeste exploitation, patronée par le comice de Collinée, a contribué au progrès agricole de la commune et quels réels services elle a rendus. Non-seulement les petits, mais les grands, y ont puisé d'utiles et précieux enseignements.—Ces résultats, au surplus, ont été obtenus, par une semblable manière de procéder, dans une commune voisine, celle du Gouray, où malheureusement on vient d'en faire l'abandon, par des motifs qu'il serait inutile d'apprécier ici, mais qui sont complètement étrangers à tout insuccès agricole.

M. Le Moine, maire, et M. Boinet, curé, ont tous deux quitté Saint-Jacut-du-Mené; mais leur but a été atteint et le bien qu'ils ont fermement voulu a été réalisé.

Voici, en résumé, en quoi consistent les améliorations qui ont transformé la commune, et l'ont faite, de la plus pauvre entre les plus pauvres, la plus riche du canton de Collinée, et l'une des plus aisées, sans contredit, de l'arrondissement de Loudéac :

Aux lieux où existaient de vastes landes, divisées de ci de là par quelques vieux talus placés sans ordre ni alignement, on remarque de belles pièces de terre, en général de forme rectangulaire, entourées de talus bien droits, construits sur un plan régulier. Le terrain est coupé de chemins d'exploitation suffisamment larges et bien alignés.

Six cents hectares, enfin, sur neuf cents, sont fructueusement cultivés, et présentent de belles récoltes; et les hommes ne filent plus la quenouille !

Il y a vingt ans, le froment était pour ainsi dire inconnu aux habitants de Saint-Jacut : il forme aujourd'hui la base de leur nourriture. — Il y a vingt ans, il n'existait pas, en cette commune, dix familles qui ne fussent dans l'obligation d'acheter du grain pour se nourrir ; aujourd'hui, il n'y en a pas dix qui s'en procurent à prix d'argent. — Les plantes fourragères sont cultivées par hectares, là où on obtenait à peine quelques plants de choux insuffisants pour la nourriture de la chétive vache qui composait la fortune des moins malheureux. Aussi les bestiaux se sont-ils considérablement améliorés ; en voici quelques exemples : En 1836, les chevaux de landes, à peu près de la taille d'un âne, se vendaient 25 à 30 fr. — Les poulains étaient souvent abandonnés au moment de leur naissance, faute de moyens de les nourrir et parce que leur mère servait au transport des grossières marchandises fabriquées dans le pays. C'est à ce point que M. Le Moine achetait, au prix de 25 à 50 centimes, ces misérables animaux, pour les faire abattre en vue d'enrichir ses fumiers. — Aujourd'hui, les juments poulinières valent, en moyenne, 5 à 600 francs, et la race des chevaux de lande a disparu. — En 1836, la meilleure vache laitière ne se payait pas 60 francs ; aujourd'hui, il n'est pas rare d'en trouver de 150 à 160 francs, et le tout en proportion.

Il y avait, en 1840, plus de six cents personnes vivant de la mendicité dans cette commune ; aujourd'hui, on en compte tout au plus vingt qui demandent l'aumône, et encore, me l'a-t-on assuré, elles sont ou malades ou infirmes.

La remarquable transformation dont Saint-Jacut-du-Mené a été l'objet, dans un délai relativement si court, est un bel exemple à donner et à suivre. — Elle est due, en définitive, en majeure partie, à MM. Le Moine et

Boinet, qui, tous deux animés de l'amour du progrès
agricole et des pauvres, ont eu la hardiesse de protester
contre ce préjugé, « que la lande serait toûjours lande
» et que le pauvre serait toujours pauvre. » — Sous
leur impulsion, des prolétaires, presque des vagabonds,
sans ressources, se sont attachés au sol, l'ont aimé,
l'ont cultivé; d'abord avec des outils d'emprunt et en
mendiant trois jours pour travailler trois autres jours;
puis travaillant toute la semaine, sans perdre de vue la
chaumière qui leur appartenait, comptant, enfin, sur le
pain quotidien que leur labeur leur promettait et qu'il
leur a donné !

Ed VIVIER.

LECTURE

SUR L'ANTHROPOLOGIE

DU

DÉPARTEMENT DES COTES-DU-NORD.

———

PREMIÈRE PARTIE (¹).

———

M. Broca, dans son Mémoire sur l'éthnologie de la France (2), prouve que la Bretagne est une des provinces où la race celtique a conservé la plus grande influence sur les générations actuelles ; il signale même certaines localités de l'ancien district de Cornouaille comme occupées par des habitants offrant le type celte dans toute sa pureté.

La moyenne des exemptions pour défaut de taille dont s'est servi M. Broca, a été prise sur les résultats des dix-neuf années de 1831 à 1849. Le département

---

(1) Cette première Partie a été lue dans la séance de la Société d'Émulation du 2 Mai 1861.

(1) Mémoire lu à la Société d'Anthropologie de Paris, le 21 Juillet 1859.

des Côtes-du-Nord porte le numéro 82. C'est, par suite, un des départements de France où la taille est la plus petite ; c'est même, de tous les départements de la Bretagne, celui qui fournit le plus d'exemptions pour défaut de taille.

Bien que les Bas-Bretons soient les seuls aujourd'hui qui aient conservé la langue kimrique, M. Broca pense que les Kimris n'ont eu, dans notre province, qu'une influence politique, et qu'ils n'y ont jamais pénétré en nombre suffisant pour modifier la race celtique, lors de leur grande invasion dans les Gaules, vers six cents ans avant Jésus-Christ.

Recherchons, de notre côté, dans les données historiques, quelles races sont venues, sur notre territoire, se mêler à la race aborigène.

Dans les temps les plus reculés, notre département était occupé, à l'ouest, par les Ossismiens ; à l'est, par les Curiosolites. Chacun de ces peuples a courbé la tête sous le joug de Rome, et, tous deux, en ont plus ou moins subi l'influence. Toutefois, les établissements gallo-romains exhumés jusqu'ici paraissent avoir été détruits par l'incendie, après pillage, soit dans l'insurrection générale des Gaules contre l'empire romain, soit par les invasions des hommes du Nord.

En effet, c'est à cette époque que notre littoral dépeuplé vit arriver successivement des masses de barbares. Les uns ne firent que passer, d'autres s'y établirent, et, parmi ceux-ci, des Allains prirent assez d'influence pour qu'un chef cornouaillais se soit paré du titre de roi des Allains.

L'Armorique, même avant César, avait fourni des migrations à la Grande-Bretagne ; mais au cinquième siècle, lors de la conquête de ce pays par les Anglo-Saxons, des klans nombreux, fuyant devant les vainqueurs et devant la peste, abandonnèrent leur pays et vinrent descendre sur notre littoral.

Riwal, désigné par Gurdestin sous le nom de *Domnoniæ dux*, vint s'établir à la jonction des deux vallées du Gouët et du Gouëdic. Un autre chef breton, Fracan, se fixa dans un lieu qui porte encore le nom de *Ploufracan*. La légende de saint Gwennolé mentionne un autre chef breton, Gonothec, dont M. de La Borderie place la résidence vers le haut cours du Trieu. En 513, Riwal II vint aborder en Armorique, *cum copiosâ navium multitudine*. Il trouva sur les côtes des Saxons ou Frisons, les chassa, et restitua aux indigènes et à ses compatriotes émigrés le territoire qui leur avait été enlevé. Les migrations bretonnes continuèrent pendant toute la première moitié du vi° siècle.

A quelle race appartenaient ces émigrés ? M. Broca les regarde comme des Kimris. César avait trouvé, au sud de la Grande-Bretagne, une population dont la ressemblance avec les Belges du continent l'avait frappé, et il la désigne sous le même nom de Belges. En effet, la population celtique aborigène de cette ile avait été refoulée vers le nord par les Kimris. Or, nos émigrés nous vinrent du sud de la Bretagne, pour la plupart : ce devaient donc être des descendants de ceux que César nommait les Belges de l'ile.

Au vi° siècle, Saint-Malo, Saint-Brieuc et Tréguier étaient soumis à la domination des rois francs, avec lesquels les chefs bretons étaient continuellement en lutte. L'histoire prouve que l'influence française n'a été sensible que dans l'est du département, c'est-à-dire

dans la partie la plus voisine du centre de la domination des Francs, la moins montagneuse, et, par suite,
la plus facile à maintenir sous le joug.

Au IX⁰ siècle, les pirates du Nord reparaissent sur
nos côtes, d'abord pour piller ; un peu plus tard, pour
y laisser des postes et même des établissements définitifs.
Noblesse, clergé, tout ce qui pouvait fuir se sauva, soit
dans la France centrale, soit en Angleterre, d'où revint,
vers le milieu du X⁰ siècle, notre grand Alain-Barbetorte,
qui dispersa les Normands et rétablit la race armorico-
bretonne dans notre péninsule.

Depuis lors, l'Armorique n'a plus à subir d'invasion,
ni d'autres influences étrangères, que celles qui se sont
produites du XI⁰ au XIV⁰ siècle, d'abord par la domination des seigneurs bretons en Angleterre, à la suite de
la conquête de Guillaume-de-Normandie ; ensuite, par
l'élévation de princes anglais sur le trône de Bretagne.
Cependant, le long séjour des Espagnols en ce pays,
dans la seconde moitié du XVI⁰ siècle, a pu laisser aussi
quelques traces dans la population.

En résumé, nous venons de voir la race celtique ou
aborigène forcée de subir le joug romain, sans toutefois
s'assimiler complètement à ses vainqueurs. Plus tard,
elle abandonne le littoral, où viennent s'établir des
hommes du Nord, Frisons, Alains, etc.; puis arrivent
les Bretons insulaires.

L'Armorique est ravagée par les Francs, qui exercent, dans l'est de notre département, une grande influence, démontrée encore aujourd'hui par la langue
qu'on y parle. Elle subit le cruel séjour des Normands,
et, plus tard, elle est visitée par les Anglais et les Espagnols.

Dans quelle proportion chacun de ces éléments a-t-il influé sur les populations actuelles, dans les différentes localités de notre département?

Ce problème doit être décomposé, et je me propose aujourd'hui d'en traiter la partie la plus importante : quelle est l'influence relative de la race celtique ou aborigène sur les populations actuelles, dans les différents cantons de notre département ?

De toutes les races dont nous venons de parler, les Celtes seuls étaient petits de taille ; les hommes du Nord, les Bretons insulaires, les Francs, les Normands, avaient, au contraire, une haute stature.

D'ailleurs, il ressort du travail de M. Broca (1), que tous les croisements des Celtes ont eu pour résultat d'élever la taille des populations. L'élévation relative de la taille dans nos différents cantons pourra donc servir à mesurer l'importance comparée des croisements de la race celtique avec les grandes races, dans chacun d'eux.

J'ai calculé la proportion moyenne des réformés pour défaut de taille, dans chaque canton, de 1851 à 1859 inclusivement. Cette moyenne m'a servi à classer les cantons, de manière que le premier rang est occupé par le canton de Ploubalay, qui a fourni la moindre proportion de réformés pour défaut de taille, et le dernier par le canton de Bégard, qui a fourni la proportion la plus considérable.

Une difficulté s'est présentée : le nombre des conscrits mesurés était sensiblement plus faible dans les cantons maritimes que dans les autres. Je crois avoir éludé, en grande partie au moins, la valeur de cette objection,

(1) Lieu cité.

qui m'a déjà été faite, en prenant, non point la proportion des réformés pour défaut de taille au contingent
demandé, mais bien la proportion des individus réformés pour défaut de taille, aux conscrits qui ont été ef-
fectivement mesurés (1), et j'ai pensé que les résultats
obtenus ainsi, pour les cantons maritimes, étaient comparables à ceux obtenus pour les autres cantons, bien
que j'aie dû, pour les premiers, opérer sur des chiffres
moins imposants. Pour rendre plus frappant le résultat
obtenu, j'ai nuancé différemment, sur une carte du département, les cantons, suivant la proportion plus ou
moins élevée qu'ils m'ont donnée de réformés pour
défaut de taille. J'ai laissé en blanc les 12 premiers,
c'est-à-dire ceux pour lesquels cette proportion est la
moindre, par conséquent où la taille est la plus grande ;
j'ai nuancé en noir les 12 derniers, dont les habitants
ont la taille la plus petite. J'ai donné aux cantons compris entre le 13ᵉ et le 24ᵉ rang, la nuance gris-clair, et
à ceux compris entre le 25ᵉ et le 36ᵉ inclusivement, la
teinte gris-foncé. Sur cette même carte, j'ai tracé la ligne
de démarcation des langues bretonne et française (2).

Un simple coup-d'œil fait voir que la taille est bien
moins élevée dans l'ouest du département que dans l'est ;
que presque tous les cantons noirs et gris-foncé appartiennent à la partie du département où la langue bretonne est dominante, et que tous les cantons blancs et
gris-clair, celui de Paimpol excepté, appartiennent à la
partie où la langue française domine. Cette concordance

(1) Le total des individus mesurés est obtenu en ajoutant le nombre des hommes
reconnus bons pour le service au nombre des exemptés pour défaut de taille.

(2) Voir la carte nᵒ 1er. Sur cette carte, chaque canton porte 1ᵒ son nᵒ d'ordre,
2ᵒ le nombre de réformés pour défaut de taille pour cent conscrits mesurés.

remarquable vient confirmer les données historiques et prouver que c'est bien dans l'ouest du département que la race celtique aborigène a conservé la plus grande pureté, et dans l'est qu'elle a éprouvé les mélanges les plus considérables.

Cette carte fait encore voir que, sur le littoral, les grandes races ont eu plus d'influence que dans l'intérieur.

Dans deux cantons, leur influence paraît même prédominante ; ces deux cantons sont ceux de Pléneuf et de Ploubalay, qui présentent moins de 4 p. ₀/° de réformés pour défaut de taille, et se rapprochent, sous ce rapport, des départements de France les plus remarquables par la haute taille de leurs habitants.

A l'est du département, jusque et y compris les deux cantons du chef-lieu, tous les cantons du littoral sont blancs. Au-delà, c'est-à-dire dans l'ouest du département, aucun des cantons du littoral n'est noir : on en trouve sept gris-foncé, un gris-clair et un blanc. De plus, nous pouvons remarquer qu'il existe deux groupes bien dessinés : l'un constitué par tous les cantons noirs, qui se touchent et forment une masse compacte occupant le sud-ouest du département, et correspondant assez bien à la région montagneuse, et l'autre formé par 9 cantons blancs, occupant le nord-est. Les cantons gris-foncé bordent le noyau noir du côté du littoral ; presque tous les gris-clair correspondent à la partie orientale de la région montagneuse de notre département.

Si nous voulons maintenant classer les arrondissements suivant l'élévation moyenne de la taille de leurs habitants, nous les trouvons dans l'ordre suivant :

1° arrondissement de Dinan ; 2° arrondissement de Saint-Brieuc ; 3° arrondissement de Loudéac ; 4° arrondissement de Lannion ; 5° arrondissement de Guingamp.

Cette différence de taille, entre la partie française ou orientale du département et la partie bretonne ou occidentale, est-elle bien due à une différence de races, et ne tiendrait-elle pas à une mauvaise alimentation, ou bien à des vices, à des maladies ayant fait dégénérer la partie occidentale ?

Pour répondre, d'abord à la première partie de la question, je dirai qu'il me paraît bien difficile d'apprécier exactement l'alimentation comparée des divers cantons. Après avoir songé à prendre des renseignements locaux sur cet intéressant sujet, j'y ai renoncé, 1° parce que j'aurais éprouvé une grande difficulté à obtenir ces renseignements ; 2° parce que ces renseignements, obtenus nécessairement de personnes très-différentes, auraient été très-difficilement comparables entre eux ; 3° parce qu'il m'a semblé possible de m'en passer, et de tourner la difficulté.

Je pense, en effet, qu'à un petit nombre d'exceptions individuelles près, l'alimentation d'une localité est en rapport avec la richesse agricole de cette localité, et avec l'aisance moyenne des habitants, surtout lorsque, comme dans notre département, la propriété est divisée, et que les extrêmes de richesse et de misère ne sont que l'exception. Or, l'Administration Préfectorale a publié une carte très-intéressante de la richesse agricole comparée des cantons de notre département. Cette carte nous montre trois zônes (1) :

____

(1) Voir la carte n° 3.

La première, ou zône riche, comprend presque la moitié des cantons, vingt-deux sur quarante-huit, et elle suit très-exactement le littoral ;

2° La zône misérable ou pastorale comprend treize cantons, qui tous, au moins en partie, appartiennent au versant sud ;

3° La zône intermédiaire, par sa richesse comme par sa situation, sépare complètement les deux premières, qui n'ont entre elles aucun point de contact.

D'après quelques renseignements que je me suis procurés, il me paraît évident que cette carte de la richesse agricole représente aussi, au moins très-généralement, la richesse et la puissance réparatrice de l'alimentation dans nos divers cantons ; que la zône du littoral, plus fertile, surtout en froment, ayant une population dense, bien vêtue, rendue plus aisée, non-seulement par la fertilité du sol, mais encore par le commerce maritime et par la navigation, est aussi celle dans laquelle la nourriture est plus substantielle, plus réparatrice, et en rapport avec les travaux plus énergiques et plus soutenus.

Je regarde encore comme hors de doute que la zône pastorale, au sol en partie inculte, toujours peu productif, ayant une population rare, vêtue presque exclusivement de toile, n'habitant souvent que des huttes misérables qui ne l'abritent qu'à grand'peine des intempéries, est celle dans laquelle la nourriture est la moins réparatrice, attendu qu'elle se compose surtout de laitage et d'une grossier pain de seigle ; en tout cas, le froment est presque inconnu dans ces campagnes.

Si nous admettons donc que, dans son ensemble, la carte de la richesse agricole représente la richesse et la pauvreté de l'alimentation dans nos campagnes, nous serons forcés d'admettre qu'elle n'a pas sur la taille des habitants une influence bien manifeste. Comparons, en effet, cette carte avec celle de la taille, et nous verrons, d'un seul coup-d'œil, qu'elles diffèrent notablement : dans la carte de la taille, nous voyons un contraste frappant entre la moitié orientale et la moitié occidentale ; dans celle-ci, au contraire, c'est entre le littoral et la montagne que le contraste existe, c'est-à-dire entre le nord et le sud du département. D'ailleurs, nous voyons que dans les cantons de Merdrignac, La Chèze, Collinée, Plouguenast, qui appartiennent à cette zône misérable, la taille est bien plus élevée que dans les cantons de l'arrondissement de Lannion, qui, presque tous, appartiennent à la zône riche.

Abordons maintenant la seconde partie de la question : cette différence de taille peut-elle être attribuée à des maladies ou à des vices ayant fait dégénérer physiquement la partie bretonne du département ?

Pour faire apprécier la fréquence des maladies dans les diverses localités de notre pays, je n'ai point la prétention d'apporter une statistique médicale complète du département ; je regarde un pareil travail comme actuellement impossible ; j'ai simplement utilisé, autant qu'il m'a été possible, les données puisées au bureau de la guerre sur les causes et le nombre des exemptions pour maladies et infirmités. Il ne faut demander à ces données qu'une idée très-grossière de l'état sanitaire de notre pays.

En effet, le conseil de révision ne passe en revue, chaque année, qu'une très-faible partie de la population masculine, à un âge rigoureusement déterminé et où la santé est habituellement dans toute sa vigueur. Pour atténuer en partie cet inconvénient, j'ai réuni les résultats fournis par neuf années consécutives, de 1851 à 1859 inclusivement.

En revanche, ces données nous permettent la comparaison de nos différents cantons entre eux, le même médecin les visitant habituellement tous, la même année, avec une impartialité toute scientifique. Pour faire cette comparaison, j'ai calculé, pour chaque canton, la proportion du nombre des exemptions pour maladies ou infirmités, au nombre des individus examinés par le conseil. J'ai dressé la liste des cantons, en donnant le premier rang à celui qui a présenté la plus faible proportion de réformés, et le dernier à celui qui avait la plus forte proportion.

Enfin, pour rendre le résultat appréciable dans son ensemble, j'ai dressé une carte représentant les quarante-huit cantons du département, avec leurs numéros d'ordre et la proportion des réformés pour chacun d'eux (1). De plus, j'ai laissé en blanc les cantons portant les douze premiers numéros; ceux qui occupent les rangs compris entre le 13e et le 24e inclusivement sont teintés en gris-clair; les douze suivants, jusqu'au n° 36, ont été nuancés en gris-foncé; enfin, j'ai donné aux douze derniers la couleur noire. Cette carte permet de voir, d'un seul coup-d'œil, la différence qui existe entre la moitié orientale et la moitié occidentale du département.

En effet, l'ouest du département comprend tous les cantons noirs et la moitié des cantons gris-foncé; ces

____

(1) Voir la carte n° 2.

cantons forment deux groupes principaux bien nets :
l'un occupe toute l'étendue du littoral d'Étables à Lannion, et l'autre le versant sud de notre département ;
c'est-à-dire que le premier occupe la partie la plus
riche et le deuxième la partie la plus misérable. La zône
intermédiaire à ces deux-là présente le mélange le plus
complet des nuances : cinq cantons blancs, deux cantons gris-clair, cinq cantons gris-foncé, et un noir, celui
de Guingamp.

La partie orientale du département offre une disposition des nuances complètement inverse.

Nous y trouvons encore trois zônes ; mais celle du
littoral et celle du versant sud sont ici les deux plus
claires. La zône intermédiaire est la plus foncée, mais
ne comprend aucun canton noir.

Cette carte prouve la supériorité, sous le rapport de
l'état sanitaire de nos jeunes hommes de vingt-et-un ans,
de la moitié orientale sur la moitié occidentale du département ; mais cette supériorité, il faut le dire, est
bien moindre que celle de la taille, et nullement en
rapport avec elle. Le canton le plus favorisé pour la
taille présente treize fois moins de réformés pour défaut
de taille que celui qui en a le plus (Ploubalay, 3.17, et
Bégard, 42.27). Pour les maladies et infirmités, le
nombre des réformés présente une bien moins grande
différence : le canton le plus favorisé sous ce rapport,
Matignon, en a 28.17 p. $^o/^o$, et le canton le plus chargé,
Plouha, n'en présente que 46.45 p. $^o/^o$; le plus heureux
n'en a même pas deux fois moins que Plouha.

D'ailleurs, nous voyons plusieurs cantons, tels que
La Roche-Derrien, Bourbriac, Rostrenen, remarquables

par la petite taille de leurs habitants, occuper un rang honorable pour l'état sanitaire de leurs conscrits. Nous pouvons donc conclure que la carte des réformés pour maladies et infirmités, diffère de la carte des réformés pour défaut de taille, beaucoup plus qu'on ne le croirait à première vue, et qu'il n'y a aucun rapport appréciable entre ces deux causes de réforme.

D'autre part, les deux groupes de cantons noirs que nous présente la carte, dans l'ouest du département, semblent prouver que les extrêmes de misère et de richesse conduisent à un même résultat, c'est-à-dire à un grand nombre de réformés pour maladies ou infirmités.

Ce fait m'a surpris, et j'ai voulu voir si les causes particulières d'exemption ne me donneraient pas l'explication de cet étrange résultat.

Je dois l'avouer, j'ai été fort désappointé; les tableaux qui représentent les causes particulières d'exemption ne sont point faits généralement au point de vue médical, mais bien plutôt au point de vue chirurgical ; ils distinguent bien le siége de la maladie ou de l'infirmité, mais ne disent rien sur sa nature. Certaines causes assez fréquentes d'exemption, comme le rachitisme, par exemple, ne peuvent rentrer raisonnablement dans aucune des colonnes du tableau. Enfin, l'employé chargé de remplir ces tableaux n'étant point médecin, est forcé de répartir au hasard ces causes d'exemption, qui ne peuvent rentrer dans aucune colonne particulière, et qu'il eût été si intéressant de trouver dans des colonnes distinctes.

Quelques-unes de ces colonnes échappent à ces critiques, entre autres celle intitulée faiblesse de constitution. Elle est importante surtout parce qu'elle est une des causes les plus fréquentes d'exemption.

Sur 7,631 exemptions pour maladies ou infirmités, il en a eu 2,361 pour faiblesse de constitution, en neuf ans.

J'ai utilisé les données que m'a fournies cette colonne, de la même manière que les précédentes, et j'ai cherché à rendre le résultat sensible à la vue, à l'aide d'une carte nuancée d'après les mêmes conventions que les premières (1).

Nous voyons que si elle ne donne point l'explication de la précédente, elle prouve au moins que l'aisance et une bonne alimentation ne sont pas une cause de faiblesse de constitution. Si nous la comparons avec la carte qui représente la distribution de la richesse agricole dans le département, nous constaterons, non pas une ressemblance complète, mais une concordance générale très-remarquable.

La zône du littoral, la plus riche, est celle qui présente le moins de faiblesse de constitution ; elle comprend, en effet, tous les cantons blancs.

Au contraire, la région montagneuse comprend neuf cantons noirs, trois gris-foncé, un seul gris-clair, celui de Collinée, dans lequel s'est effectué, dans ces dernières années, un progrès agricole très-remarquable. La zône intermédiaire aux deux autres, par sa situation géographique et l'aisance de ses habitants, est aussi intermédiaire par le nombre de ses exemptions pour faiblesse de constitution ; elle ne comprend aucun canton blanc et deux noirs seulement.

---

(1) Voir la carte n° 3, destinée à faire ressortir le rapport qui existe entre la distribution de la richesse dans le département et le nombre relatif des exemptés pour faiblesse de constitution.

Remarquons, toutefois, que quelques cantons font tache dans la zône riche. Je signalerai Perros-Guirec, Tréguier, Plouha, Dinan-ouest, qui sont gris-foncé, et surtout Étables, qui est noir et porte le n° 42, et ce canton d'Étables est peut-être le plus riche de tous. Les cantons de Plouagat et de Guingamp font également tache dans la zône intermédiaire.

A quoi devons-nous attribuer ces tristes résultats ?

La première réponse des personnes auxquelles j'ai posé la question a été grave : elles ont pensé qu'ils devaient être attribués aux excès et aux vices qui règnent dans ces cantons. Pour ma part, j'aimerais voir cette opinion soutenue par des faits précis, avant de l'accepter irrévocablement.

Quoiqu'il en soit, il ressort de cette carte que la vie pastorale, tant chantée par les poëtes, n'est pas, au moins dans notre département, la plus favorable au développement physique de l'homme. Ce développement, au contraire, se réalise beaucoup mieux dans les cantons où la population est plus dense, par suite la concurrence et le travail plus actifs, la terre plus fertile, l'aisance plus grande et l'alimentation plus substantielle. Puisse le développement intellectuel et moral marcher parallèlement au premier.

Au point de vue de la question des races, cette carte de la faiblesse de constitution me paraît décisive, en ce sens qu'elle ne permet pas de croire, un seul instant, que la petitesse de la taille, dans la partie bretonne, puisse dépendre de la dégénérescence de ses habitants, qui ne le cèdent pas sensiblement aux habitants de la partie française, sous le rapport de la vigueur de leur constitution.

En effet, dans son ensemble, cette carte me paraît différer de la carte de la taille, encore plus que celle de la richesse agricole. Dans la carte de la taille, les cantons noirs et gris-foncé forment un massif compacte, occupant toute la partie bretonne, à la seule exception du canton de Paimpol, qui est blanc, et ce massif n'envoie vers l'est qu'un très-léger prolongement. Dans la carte de faiblesse de constitution, les cantons noirs et gris-foncé forment une bande manifestement est et ouest, qui, tout en s'atténuant légèrement, se prolonge dans la partie française jusqu'au canton de Dinan-ouest, qui en fait partie.

Remarquons, en passant, que sur la carte de faiblesse de constitution, le canton de Saint-Brieuc-nord occupe le 5ᵉ rang ; celui de Saint-Brieuc-midi, le 11ᵉ ; celui de Dinan-est, le 22ᵉ ; celui de Lannion, le 23ᵉ ; celui de Loudéac, le 29ᵉ ; celui de Dinan-ouest, le 34ᵉ ; celui de Guingamp, le 44ᵉ. J'en conclus que, dans notre département, les agglomérations de population, qui constituent, nos villes, n'ont pas d'influence funeste sur la vigueur de nos jeunes gens, et que Saint-Brieuc, avec ses deux cantons, occupe, sous ce rapport, un rang aussi honorable que l'est peu celui du canton de Guingamp.

Quant aux autres causes particulières d'exemption, elles paraissent véritablement comme réparties au hasard.

Toutefois, il paraît manifeste que la partie bretonne est inférieure généralement à la partie française, sous le rapport de la santé. J'ai rejeté l'idée d'une dégénérescence de la race bretonne ; mais à quoi donc peut-on attribuer cette infériorité ?

Serait-ce aux excès alcooliques ?

Il me paraît bien difficile de juger dans quelle partie de notre département le honteux vice de l'ivrognerie fait le plus de ravages. D'autre part, il faut distinguer encore, au point de vue de l'action sur la santé, l'alcool et les liqueurs fortement alcooliques, du cidre et même du vin.

J'ai été ainsi conduit à faire le relevé de la quantité d'alcool consommée dans les débits des arrondissements du département, de 1830 à 1840 inclusivement, époque à laquelle remonte la naissance des conscrits qui ont été l'objet des relevés statistiques que j'ai présentés. Il est, en effet, très-probable que là où la consommation alcoolique, dans les débits, est la plus considérable, là aussi les excès auxquels elle donne lieu sont les plus fréquents et font le plus de ravages dans la santé publique : 1° en agissant sur ceux qui s'y adonnent ; 2° en altérant la santé des enfants procréés par ces individus abrutis, au physique comme au moral, par des habitudes d'ivrognerie.

Voici les résultats auxquels je suis arrivé :

Dans l'arrondissement de Dinan, la consommation alcoolique a été telle, pendant les onze années de 1830 à 1840, que, si tous les habitants en avaient consommé la même quantité, chacun en aurait bu 6 litres 67 centilitres ; dans l'arrondissement de Loudéac, 7 litres 43 centilitres ; dans l'arrondissement de Saint-Brieuc, 10 litres 15 centilitres ; dans l'arrondissement de Guingamp, 11 litres 31 centilitres, et, enfin, dans celui de Lannion, 19 litres 47 centilitres.

Nous voyons ainsi que, relativement au nombre des habitants, l'arrondissement de Guingamp consomme presque deux fois plus d'alcool que Dinan, et Lannion presque le triple de ce même arrondissement de Dinan.

Il semble donc qu'il y ait, dans notre département, un rapport manifeste entre la mauvaise santé de nos jeunes conscrits, d'une part, la misère et les excès alcooliques, d'autre part. Du reste, cette question me paraît trop importante pour être traitée légèrement, et je me propose d'y revenir avec des documents plus complets.

Enfin, voici un dernier argument en faveur de la thèse que je soutiens, c'est-à-dire en faveur de cette idée qu'il n'existe, dans les cantons de notre département, aucun rapport entre l'élévation de la taille et les maladies et infirmités qui y sévissent : cet argument est que M. Broca (1) est arrivé à cette même conclusion pour les départements comparés entre eux, d'après les chiffres fournis par les opérations des conseils de révision ; et particulièrement notre département, qui est le 82ᵉ pour la taille, le 11ᵉ pour la densité de sa population, est le 13ᵉ pour le petit nombre de ses réformés pour maladies et infirmités, rang très-honorable et cependant inférieur à ceux occupés par ses deux voisins. De tous les départements de France, le Morbihan est celui qui a offert le moins de réformés pour maladies et infirmités, et le Finistère occupe le 5ᵉ rang.

Remarquons, en terminant, que, sous le rapport de l'état sanitaire des conscrits, notre province n'a à craindre la comparaison avec aucune autre province française.

(1) Lieu cité.

Il me reste à résoudre une deuxième question, qui fera l'objet de la seconde partie de ce travail :

Les caractères présentés par les populations actuelles peuvent-ils venir en aide à l'histoire, pour éclairer l'origine et l'importance des migrations qui se sont faites anciennement dans notre département, et contribuer à la détermination précise des races auxquelles appartenaient ces populations ?

GUIBERT,

DOCTEUR-MÉDECIN.

LE ROI THÉODORE.

ÉPISODE DE L'HISTOIRE DE LA CORSE (1).

————

Le XVIIIe siècle, qui a entrepris de renverser, au nom du rationalisme, les plus antiques et les plus saintes croyances, a été, par une de ces contradictions si fréquentes chez les esprits forts, la dupe du charlatanisme le plus effronté. Il a cru, avec une naïveté digne de temps meilleurs, à tous les phénomènes de l'ordre surnaturel dont la parodie lui a été présentée par des escamoteurs plus ou moins habiles, et de tous étages, tels que les convulsionnaires, le comte de Saint-Germain, Mesmer, Cagliostro, etc.

Je ne viens pas vous parler de ces grands jongleurs qui n'ont dû la célébrité qu'au théâtre retentissant sur lequel ils ont exploité la crédulité publique. Mon héros — passez-moi cette expression qui ne messied pas trop à un personnage dont la vie a tous les caractères du

(1) Lu dans la Séance générale du 5 Juin 1862.

roman — ne se rapproche d'eux que par l'époque où il
a vécu. Il a joué son rôle sur une scène moins en évi-
dence ; mais, par compensation, l'objet poursuivi a re-
haussé la grandeur de son entreprise. Des rangs obscurs
de la société, porter ses vues jusqu'au trône, certes ce
n'est pas une ambition médiocre, et le succès l'a couronnée !

La Corse a presque constamment subi la domination
étrangère. Elle ne paraît pas avoir jamais eu une natio-
nalité complètement indépendante. Comme toutes les
divisions du monde connu des anciens, elle a fait partie
de l'Empire romain, puis a passé successivement sous
l'autorité de l'Empire grec, de Charlemagne, des Sar-
rasins, des rois d'Aragon, du Pape, et, enfin, de la
République de Gênes.

A l'époque dont je veux vous parler, c'est-à-dire vers
le milieu du xviiie siècle, les Génois exerçaient la suze-
raineté de la Corse. Je me sers à dessein de ce mot,
parce que leur souveraineté était loin d'être effective.
Ils occupaient seulement les principaux ports du littoral,
et ne percevaient, dans l'intérieur de l'île, de faibles
impôts, qu'au moyen de colonnes expéditionnaires. La
Corse, d'ailleurs, avait conservé ses institutions propres,
assez semblables aux institutions municipales existant
chez tous les peuples italiens pendant le moyen-âge,
mais qui tendaient à disparaître de la péninsule. De
fréquents soulèvements prouvaient, en outre, que la
domination génoise n'était subie qu'avec impatience.

Tel était l'état des choses en Corse lorsque, le 25
Mars 1736, un bâtiment, portant pavillon anglais, prit
terre à Aleria. Il avait à son bord un personnage in-

eonnu, qui débarqua avec une suite de seize personnes, de l'argent, des armes, des provisions de bouche et de guerre. Le chef de cette expédition était, de la part de ses compagnons, l'objet d'un respect affecté. Il avait un costume semi-oriental; son port était noble et imposant; ses manières avaient de l'aisance et de la grandeur. Il s'entourait du prestige que donne le mystère, ne communiquant personnellement avec aucun des gens du pays. Mais, autour de lui, on insinuait qu'il était l'émissaire d'une grande puissance qui, ne voulant pas encore paraître sur la scène, l'envoyait préparer les voies à son établissement. « Il débuta, dit Voltaire dans son *Siècle de Louis XV*, par déclarer qu'il arrivait avec des trésors immenses; et, pour preuve, il répandit parmi le peuple une cinquantaine de sequins en monnaie de billon. Ses fusils, sa poudre, qu'il distribua, furent les preuves de sa puissance. Il donna des souliers de bon cuir, magnificence alors ignorée en Corse. »

Les imaginations méridionales s'enflamment facilement. Quelques jours s'étaient à peine écoulés depuis son arrivée, que, dans un rayon assez étendu, tout le monde croyait à l'importance de l'inconnu, et l'on se présentait en foule pour lui rendre hommage. Il refusait obstinément de se montrer, et d'entrer en conférence avec des individus isolés et sans mission.

La renommée ne tarda pas à étendre le cercle qui subissait déjà son influence. Les chefs du parti opposé aux Génois se réunirent, et voyant dans ce personnage un allié qui pouvait devenir utile à leurs projets, ils convinrent de se rendre près de lui avec appareil, afin de le sonder sur ses véritables projets. Celui-ci les reçut avec grâce, mais non sans un certain mélange de hauteur. Il leur dit que la résistance des Corses à la domination étrangère serait, dans l'histoire, un titre de gloire pour ce peuple généreux ; qu'il serait heureux de s'associer à d'aussi nobles travaux ; que ses relations avec les grandes Cours de l'Europe le serviraient puissamment, mais qu'il ne commencerait une entreprise de ce genre que dans des conditions propres à en assurer le succès. Ce qui avait manqué aux Corses, ajoutait-il, c'était un chef dont le pouvoir incontesté mît de l'ensemble dans les efforts individuels, un chef pourvu d'un titre dont le prestige pût lui assurer le respect et l'obéissance de tous, du titre le plus élevé, du titre de Roi. Il se montrait tout disposé à aider les Corses à reconquérir leur indépendance, s'ils regardaient son concours comme utile, mais seulement dans les conditions qu'il venait d'exposer.

Le nom de Roi sonne mal à des oreilles républicaines ; or, la constitution de la Corse avait alors ce caractère. Les délégués, sans néanmoins repousser l'ouverture qui leur était faite, se bornèrent à répondre qu'ils ne pourraient pas prendre une détermination aussi grave sans consulter ceux dont ils avaient reçu leur mandat.

Là-dessus, on se sépara en bons termes. A la tête de la députation étaient Giafferi, chef d'une des importantes familles de l'île, que les Corses avaient mis à leur tête avec les titres de général et primat, et Hyacinthe Paoli, père de Pascal Paoli qui, quelques années plus tard, joua un si grand rôle dans l'histoire de son pays, et dont la mémoire est encore aujourd'hui l'objet d'un culte enthousiaste de la part des Corses de tous les rangs et de toutes les opinions.

Giafferi et Paoli retournèrent donc dans l'intérieur

du pays pour se concerter avec leurs concitoyens.—
Le caractère des Corses est un mélange d'énergie sauvage et de finesse italienne. La violence, qu'ils mettent trop souvent au service de leurs passions, n'est cependant pour eux qu'un moyen extrême. Ils commencent toujours pas essayer de la ruse. — Nos deux émissaires étaient un peu embarrassés de leur rôle, dont la responsabilité les effrayait. Les conséquences du changement qu'il s'agissait d'apporter aux institutions du pays pouvaient être graves. Après avoir retourné la question dans tous les sens, ils surmontèrent leurs scrupules, en se disant que, s'il leur était donné de faire un Roi, ils pourraient aussi bien le défaire, le cas échéant. Ainsi rassurés sur les suites de l'acte qui se préparait, ils abordèrent les principaux de la nation, et peignirent sous les couleurs les plus séduisantes les qualités brillantes de l'inconnu, ses richesses, son crédit supposé près des grandes Cours de l'Europe. Le peuple, habitué à croire à leur parole, se laissa facilement persuader.—Munis de pleins pouvoirs, ils se rendirent de nouveau à Aleria, et déclarèrent à l'étranger qu'ils étaient autorisés à poser sur sa tête la couronne royale et à lui confier la direction de leurs affaires.— C'est alors seulement qu'il se fit connaître pour le baron de Neuhoff.

Théodore-Antoine, baron de Neuhoff, originaire de Westphalie, d'une noblesse douteuse, avait été, dans sa jeunesse, page de la duchesse d'Orléans. Plus tard, il s'était jeté dans la carrière des aventures et avait servi en Espagne, où il s'était marié. Revenu en France, il s'était attaché à la fortune de Law, partageant les vicissitudes de grandeur et de misère de son patron. Depuis, il avait parcouru l'Europe, sans but déterminé, cherchant la fortune qui se montrait rebelle, mais la poursuivant toujours avec la ténacité que donne la conviction d'une capacité supérieure qui doit, tôt ou tard, triompher. Comme un héros des temps fabuleux, il égara sa femme, comme inutile au moins à ses projets. Quoiqu'il en soit, il lui fallut, on ne peut le nier, dépenser beaucoup de génie pour arriver au premier résultat qu'il obtint : se faire livrer par des marchands des sommes considérables contre l'échange, très-problématique, des produits d'une île dont ils connaissaient à peine le nom.

Le futur Roi, entouré déjà d'une foule de courtisans, se rendit à Cervione, où il occupa le palais épiscopal, abandonné par M\ Mari, partisan dévoué des Génois. Une assemblée générale de la nation, convoquée au couvent d'Alesani, dans le voisinage de Cervione, délibéra sur les affaires présentes et fixa la Constitution du royaume.

D'après cette Constitution, la couronne du royaume de Corse était héréditaire dans la famille du baron de Neuhoff ; le Roi ne pouvait frapper d'impôts qu'avec l'assentiment des membres de la Diète ; les emplois ne seraient occupés que par des nationaux ; les Génois devaient être chassés de l'île et leurs biens confisqués ; le Roi était tenu de créer un ordre de noblesse, composé des personnes les plus considérables de l'île.

Ce projet de Constitution fut lu au peuple assemblé, qui l'approuva ; puis signé par le baron de Neuhoff, qui jura sur l'Evangile de l'observer fidèlement. — Après les solennités religieuses, les généraux placèrent sur sa tête une couronne de chêne et de laurier, et le proclamèrent Roi de la Corse, en présence d'une foule im-

mense accourue de toutes parts pour cette cérémonie.
Le peuple consacra, par ses acclamations, le nouvel élu,
qui s'intitula : « Théodore Ier, par la grâce de la Sainte
Trinité et par l'élection des très-glorieux libérateurs et
pères de la patrie, Roi de Corse. » Il battit monnaie ;
les pièces frappées pendant son règne portaient : *Theo-*
dorus, Rex. — *Rego pro bono publico.*

Le premier soin de Théodore fut de prouver sa reconnaissance à ceux qui avaient le plus contribué à son
élévation. Giafferi et Paoli furent nommés capitaines-
généraux, premiers ministres d'Etat, et décorés du titre
de comte. D'autres faveurs, en grand nombre, furent
distribuées sur leurs indications.

Arrivé au terme de son ambition, Théodore n'était
encore qu'au commencement de ses travaux. Comme
Henri IV, *si parva licet magnis componere*, il tenait
une couronne, mais le royaume était à conquérir.

On doit rendre cette justice à Théodore, qu'il ne faillit
pas aux devoirs de sa nouvelle position. Il paya bravement de sa personne, se mit à la tête des troupes, et,
profitant de l'élan qu'un évènement si inattendu avait
communiqué à tous les Corses, il battit les Génois en
plusieurs rencontres, et bientôt l'étendard de St-Georges
ne flotta plus que sur les forteresses de Bastia, St-Florent
et l'Ile-Rousse. Ces premiers succès avaient de quoi
l'enorgueillir ; mais, à l'intérieur, les difficultés ne tardèrent pas à s'accumuler autour de lui.

Pour satisfaire de nombreuses ambitions, il s'était
entouré d'une cour hors de proportion avec l'importance de son royaume de fraîche date ; il n'avait pu,
néanmoins, éviter de faire bien des mécontents. D'autre
part, nous avons vu que Théodore avait abandonné sa

femme : jeune, beau, ami des plaisirs, il ne respecta pas toujours l'honneur des familles, froissant ainsi le sentiment le plus vivace et le plus honorable du caractère corse, que l'on retrouve souvent à l'origine de ces *vendette* qui se transmettent de génération en génération et sont toujours acceptées comme un héritage sacré. Il fit, par là, plus que des mécontents : il se créa des ennemis acharnés et irréconciliables.

Ce n'est pas tout, les dépenses de la guerre, comme le luxe de sa cour, eurent bientôt épuisé le trésor royal, et il fallut recourir au dangereux expédient des impôts. L'élection de Théodore avait été l'effet d'un malentendu : Les Corses, pauvres et besogneux, avaient pris un Roi pour les richesses qu'ils lui supposaient ; celui-ci n'avait recherché le trône que pour le profit qu'il en espérait, ayant, par avance, donné en gage, à ses créanciers, les revenus de son futur royaume. L'heure de la déception était arrivée.

Théodore avait bien cherché à encourager l'industrie : il avait établi des tanneries, des manufactures, des salines ; il avait fait des règlements très-libéraux pour engager les étrangers à s'établir en Corse. Toutes ces industries et toutes ces mesures devaient certainement produire les meilleurs résultats dans l'avenir ; ils ne pouvaient conjurer les dangers du moment. Les récoltes avaient été mauvaises et saccagées par la guerre. Il devenait de plus en plus difficile de conserver des avantages chèrement achetés.

La République de Gênes n'ignorait aucune des difficultés de la situation ; elle en profita habilement. Elle publia un manifeste où elle représentait Théodore comme un homme perdu de dettes, sans honneur et sans appui, jeté dans la carrière des aventures, et venu, pour en chercher de nouvelles, en Corse, où il avait séduit les esprits par un travestissement fastueux. Théodore répondit à ces accusations, et, à son tour, n'épargna pas la sérénissime République. — L'opinion générale du pays le soutint dans cette guerre de plume. L'orgueil national ne permettait pas aux Corses d'avouer leur méprise.

Mais la République recruta les mécontents, et en forma un corps de deux mille hommes très-déterminés, auxquels on donna le nom d'*oriundi*. Ces oriundi, espèce de partisans, furent très-utiles à la République. Pleins d'audace et connaissant parfaitement les localités, ils faisaient à propos des sorties, ravageaient les campagnes, incendiaient les habitations et désolaient, de toutes manières, le pays. Théodore, voyant la guerre impie que lui faisaient les Génois, usa de représailles envers eux, et n'épargna ni les personnes ni les choses de leurs partisans. Le pays était à feu et à sang. On commençait à sentir que la lutte était inégale et ne pouvait se prolonger. Cependant, le prestige de Théodore n'était pas encore détruit. Les secours qu'il avait annoncés n'arrivaient pas ; on s'obstinait à les attendre. Il se décida à convoquer une consulte des principaux habitants de l'île, dans le couvent de Casabianca. Il renouvela ses promesses, et déclara que si les secours qu'il attendait ne lui étaient pas parvenus avant la fin du mois d'Octobre, il se démettrait de la couronne. Cette déclaration fut accueillie avec enthousiasme. Les Corses lui jurèrent de nouveau une fidélité inébranlable.

Théodore fit alors une visite à la partie méridionale de l'île, où il fut acclamé comme un monarque et un

libérateur. Mais, pendant ce temps, quelques personnages considérables du nord de l'île, dont l'ambition
n'avait pas été satisfaite, profitèrent du mécontentement
des populations inquiétées par le voisinage de l'ennemi
pour former un nouveau parti, dit des *indifférents*,
parti neutre entre la République et Théodore et qu'on
supposait prêt à embrasser la cause du vainqueur.

Théodore chercha à ramener les *indifférents* par la
douceur ; puis, comme ce moyen ne lui réussit pas, il
les déclara rebelles et fit marcher contre eux ses troupes.
Mais il fut battu, et Dieu sait ce qui serait advenu de
la Majesté Royale, si Giafferi, intervenant à propos,
n'eût, par son influence, conjuré l'orage prêt à éclater
et calmé provisoirement les esprits. En bon prince,
Théodore pardonna à ses sujets peu dociles ; mais il
comprit que sa position n'était plus tenable, et il résolut
d'aller lui-même chercher les secours promis depuis si
longtemps.

Il convoqua une assemblée de ses principaux fonctionnaires et officiers, leur exposa qu'il était de toute
nécessité qu'il se rendît en personne sur le continent
pour accélérer l'arrivée des secours importants qui lui
avaient été formellement assurés. Il leur recommanda
de rester unis entr'eux, les fit renouveler leur serment
de fidélité, et, après avoir publié un règlement où il
confiait la régence du royaume à Paoli et Giafferi, il
s'embarqua sur un bâtiment français, avec une suite
peu nombreuse. Il arriva à Livourne, d'où il partit pour
Amsterdam, non sans avoir failli, en quittant le rivage
de la Corse, être pris par un corsaire génois qui, par
respect pour le pavillon français, n'insista pas pour
visiter le bâtiment.

Le départ de Théodore ressemblait trop à une fuite pour que les Corses pussent croire à son retour. Les chefs délégués par lui pour gouverner l'Etat en son absence étaient eux-mêmes tellement convaincus qu'il abandonnait. pour toujours son royaume, qu'ils pensèrent sérieusement à traiter avec les Génois, pour apaiser les mécontentements du peuple, dont le malaise allait toujours croissant, et qui se plaignait d'avoir été mystifié. Ils envoyèrent quelques députés à Bastia pour traiter de la paix ; mais Rivarola, gouverneur pour les Génois, ne daigna pas même les recevoir, et leur fit dire qu'avant tout il fallait déposer les armes et s'en remettre au libre arbitre de la République. Les envoyés portèrent cette réponse à leurs mandants et les engagèrent à persévérer dans la résistance. Le peuple, par un de ces changements qui lui font honneur, déclara qu'il n'aurait jamais d'autre souverain que le roi Théodore. Ce fut, en effet, en son nom que la résistance des Corses se poursuivit. Leurs troupes étaient toujours appelées les troupes royales.

Cependant, arrivé à Amsterdam pour y faire un nouvel appel au crédit, Théodore ne trouva pas d'abord ses créanciers favorablement disposés. Ils le firent même emprisonner. Les Génois, informés de tout ce qui se passait en Europe, grâce à leurs relations commerciales étendues, furent promptement informés de la situation de leur ennemi, et ne manquèrent pas d'en publier la nouvelle en Corse. Elle était de nature à nuire singulièrement au prestige du Roi, mais elle n'affaiblit aucunement la courageuse résistance des Corses. Dans une assemblée générale, tenue à Corte, centre de l'île, il fut décidé, à l'unanimité, qu'ils verseraient jusqu'à la dernière goutte de leur sang plutôt que d'accepter de nouveau la domination génoise.

C'est alors que la République de Gênes sollicita l'appui de la France. Les conventions faites entre ces deux puissances sont restées couvertes d'un certain mystère. Toujours est-il qu'au commencement de 1738, une expédition française, montant à trois mille hommes, arriva en Corse, sous les ordres du comte de Boissieux. Les Français paraissaient d'accord avec les Génois ; cependant, ils avaient toujours leurs quartiers séparés. Les régents Paoli et Giafferi ne tardèrent pas à entrer en négociation avec Boissieux. Ils offraient déjà de se donner à la France ; mais leur entrée dans la famille française n'eut lieu qu'environ trente ans plus tard. — Revenons à notre sujet.

Le Roi fugitif était toujours en prison pour dettes à Amsterdam. Dans cette situation critique, il déploya de nouveau toutes les ressources de son génie, fertile en expédients. Il vint à bout d'obtenir, non-seulement que les Juifs d'Amsterdam, ses créanciers, consentissent à sa mise en liberté, mais encore qu'ils lui ouvrissent de nouveaux crédits pour le mettre à même de tenter une seconde expédition. — La gent des prêteurs à la petite semaine est donc aussi parfois pourvue d'une grande dose de crédulité !

Théodore fréta un navire et débarqua encore une fois à Aleria, avec quelque argent et quelques munitions. Deux ans s'étaient écoulés depuis son départ. Il fit immédiatement répandre un manifeste où il appelait à lui les populations et annonçait l'arrivée d'un convoi considérable qui le suivait de près. L'empressement du pays ne répondit pas à son attente. Les régents qu'il avait nommés, étant en traité avec la France, lui firent savoir qu'il était trop tard et qu'ils étaient engagés dans d'autres intérêts. Alors, abandonné par ses créatures, peu secondé par le peuple insensible à des promesses auxquelles il ne croyait plus, mis au ban du royaume par une ordonnance du comte de Boissieux qui déclarait traître et rebelle quiconque lui prêterait secours, Théodore crut prudent d'abandonner la partie et de se rembarquer pour le continent.

Les négociations avec la France n'aboutirent, pour le moment, à aucun résultat, et les Corses continuèrent leur résistance contre les Génois. Croyant avoir fait une épreuve sérieuse du régime monarchique, ils demandèrent au philosophe le plus en renom, à Rousseau, un modèle de constitution républicaine. Mais le plus éloquent des publicistes du XVIIIe siècle était en même temps le moins pratique. La constitution qu'il élabora ne se trouva en rapport ni avec les traditions, ni avec les mœurs, ni avec les besoins du pays, et on ne lui fit même pas l'honneur de l'expérimenter.

A quelque temps de là, en 1768, la Corse fut cédée à la France par la République de Gênes, et, environ un an après, le 15 Août 1769, le sol volcanique de cette île s'entrouvrit pour donner naissance à l'homme prodigieux appelé à jeter tant de gloire sur la patrie commune et dont le nom remplit encore le monde.

Nous avons laissé Théodore s'éloignant pour jamais des rivages de la Corse. Il se rendit à Londres, où il subit un nouvel emprisonnement pour dettes qui dura sept années. Il obtint enfin sa liberté, après avoir préalablement déclaré qu'il donnait son royaume pour hypothèque à ses créanciers. (Le bon billet qu'a Lachâtre).

Une souscription lui assura les moyens de subsister jusqu'à sa mort, qui arriva en 1750. Il fut enterré, sans
distinction, dans le cimetière commun. Cependant,
Horace Walpole chargea sa tombe d'une épitaphe finis-
sant par ses mots :

« La Fortune lui donna un royaume et lui refusa du pain. »

L'aventure dont nous venons d'essayer de vous donner une idée semble empruntée à un autre âge, à une
époque féconde en faits du même genre. Toutefois, la
personnalité du baron de Neuhoff n'a aucun trait de
ressemblance avec celle de ces hommes de fer, dont
Robert Guiscard est la personnification la plus écla-
tante, qui, du ixe au xie siècle, conquéraient, les armes
à la main, des royaumes et dont quelques-uns ont fondé
des dynasties. Si l'on remarque que la plupart de ces
aventuriers étaient normands, ne serait-il pas permis
d'exprimer la pensée que leurs expéditions étaient la
reproduction en miniature ou la queue des grandes migrations des nations du nord vers le midi de l'Europe ?

Notre personnage n'a pas plus d'analogie avec ces
condottieri qui, à une époque un peu plus avancée, sont
parvenus quelquefois, comme Malateste et Gautier, duc
d'Athènes, à se faire, en Italie, des établissements avantageux.

Par ses qualités personnelles, par ses mœurs, par ses
moyens d'action, Théodore appartient bien à son temps.
Seulement, sa courte apparition sur la scène publique a
si peu de corrélation avec les faits généraux et l'esprit
de l'époque contemporaine, qu'elle peut bien exciter la
curiosité de ceux qui butinent dans le champ de l'his-

toire, mais qu'elle n'a jamais paru digne de servir de texte aux méditations de l'historien digne de ce nom.

En résumé, au point de vue philosophique, et en laissant de côté la réalité des faits, qui est incontestable, la vie du Roi Théodore est moins du domaine de l'histoire que de celui de la légende ou de la fantaisie.

Cte RIVAUD DE LA RAFFINIÈRE,

PRÉFET DES CÔTES-DU-NORD.

ÉCONOMIE RURALE.

———

RÉFLEXIONS SUR L'ENSEIGNEMENT AGRICOLE.

« Aujourd'hui, l'éducation libérale prépare à toutes
» les carrières, sauf·à l'agriculture, la plus libérale
» de toutes. »

*(Rapport à l'Empereur sur l'Enseignement Agricole
dans le département de l'Oise.)*

———

Parmi les nombreuses questions d'intérêt matériel
qui s'agitent à notre époque, celle de l'enseignement
agricole, qui est d'une si haute importance pour l'avenir
de notre agriculture, doit, à mon avis, tenir une des
premières places, surtout au moment où le Gouvernement va, dit-on, s'occuper de l'organisation de l'enseignement professionnel. Je crois qu'il n'est, sous le rapport de l'enseignement, aucune industrie qui soit aussi
mal partagée que l'agriculture, la première de toutes,
l'industrie par excellence. Cependant, l'agriculture a,
comme toutes les autres industries, je dirai même,
beaucoup plus que toutes les autres industries, besoin
d'un personnel exploitant, intelligent, et instruit. Mais,

ce n'est pas tout : il faut encore qu'elle trouve, dans les hautes classes de la société, des hommes capables d'éclairer le Gouvernement sur ses besoins et de défendre ses intérêts dans nos assemblées publiques ; enfin, il lui faut aussi des propriétaires et des capitalistes assez éclairés en matière agricole, pour lui donner l'impulsion vers le progrès.

Suivant moi, l'on peut dire que si l'agriculture n'a pas progressé, chez nous, comme les autres industries, c'est que, pendant trop longtemps, les hommes capables lui ont fait défaut. Il est bien certain, en effet, qu'elle n'a commencé à sortir de l'ornière de la routine, où elle est restée si longtemps stationnaire, que lorsque quelques savants dévoués sont venus lui prêter le puissant concours de leur haute intelligence ; les uns en lui apportant une longue expérience pratique, éclairée par un grand esprit d'observation et par de sérieuses études théoriques et économiques ; les autres en mettant toutes les sciences à contribution à son profit.

Depuis cinquante ans, il s'est opéré un progrès sensible, cela est incontestable ; tous les gouvernements qui se sont succédé depuis cette époque ont fait de grands sacrifices pour l'amélioration de l'agriculture. Les résultats obtenus ont-ils été ce qu'ils auraient pu et dû être ? le progrès réalisé est-il en rapport avec les sacrifices faits ? Pour moi, je ne le crois pas, et cela parce que, parmi les mesures prises, les unes étaient mauvaises, d'autres ne sont pas venues en temps opportun, les autres enfin, les bonnes, n'ont été comprises ni par les cultivateurs, qui étaient appelés à en profiter, ni par les propriétaires, qui auraient dû être les auxiliaires de l'Etat, ni par les associations agricoles, qui souvent, avec la meilleure volonté, j'en conviens, ont fort mal employé les ressources que l'État mettait à leur disposition.

Si donc l'agriculture n'a pas progressé chez nous comme elle aurait dû le faire, c'est qu'on n'a pas commencé son amélioration par le commencement ; c'est qu'on n'a pas songé, avant tout, à développer l'esprit agricole dans toutes les classes de la société, au moyen d'un bon enseignement agricole, à tous les degrés, aussi largement mis à la disposition de tout le monde que l'ont été l'enseignement primaire et l'enseignement secondaire.

Les mesures prises par le Gouvernement n'ont pas entièrement fructifié, parce que, comme la semence dont parle l'Evangile, elles sont tombées sur un terrain mal préparé pour les recevoir. Aussi ont-elles été en partie étouffées par l'ignorance et la routine des cultivateurs et par l'indifférence des hommes appartenant aux classes élevées de la société ; je dirai même, par l'indifférence publique, parce que tout le monde restait étranger aux choses de l'agriculture.

Quoiqu'il en soit, il y a du moins maintenant, en matière d'enseignement agricole, dont l'utilité a été si longtemps contestée, un point sur lequel tous les hommes sérieux et intelligents sont d'accord : c'est celui de la nécessité d'un enseignement professionnel, destiné aux gens du métier. Comment se fait-il qu'on ait été si longtemps sans comprendre que, pour bien exercer une profession, il faut la connaître, et que les grands progrès réalisés par nos autres industries n'ont été dus qu'à l'habileté des hommes qui s'y livrent ? Cela tient à ce qu'on regardait généralement l'agriculture comme un métier purement mécanique, exercé par des mercenaires auxquels la routine devait suffire.

Si l'on est d'accord sur la question de l'enseignement professionnel, il est loin d'en être ainsi en ce qui concerne la nécessité d'un enseignement économique, pour les hommes étrangers à la profession d'agriculteurs. Cette question est encore fort controversée, et rencontre bien des adversaires parmi certains hommes habitués à tout juger d'après leur esprit de contradiction et qui la traitent d'utopie. Mais, enfin, cette prétendue utopie a, comme toute idée juste et vraie, fait son chemin dans l'opinion publique; elle y a considérablement grandi depuis que nos plus savants agronomes, nos plus habiles agriculteurs, la Société Impériale et Centrale d'Agriculture de France, qui en est l'élite, en ont fait l'objet de leurs plus sérieuses études; de manière que l'on peut dire maintenant, qu'il n'est pas un homme compétent qui ne reconnaisse que les simples cultivateurs, qui, pour la plupart, manquent d'instruction professionnelle et qui ne disposent que de capitaux insuffisants, ne peuvent, à eux seuls, réaliser le progrès agricole, et que la prospérité de notre agriculture ne sera complète que lorsque les hommes instruits de toutes les classes de la société, et surtout les capitalistes, viendront lui apporter un *concours éclairé.*

Il y a même un très-grand nombre d'agronomes et d'agriculteurs éclairés qui posent en principe que la réalisation du progrès agricole dépend beaucoup plus des propriétaires et des classes élevées de la société, que des simples cultivateurs-paysans. Pour moi, je suis parfaitement du même avis.

Au reste, cette idée n'est pas nouvelle : l'opinion des

agronomes de l'antiquité était parfaitement conforme, à cet égard, à celle des agronomes modernes ; on trouve, dans les livres les plus anciens, le principe de la nécessité du concours de ceux qui possèdent la terre (1).

Voici ce que nous lisons, sur ce sujet, dans le *Théâtre d'Agriculture et Mesnage des Champs* de l'illustre Olivier de Serres, le plus ancien des agronomes français (au premier lieu, chapitre vi) : « Notre père de famille, » surpassant le vulgaire, ne s'arrêtera en si beau che- » min ; ains par nouvelles et bien choisies fondations » et réparations taschera d'augmenter son revenu, et » s'arrêtera à l'affection propre du bon ménager, qui » est de conserver et avaluer son bien ; ce que ne se » pouvant faire sans dépenses, se moquera de ceux qui, » sans distinction, abhorent toute espèce de *méliore-* » *ments*, retenant ceste maxime : *que celui-là n'a* » *que faire de terres qui n'aime les réparations et mé-* » *liorements.* »

Il y a bien longtemps déjà qu'un habile agriculteur du département des Deux-Sèvres, Jacques Bujault, bien connu des cultivateurs du centre sous le pseudonyme, si populaire, de *Maître Jacques*, a dit : « *Quand le pro- priétaire voudra, l'agriculture prospèrera.* » Prenant pour épigraphe d'un livre qui se publie en ce moment, l'aphorisme de Maître Jacques, je me suis permis de le compléter, en y ajoutant ces mots : « *Quand le proprié- taire saura, il voudra, et l'agriculture prospèrera.* » —

____

(1) Dans les environs de Rome, les terres étaient soumises au métayage et les propriétaires s'en occupaient. Caton, dans son traité de *Re Rustica*, parle des améliorations qu'il faisait sur ses terres. Pline-le-Jeune écrit à un de ses amis qu'il est retenu aux champs, parce qu'il s'occupe de changer les cultures de terres qui avaient été négligées.

Enfin, il y a, parmi les agronomes et les agriculteurs les plus compétents, plusieurs hommes qui disent : L'agriculture, industrie sans laquelle la vie de l'homme civilisé serait impossible, intéresse tout le monde, et, sauf quelques exceptions très-rares, il n'est personne qui ne puisse contribuer, d'une manière quelconque, à son amélioration. Donc, on peut admettre, en principe, que la science agricole est la science de tout le monde. — Oui, la science agricole est la science de tout le monde ; mais, bien entendu, à des degrés différents, et suivant la part que chacun peut et veut prendre à l'amélioration de l'agriculture, suivant sa position sociale, comme nous le disons ci-après.

Ainsi, les membres des classes élevées de la société, qui, par leurs fonctions ou leur position, peuvent être appelés à éclairer le Gouvernement sur les besoins de l'agriculture, ou à défendre ses intérêts devant nos assemblées délibérantes, ou à étudier, comme magistrats, comme administrateurs, des questions d'intérêt général se rattachant à l'agriculture, pourront lui apporter le concours éclairé qu'elle leur demande, quand, par des études suffisantes d'économie et d'administration rurales, ils se seront mis à même de comprendre, de juger, avec connaissance de cause, les questions qui leur seront soumises et de leur donner une solution rationnelle et conforme au progrès.

Les capitalistes participeront au progrès de l'agriculture en lui confiant leur capitaux ; ce qu'ils ne craindront pas de faire, lorsqu'ils se seront aussi mis à même d'apprécier une spéculation agricole, comme ils savent apprécier une affaire industrielle ou financière.

Les propriétaires prendront, à l'œuvre si importante

de la production agricole, la part qui leur incombe, quand ils seront suffisamment initiés aux notions absolument nécessaires pour savoir administrer leurs biens ruraux en bons pères de famille, les améliorer convenablement, pour pouvoir donner à leurs fermiers l'impulsion vers la voie du progrès, et leur en faciliter l'accès, en les aidant, au besoin, de leurs capitaux. Alors, ils comprendront que leur rôle de propriétaires ne consiste pas seulement dans l'encaissement de leurs revenus, mais qu'ils doivent, dans l'intérêt de leur famille comme dans celui de la société, envers laquelle tout homme a des devoirs à remplir, faire fructifier leurs terres, en leur restituant, de temps en temps, une partie de ce qu'elles leur donnent et qu'elles leur rendront au centuple.

Suivant moi, le propriétaire qui néglige ses propriétés, particulièrement ses domaines ruraux, est un égoïste qui agit en homme qui ne comprend ni ses intérêts, ni ceux de sa famille, ni ceux de la société. On peut donc le comparer au serviteur infidèle dont parle l'Évangile, à ce paresseux qui aima mieux enterrer son talent que de le faire valoir ; seulement, il y a entre eux cette différence, que si le mauvais serviteur fut blâmé pour avoir enfoui son talent dans la terre, le propriétaire serait loué pour y avoir, non pas enterré, mais semé le sien de manière à ce qu'il y fructifie.

Doit-on conclure de ce que les agronomes et les agriculteurs éclairés qui ont admis, en principe, que le concours des hommes appartenant aux classes élevées de la société, des propriétaires et des capitalistes, était indispensable à la réalisation du progrès de l'agriculture, et en ont déduit la conséquence que la science agricole devait être la science de tout le monde, sont, comme le prétendent les adversaires encore si nombreux de l'enseignement agricole, pour les gens étrangers à la profession d'agriculteurs, des utopistes qui veulent que, toute affaire cessant, tout le monde se mette à étudier l'agriculture et que tous les propriétaires se fassent agriculteurs. Il me semble, Messieurs les propriétaires, que si vous avez lu attentivement ce que je viens de dire sur la part que les hommes qui ne sont pas du métier doivent prendre à l'amélioration de l'agriculture, vous avez dû voir que nous ne vous demandons pas de pousser si loin l'abnégation, et que vous pouvez donner à l'agriculture le concours qu'elle vous demande, sans rien changer ni à vos affaires, ni à vos habitudes. Nous n'avons ni l'intention de vous envoyer aux écoles d'agriculture, ni de vous forcer à prendre le hoyau ou les mancherons de la charrue ; nous ne prétendons vous imposer aucune obligation, pas même celle de l'enseignement agricole, parce que, pour mon compte du moins, je ne veux d'aucun enseignement obligatoire. Je demande seulement que cet enseignement, à tous ses degrés, soit mis à la disposition de tout le monde, avec la liberté d'en user ou de s'en passer. Ma conviction est, qu'une fois qu'il existerait, tout le monde voudrait en user, même les plus récalcitrants.

Sans doute, les hommes qui veulent le progrès agricole verront toujours avec plaisir un propriétaire ayant le goût de l'agriculture, possédant les connaissances et l'expérience nécessaires, et pouvant disposer de son temps, faire valoir ses terres par mains ou par des métayers qu'il dirigera, parce qu'il en résultera toujours pour le pays le double avantage des bons exemples et

de l'augmentation de production ; mais, aussi, ils déplo-
reront la manie de ces prétendus hommes de progrès
qu'on appelle vulgairement agriculteurs-amateurs ; qui
veulent faire de l'agriculture à tout prix, sans avoir ni
expérience, ni connaissances théoriques, et dont, par
conséquent, la carrière agricole ne peut être qu'une
longue suite d'échecs, parce que rien n'est plus propre
à arrêter le progrès que les insuccès.

En ce qui concerne le concours des gens du métier,
il est évident qu'il consiste dans une direction habile
de l'exploitation, et dans un labeur intelligent. C'est à
eux qu'échoit la plus lourde part dans l'œuvre si importante de la production agricole. Il faut donc qu'ils
acquièrent, par une bonne et solide instruction professionnelle, théorique et pratique, les connaissances qui
leur sont nécessaires pour exercer avec intelligence, et
fructueusement pour eux et pour la société, leur importante et honorable profession, et développer cet esprit
d'observation qui est la base essentielle de l'expérience.
L'expérience éclairée, voilà la vraie science de l'homme
du métier !

Telle est la part de concours que les agronomes demandent, pour l'agriculture, à chaque membre de la
société, selon sa position sociale, et que, suivant moi,
chacun peut lui donner, pourvu qu'il s'initie convenablement à celles des notions élémentaires de la science
agricole qui se trouvent en rapport avec ce qu'il peut
et veut faire pour prendre part à l'amélioration de l'a-
griculture. Il me semble qu'il n'y a là ni impossibilité,
ni utopie, car si, comme je l'ai dit, le développement
de la production agricole intéresse tout le monde, tout
le monde doit, autant qu'il le peut, y prendre part.

Je crois avoir suffisamment démontré la nécessité
d'une prompte et large organisation de l'enseignement
agricole, à tous les degrés ; mais, comme le disait un
savant agronome, cela ne suffit pas : il faut en démontrer la possibilité, en formulant un programme clair,
simple, embrassant toutes les branches de la science, et
d'une application non-seulement possible, mais facile.
Lorsque j'ai lu, dans le *Journal d'Agriculture Pratique,*
l'appel que cet agronome faisait aux hommes compétents, il y avait déjà longtemps que j'étudiais cette importante question, et, après avoir lu tout ce que j'avais
pu me procurer sur l'enseignement agricole, j'étais arrivé, après de longues et sérieuses études, à formuler
un programme, que j'hésitais à publier, dans la crainte
de n'avoir pas trouvé la solution que je désirais, c'est-à-
dire la bonne. Enfin, voulant ouvrir la voie à de nouvelles études, je me suis décidé à le joindre à ces réflexions, en faisant, à mon tour, appel aux hommes
plus compétents et plus habiles que moi. Si je pouvais,
en.appelant leur attention sur cette question, les amener
à joindre leurs efforts aux miens pour obtenir que la
question de l'enseignement agricole soit étudiée et qu'il
soit compris dans la nouvelle organisation de l'enseignement professionnel, dont on s'occupe, dit-on, maintenant, j'aurais atteint le but que je me suis proposé en
écrivant ces lignes.

Je n'ai pas la prétention de croire que ce programme
est la solution complète de la question. Je le donne
pour ce qu'il est : mes lecteurs en apprécieront la valeur. Puisse-t-il se trouver parmi eux quelqu'un qui en
présente un meilleur ; pourvu que la question reçoive
la meilleure solution possible, c'est là tout ce que je veux.

Si, comme je l'ai dit, la science agricole doit être la science de tout le monde, il me semble qu'on peut classer en trois catégories les hommes qui peuvent et doivent prendre part au développement de la prospérité de notre agriculture : 1° les savants, autrement dit les théoriciens ; 2° les agriculteurs praticiens, les gens du métier ; 3° les hommes étrangers à la profession agricole. Cette dernière catégorie comprend les membres des classes élevées de la société, les propriétaires, les capitalistes, et, enfin, tous les hommes éclairés qui s'intéressent à la prospérité publique. En conséquence, je divise l'enseignement agricole en trois classes : la science, le métier et l'art ; autrement dit, l'enseignement scientifique, l'enseignement pratique, l'enseignement économique.

1° *La science.* — La science est le partage du petit nombre d'hommes éclairés et dévoués qui ont pour mission d'apporter à l'agriculture le concours de toutes les autres sciences. Ceux qui se livrent à ces études si ardues, souvent si arides et si peu attrayantes, font des découvertes, inventent des procédés nouveaux, que le métier expérimente et dont l'art apprécie la valeur économique. L'enseignement scientifique agricole doit trouver sa place dans nos écoles régionales d'agriculture, encore trop peu nombreuses, dans nos facultés des sciences, et se terminer dans un haut institut agronomique. L'enseignement scientifique de nos colléges pourrait y préparer, comme il prépare aux autres carrières savantes, s'il était dirigé vers ce but.

2° *Le métier.* — Le métier est le lot des cultivateurs, des agriculteurs praticiens ; c'est, à mon avis, la branche la plus importante de la science agricole. Le métier peut se passer d'études purement scientifiques ; mais sa pratique, proprement dite, a besoin d'être éclairée par de saines notions théoriques élémentaires , au moins suffisantes pour que les cultivateurs sachent comprendre et raisonner leurs travaux, et pour qu'ils puissent substituer, à leur culture machinale et routinière, une culture intelligente et éclairée. Il faut qu'ils soient assez instruits pour pouvoir bien apprécier le progrès , pour juger, avec connaissance de cause, les innovations qui leur sont proposées, de manière à accepter celles qui conviennent à leur sol, à leur climat et qui sont en rapport avec les ressources dont ils peuvent disposer, et à repousser toutes celles qui ne rempliraient pas ces conditions. La théorie qui convient aux cultivateurs n'est pas cette théorie savante qui, se basant sur les données purement scientifiques, prétend expliquer tous les faits ; celle qu'il leur faut, c'est celle qui résulte de la connaissance des faits observés et expliqués par ceux qui les ont précédés dans la carrière agricole, et qui, par conséquent, les met à même de profiter immédiatement de l'expérience acquise par leurs devanciers.

Ainsi , par exemple, en ce qui concerne le bétail , il importe bien plus aux cultivateurs de savoir apprécier, par les formes extérieures , les qualités , les aptitudes , les défauts d'un animal , que d'être un savant anatomiste, un grand physiologiste. En matière d'assolement, il est beaucoup plus utile au praticien de savoir que telle plante ne réussit pas après telle ou telle autre, que telle culture ne peut revenir sur le même sol qu'après tel nombre d'années , que de pouvoir expliquer les causes de ces phénomènes de la végétation. —Certainement, quand on peut joindre l'étude scientifique des causes à l'étude pratique des faits, c'est un grand avantage : *Felix qui potuit rerum cognoscere causas :* Heureux qui a pu connaître les causes des choses, a dit Virgile. Aussi, je comprends trop bien les avantages de la science, pour vouloir l'exclure de l'enseignement professionnel. J'ai seulement voulu dire que, à la rigueur, elle n'était pas indispensable aux agriculteurs praticiens.

L'enseignement agricole destiné aux cultivateurs devrait être donné dans toutes nos écoles primaires rurales. Voici en quoi il devrait consister : au point de vue théorique, dans l'étude d'un bon traité élémentaire d'agriculture dans lequel les principes fondamentaux de la science agricole seraient spécialement appliqués à *l'agriculture locale ;* dans la lecture d'un bon journal d'agriculture, simple et clairement rédigé, qui permettrait de se tenir au courant du progrès. Au point de vue pratique, il faudrait annexer à chaque école primaire un champ d'expériences, contenant au moins un demi-hectare, dans lequel on ferait les essais de culture des plantes nouvelles, de la culture maraîchère, d'arboriculture fruitière et forestière ; puis, les jeudis, et au besoin un autre jour de la semaine, seraient employés à des excursions sur les exploitations les mieux cultivées de la contrée. Quand il s'agirait d'étudier la manœuvre des instruments, les labours, la culture spéciale de chaque plante, la leçon se donnerait dans les champs ; quand on s'occuperait des engrais, les élèves seraient conduits dans la cour à fumier ; enfin, quand il s'agirait d'étudier le bétail, la leçon se donnerait dans l'écurie, dans les étables et dans les appartements où se prépare la nourriture. C'est dans la ferme, en présence de chacune des choses qui feraient l'objet spécial de la leçon, que les explications orales, clairement données avec intelligence et clarté, produiraient tout leur effet utile. On pourrait compléter cet enseignement par des visites aux foires, et surtout par celles des exhibitions et expositions des comices et des concours régionaux. Ces exhibitions, où l'on trouve réunis les meilleurs types d'animaux, les plus beaux produits de la culture, les instruments les plus perfectionnés, offriraient à l'instituteur habile de puissants moyens d'instruction.

Ce n'est pas sans intention que j'ai dit que le livre destiné à l'instruction des élèves devait avoir un cachet local ; car si les principes théoriques de la science sont invariables, leur application doit, au contraire, varier suivant les circonstances et les lieux ; par conséquent, tout enseignement agricole pratique qui ne sera pas en rapport avec les besoins du pays, manquera le but.

Par ce moyen, les deux enseignements marcheront de front et se compléteront sans se nuire. Les jeunes gens ne seront pas déshabitués des travaux agricoles, et alors l'enseignement primaire, qui, tel qu'il est organisé maintenant, a une certaine tendance à déclasser les fils de nos cultivateurs, à les éloigner de la profession paternelle, à leur en faire craindre les labeurs, deviendrait le plus puissant auxiliaire de l'enseignement agricole, si, comme on doit le supposer, les maîtres comprenaient toute l'importance de la profession d'agriculteurs ; s'ils leur répétaient sans cesse que l'agriculture est la plus importante, la plus morale, la plus honorable des professions, et que les cultivateurs prendront le premier rang parmi les agriculteurs, quand ils auront su, par leur instruction, se mettre à la hauteur de leur métier ; qu'il est infiniment plus honorable de se trouver au premier rang parmi les cultivateurs, que de venir végéter, dans les villes, où ils ne trouveront, le plus souvent, que des déceptions.

Il est évident que la première condition nécessaire pour l'organisation d'un enseignement professionnel agricole dans nos écoles primaires, serait de former des instituteurs capables de le donner. Il faudrait donc créer des écoles normales spéciales pour les instituteurs ruraux. Ces écoles normales devraient être annexées à des fermes-écoles : là les élèves-maîtres, tout en recevant l'enseignement pédagogique, seraient initiés aux notions théoriques de la science agricole et aux détails pratiques de l'exploitation de la ferme.

Il serait alors de toute justice que le gouvernement, les départements et les communes fissent aux instituteurs ruraux une position matérielle en rapport avec l'importance des nouveaux services qu'on leur demanderait, de nature à leur donner, dans le public, la considération et le respect qu'on doit à tous les hommes qui se dévouent aux carrières aussi pénibles et aussi utiles à la société que l'est celle de l'instruction.

On m'objectera peut-être que cet enseignement ne formerait pas des agriculteurs expérimentés. Je le sais bien ; mais il préparerait les jeunes gens à le devenir, et quand il n'aurait d'autre résultat que de les habituer à raisonner leurs travaux, ce serait déjà un grand service qu'il leur aurait rendu.

L'art, autrement dit l'*économie rurale.*— On confond généralement les mots science agricole, agriculture, économie rurale. Ces mots ont une signification bien différente. La science agricole est un tout dont l'agri culture et l'économie rurale sont deux parties distinctes, l'agriculture en est la partie pratique, et l'économie rurale la partie économique. L'économie rurale est, suivant certains agronomes, l'art d'obtenir de l'exploitation du sol le plus haut produit net possible, en lui appliquant une culture rationnelle qui permette, non-seulement de lui conserver, mais encore d'augmenter sa fertilité. Les savants auteurs d'un livre fort estimé, intitulé *Précis d'Agriculture théorique et pratique*, ont remplacé le mot *rurale* par le mot *agricole*. Ils nous disent : » L'économie agricole est la partie philosophique, ad- » ministrative et industrielle de l'agriculture ; c'est elle » qui, établissant la balance entre les dépenses et les » produits qu'elles ont donnés, en déduit le bénéfice » net. » Ces définitions sont excellentes au point de vue spécial de l'exploitation par mains, le seul sous lequel on envisage chez nous les questions d'agriculture, et où l'on ne tient nul compte de la part de concours que les hommes qui n'exploitent pas par mains doivent donner au progrès agricole.

Voici comme je comprends l'économie rurale :

L'économie rurale est la partie de la science agricole qui a pour but : 1° l'étude de toutes les causes qui peuvent influer, au point de vue général, sur le développement de l'industrie agricole, et, au point de vue particulier, sur l'exploitation d'un domaine déterminé ; 2° la spéculation agricole ; 3° l'administration rurale envisagée au point de vue du propriétaire et de l'exploitant. D'après cela, je divise cette science en deux parties : l'une qui comprend l'étude des causes qui peuvent influer sur l'exploitation d'un domaine, la spéculation agricole et l'administration d'une exploitation, et j'appelle cette première partie *économie agricole*; c'est celle qui s'adresse à l'homme du métier. La seconde partie, que j'appelle *économie rurale proprement dite*, comprend l'étude de toutes les causes générales qui peuvent influer sur le développement de l'industrie agricole, tels que voies de communication, débouchés, marchés, impôts, importation et exportation, crédit, enseignement, encouragement; c'est, comme on le voit, l'application de l'économie politique à l'économie rurale. Enfin, cette seconde partie comprend l'administration rurale envisagée au point de vue du propriétaire; c'est-à-dire, l'art d'administrer, de faire exploiter, d'améliorer les biens ruraux. C'est cette seconde division de l'économie rurale, cette économie rurale proprement dite, envisagée au point de vue des hommes instruits, des propriétaires, etc., qui devrait être la science de tout le monde.

Voilà ce qui devrait faire la matière de l'enseignement agricole que je voudrais voir établi dans nos colléges, nos lycées, nos écoles primaires supérieures et même dans nos séminaires. Cet enseignement devrait commencer par les notions élémentaires de la science économique, de cette science si mal appréciée, si mal jugée, qu'elle est encore, pour le public, un ramassis d'utopies, et, pour bien des gens, une sorte d'épouvantail.

Comme on le voit, l'enseignement agricole que je demande pour nos colléges, lycées, etc., ne devrait traiter ni les questions purement scientifiques, ni celles qui ont rapport aux détails pratiques du métier : il serait purement et simplement économique.

On m'objectera, sans doute, que le programme des études universitaires est déjà bien chargé. Je le sais parfaitement ; aussi n'est-ce point un cours obligatoire dont les matières seraient comprises dans le programme d'un baccalauréat quelconque que je demande ; c'est tout simplement un cours entièrement facultatif, comme ceux qui ont pour objet les arts d'agrément. Il ne demanderait que deux leçons d'une heure par semaine, pendant deux années scolaires.

Si ce cours était fait par un maître habile et capable de lui donner une forme attrayante, les élèves ne lui manqueraient pas ; il serait comme celui d'un collége communal où ce genre d'enseignement avait été essayé : le cours commença avec six élèves ; à la fin de l'année il en comptait quarante, et le nombre a toujours été en augmentant.

Au reste, l'essai de l'enseignement agricole à trois degrés, tel que je l'ai décrit, n'est plus à faire ; il a été fait, avec le plus grand succès, dans le département de l'Oise, où il s'est trouvé un conseil-général qui en a compris toute l'importance. Il y a dans ce département un institut agronomique qui forme des professeurs d'agriculture d'une haute capacité ; dans tous les colléges communaux, dans les grands et petits séminaires, on a créé des cours d'économie rurale qui ont mis les propriétaires à même de comprendre leur rôle, qui ont déterminé la vocation de l'agriculture chez plusieurs jeunes gens, qui font maintenant partie de l'élite des agriculteurs français ; enfin, les écoles primaires rurales de l'Oise ont formé, non-seulement parmi les jeunes gens, d'habiles cultivateurs, mais elles ont amené les pères, honteux d'être moins instruits que leurs enfants, à demander aux maîtres de faire pour eux, le soir, des cours qu'ils venaient souvent suivre de fort loin, après leurs laborieuses journées.

Voilà des résultats qui parlent haut. Pourquoi ce qui a été obtenu dans l'Oise ne le serait-il pas ailleurs ?....

Pour moi, je suis convaincu que le Gouvernement prendrait, en organisant l'enseignement agricole sur une large base et de telle sorte que sa diffusion se fasse dans toutes les classes de la société, la mesure la plus efficace pour la réalisation de la prospérité agricole de notre pays.

L'amélioration de l'agriculture aurait pour conséquence l'augmentation de la production, le développement du travail agricole, particulièrement des améliorations foncières ; tout cela apporterait dans nos campagnes un surcroit de bien-être qui serait un puissant moyen d'arrêter ce courant fâcheux qui entraîne les malheureux ouvriers de campagne vers les villes. Enfin, l'initiation des propriétaires à la science agricole appellerait les capitaux vers l'agriculture.

Ce qui fait la force de l'agriculture anglaise, c'est que, dans ce pays, elle est pratiquée par des agriculteurs habiles, aidés par des propriétaires complètement initiés à la science agricole ; c'est que, dans ce pays, l'esprit agricole a été développé dans toutes les classes de la société. En Angleterre, tout le monde comprend l'agriculture et s'y intéresse ; aussi, elle peut maintenant se passer du concours financier du gouvernement. Les associations agricoles anglaises font des concours, des exhibitions qui coûtent des millions, sans que le gouvernement y contribue ; les frais sont entièrement couverts par les cotisations des membres et par les droits d'entrée. Chez nous, les comices, les sociétés d'agriculture, toujours à bout de ressources, ne peuvent rien faire sans demander de l'argent au Gouvernement, qui ne peut jamais leur en donner autant qu'ils en auraient besoin ; chez nous, l'incurie de certains cultivateurs est poussée si loin, que s'il n'y avait pas, à nos concours régionaux, un jour d'exhibition gratuite, plus de la moitié d'entre eux ne les visiteraient pas. Au reste, ces visites sont loin d'être pour eux ce qu'elles devraient être, parce que, la plupart du temps, ils ne sont pas à même d'apprécier ce qu'ils voient.

Puissent tous les hommes compétents joindre leurs efforts aux miens pour obtenir du Gouvernement que, dans l'organisation qui va se faire de l'enseignement professionnel, l'enseignement agricole obtienne une large part.

J'aime à croire qu'on ne verra dans ces réflexions ni un blâme ni une critique qui ne sont pas dans mes intentions. Je crois avoir exposé les choses telles qu'elles sont, ou, du moins, telles que je les ai vues avec une expérience qui date de trente années.

En attendant que notre pays soit doté d'un enseignement agricole pour les hommes des classes élevées de la société, pour les propriétaires et les cultivateurs, j'ai publié un ouvrage intitulé : *Eléments d'Economie et d'Administration Rurales,* suivis *d'Etudes sur l'art d'administrer et d'améliorer les Biens Ruraux,* qui renferme cet enseignement tel que je le comprends. Je n'ai pas la prétention de croire qu'à lui seul il comblera la lacune qui existe sur ce point dans notre enseignement et dans notre littérature agricole ; mais, s'il avait pour résultat d'ouvrir la voie à des études dans ce sens, j'aurais déjà, je crois, rendu service à la cause que je défends.

J.-L. BAHIER,

*Ancien Sous-Directeur d'Ecoles d'Agriculture, Agriculteur, Draineur,
l'un des Secrétaires du Comice et de la Section d'Economie Rurale
de la Société d'Emulation des Côtes-du-Nord, auteur de plusieurs
ouvrages d'agriculture.*

LA

FAMILLE DE BOISGELIN.

—

L'histoire d'une famille de l'ancienne noblesse offre plus d'un genre d'intérêt et d'utilité : il importe, en effet, de savoir comment se gouvernaient les membres d'une classe privilégiée, de connaître les droits qu'ils tenaient de leur naissance, de leurs possessions ; mais, par dessus tout, les services qu'ils ont rendus au pays, parce que la justice nous apprend que de plus grands devoirs sont imposés à ceux qui ont reçu de plus grands priviléges. Pour faire cette étude d'une manière impartiale, il faut remarquer que chaque homme vivait autrefois, plus qu'aujourd'hui, de l'esprit de corps. S'il y puisait des forces, il y trouvait aussi des causes de faiblesse, car il lui était difficile de poursuivre un but en dehors des voies qui lui étaient tracées. C'est l'existence de cette solidarité étroite entre les hommes de même classe et de même nom qui nous a porté à étudier, non un individu isolé, mais une famille tout entière; non une famille supérieure, mais la première dont nous avons trouvé les titres, en dehors de toute préférence, sans que l'histoire lui ait imposé une renommée de fautes ou de grandeur. En faisant cette notice biographique, nous avons dû forcément mettre en lumière quelques-unes des institutions qui régissaient les terres et les personnes, sans avoir la prétention d'enseigner quelque chose de nouveau aux érudits qui ont l'habitude de fouiller nos vieilles archives. Puissions-nous, du moins, offrir quelques idées justes, quelques faits vraiment historiques, aux personnes qui n'ont pas le loisir de se livrer à des études bien arides, mais non pas inutiles !

La famille de Boisgelin sort, dit-on, des vicomtes de Pléhédel, au diocèse de Saint-Brieuc. Cette origine est-elle certaine ? — Les documents nous ont fait défaut pour remonter au-delà du XIIIᵉ siècle, époque à laquelle les Boisgelin étaient qualifiés chevaliers, et, d'ailleurs, toute la question serait de savoir s'ils faisaient partie de la vicomté en qualité de parents du chef ou de simples vassaux nobles. Sachons plutôt, d'une manière générale, ce qu'était un vicomte.

« Les vicomtes, dit Dom Morice dans la préface de son troisième volume, n'étaient pas, en Bretagne, de simples officiers, comme dans plusieurs autres provinces, mais des propriétaires de grands fiefs qui fournissaient à l'*ost* du duc un certain nombre de chevaliers, et vivaient, du reste, dans une véritable indépendance. »

Dans le vicomte, comme dans tout puissant seigneur de cette époque, il faut distinguer un double caractère dont les éléments se sont confondus avec le temps : le propriétaire d'un grand fief et le grand justicier. Cette

distinction est bien nécessaire, parce que c'est la nature
des prérogatives dures et vexatoires des justiciers qui,
suivant M. Guizot, a soulevé, beaucoup plus que celle
des droits féodaux, la réprobation des peuples. — Sans
vouloir pénétrer bien avant dans les origines si obscures
du système féodal, essayons donc, avant de montrer à
l'œuvre une famille de l'ancienne noblesse, de préciser
la nature des droits féodaux et des droits de juridiction.
Cette tâche est rendue plus facile par les remarquables
travaux de MM. Laferrière et Championnière, qu'il
s'agit d'appliquer, avec quelques différences toutefois,
au passé de la Bretagne, en tenant compte des institutions primitives de nos ancêtres.

I.

COUP D'ŒIL SUR LE SYSTÈME FÉODAL DU Ve AU XIIIe SIÈCLE.

Le fief n'a été que la libre et perpétuelle concession,
à charge de fidélité et de services, d'un immeuble ou
d'une chose équivalente, avec la réserve du domaine
direct. — C'est la définition de Dumoulin. On doit reconnaître que ce procédé a été suivi, du moins à partir
du VIe siècle, soit qu'on admette, dans le siècle précé-
dent, avec l'école de M. Guizot, l'hypothèse de la concession de terres faite par le chef à ses compagnons,
sous le nom de *bénéfices;* ou, avec l'école bretonne,
l'hypothèse beaucoup plus probable, en ce qui concerne
la Bretagne, de l'émigration pacifique des *plous* sur la

côte armoricaine et du partage des terres suivant les
lois constitutives de l'ancien clan breton.—Quoiqu'il en
soit du système relatif aux origines, il y a eu, plus tard,
des fiefs dits de *tradition*, et, à côté d'eux, des fiefs
d'*oblation*, qui étaient fondés lorsque le propriétaire
d'un bien libre en faisait hommage à un seigneur quelconque, pour le recevoir ensuite en qualité de fief. Cette
dernière forme est aussi connue sous le nom de *recommandation*. Autour d'un grand feudataire, et comme
soutiens de sa puissance, se groupaient ainsi des vassaux
nobles qui pouvaient eux-mêmes devenir seigneurs à
l'égard d'un autre, tout en restant vassaux à l'égard de
leur suzerain.

L'obligation qui, d'après l'opinion générale des feudistes, constituait l'essence même du fief, était la *fidélité*,
sentiment honorable et chevaleresque qui se manifestait
ordinairement par la prestation de la *foi* et de l'*hommage ;* puis venaient, dans la pratique de la vie sociale,
deux preuves sensibles de cette fidélité : le *service militaire* et l'*assistance aux plaids*. — Le service militaire,
qui était, même au temps de la tribu germanique ou
du clan breton, le devoir de tout homme libre, se trouva
tout naturellement attaché aux concessions de terres.
On peut citer les ordonnances qui en ont réglé la durée,
mais non celles qui en ont fixé le principe. — Il en est
de même, ce nous semble, de la convocation aux plaids,
qui ont une frappante analogie avec les assemblées du
clan, où les affaires, et, en particulier, la justice, étaient
traitées en commun. On ne saurait trop insister sur ces
institutions bretonnes qui ont donné naissance, si facilement, avec quelques faibles transformations, aux principales obligations féodales.

A côté de ces devoirs généraux et essentiels en figu-
rèrent, plus tard, d'autres connus sous le nom d'*aides*.
Les *loyaux aides*, que Loisel appelle le *doublage* des
devoirs, se présentaient, en Bretagne, dans quatre cas
appelés cas impériaux : aide de mariage, quand le
seigneur mariait sa fille aînée ; aide de chevalerie,
quand le seigneur, ou son fils aîné, était armé chevalier ; aide de rançon, quand il était prisonnier ; aide
d'avance des rentes annuelles, quand il achetait des
terres dans sa *prémesse (proximitas)*, ou qu'il retirait
des héritages de famille aliénés (*retrait lignager*) (1).

D'autres obligations furent aussi introduites, avec le
temps, pour restreindre, au détriment du vassal, le droit
de propriété, telles que le *rachat*, ou jouissance d'une
année de revenu par le suzerain, après la mort du possesseur ; — les *lods* et *ventes*, ou droit perçu quand un
fief servant était vendu par le détenteur ; — l'*aveu*, qui
n'était, dans le principe, que l'acte de reconnaissance
de la vassalité et qui devint la déclaration obligatoire
et détaillée des terres et des prérogatives, à chaque mu-
tation de vassal ; — le *chambellenage*, droit du chambellan de garder l'épée, les éperons et la ceinture du
vassal qu'il introduisait à la cérémonie de l'hommage,
mais qui fut remplacé par le paiement au seigneur de
« 5 sols de reconnaissance quand l'homme vient de
nouvel à sa terre. »

Il est facile de suivre, dans l'énumération qui précède,
l'institution graduelle des devoirs féodaux, ne comprenant d'abord que quelques points essentiels ; doublés
ensuite, comme dit Loisel, par les *aides* ; augmentés

____

(1) Voir le Ch. 259 de la *Très-ancienne Coutume de Bretagne.*

encore et réglés par les *Coutumes*, et entrant si bien dans
les habitudes que d'Argentré put appeler droits naturels
tous ceux que nous avons cités, à l'exception toutefois
du rachat. L'article 343 de la Coutume réformée dit, en
effet : « au cas qu'il n'y aurait rachat, » ce qui prouve
que ce droit n'était pas *ex naturalibus feudi nobilis*,
comme l'était l'hommage.

Il est inutile de parler ici des droits accidentels, tels
que les rentes et prestations, car ils variaient suivant
les fiefs et ne formaient pas titres, s'ils n'étaient formellement exprimés dans le contrat.

Tout ces droits de fief ne constituaient pas un privilége exclusif pour la noblesse, car s'ils étaient dûs au
seigneur noble par le roturier qui occupait son fief,
le gentilhomme lui-même y était assujetti à l'égard de
son suzerain. Ces actes devenaient donc, au besoin,
pour la même personne, des *droits* ou des *devoirs*. S'ils
gênaient quelquefois l'exercice de la propriété, il faut
reconnaître, du moins, qu'ils ne blessaient nullement
la dignité de l'homme.

Les droits de juridiction étaient plus abusifs ; et,
d'abord, étaient-ils bien distincts des droits de fief ?
Fief et juridiction n'ont rien de commun, dit Loisel
et répètent tous les feudistes. Cette règle, applicable
dans les autres provinces de France où subsistèrent les
francs-alleux, l'est-elle également en Bretagne, où dominait la maxime : *nulle terre sans seigneur ?* Il nous
semble qu'il ne peut y avoir de doute à cet égard, si
l'on examine la nature des droits de fief et des droits
de juridiction.

La juridiction, qui désigne pour nous, en général,
les attributions du juge en matière civile ou criminelle,

comprenait, de plus, les droits et produits créés par l'avidité du fisc romain et perçus, sous l'empire, par des officiers ou *judices* de différents degrés. Ces traditions furent continuées, plus ou moins, sous les deux premières races, par les *comtes* et autres agents du pouvoir central, surtout dans la région orientale de la Bretagne qui avait passé sous la domination franque. Après la chûte de la monarchie carlovingienne, les droits fiscaux tombèrent dans le domaine privé. C'était l'époque malheureuse où, au milieu des guerres intestines et des terribles invasions des Normands, l'homme libre, perdant le souvenir des institutions primitives et la force de les défendre, se recommandait au guerrier plus puissant qui pouvait le protéger. De la protection à l'abus il n'y a qu'un pas, et le seigneur concentra bientôt dans ses mains les attributions et les priviléges du pouvoir central. En même temps, s'opéra peu à peu la réunion des droits de fief et de ceux de juridiction : les justiciers étant toujours de grands propriétaires, la plupart d'entre eux, après la chûte de l'empire, furent bientôt considérés comme les possesseurs des terres de leurs justices, et celles-ci devinrent patrimoniales, suivant l'exemple donné par les fiefs (1). Les justiciers s'efforcèrent alors d'imprimer aux redevances qu'ils percevaient le caractère féodal ; ils les introduisirent dans les aveux ou dénombrements de leurs terres, de sorte qu'il fut bientôt très-difficile de les reconnaître. Cette confusion fut propagée par les jurisconsultes eux-mêmes, parce qu'il devint rare, en Bretagne, de trouver un fief dominant sans juridiction ; mais le souvenir de la séparation

____

(1) Voir les Commentaires de Poullain Duparc et de Hévin sur les Coutumes.

primitive se conserva toujours, et l'on trouve, même au xvIII^e siècle, ces mots juxta-posés : *droits de fief et de juridiction.* A cette dernière classe appartiennent les droits de dîmes, de moulins, de colombier, de pêche, de chasse, de garenne, d'épaves, de gîte, de corvées, etc.

C'est ici que se manifeste, d'une manière pénible, la domination des nobles sur leurs vassaux roturiers, domination qui supposait une supériorité d'origine et qui donna naissance à de fâcheuses distinctions, même quand le vilain eut acquis le droit de posséder : « Nul gentilhomme ne doit estre justiczé de faire corvées, fors d'aller ès armes, ou ès plez, ou en gibier, ou en layde du seigneur, où les autres nobles doibvent aller et soulloient (ont coutume) aller et ayder. » (*T. A. C.*, ch. 261.) — Le suzerain achetait-il un fief dont le possesseur devait des corvées personnelles, « comme d'aller au fain (foin), sayer les blez, frambrayer (transporter le fumier) ou aller cherrayer vins, curer douves ou biez ou autres telles choses villaennes quant à la personne qui fait les corvées, » le seigneur à qui elles étaient dues ne pouvait les réclamer « fors comme la personne du gentilhomme le requiert, qui aroit les choses acquises. » Il y avait donc des fiefs nobles et des fiefs roturiers, et, pendant longtemps, les ordonnances des Ducs s'opposèrent à l'émancipation complète des roturiers, en les déclarant incapables de posséder des fiefs nobles.

A mesure qu'il usurpa tous les pouvoirs, le seigneur eut besoin d'auxiliaires : à l'instar du souverain, il eut des officiers nommés par lui, révocables à sa volonté, des sénéchaux, des alloués, des procureurs-fiscaux dont les attributions sont toujours restées assez vagues, à la fois administratives et judiciaires. Ce fut avec leur con-

cours que le seigneur usurpa le privilége de rendre la
justice, seul, ou par délégués. Les plaids-généraux, ces
antiques assemblées du clan, ne furent pas supprimés;
ils furent tenus généralement tous les trois mois, pré-
sidés d'abord par le seigneur, puis par le sénéchal,
mais ils furent transformés : on se borna à y évoquer
les officiers et les hommes de la juridiction, à y enregistrer les contrats de vente pour approprier le possesseur, et peu à peu les affaires civiles et criminelles furent
renvoyées aux audiences ordinaires de la juridiction.
Cette transformation est bien sensible du xiii⁰ au xv⁰
siècle, pour qui se donne la peine d'étudier les cahiers
des juridictions de cette époque.

Il y a donc dans la juridiction, telle que nous la trouvons constituée au xiii⁰ siècle, des éléments empruntés
à l'administration romaine et greffés sur la souche bretonne. Ajoutons, à l'honneur de notre race, que, malgré
les abus incontestables du système féodal, l'oppression
et la fiscalité se firent peut-être sentir en Bretagne moins
que partout ailleurs. La preuve en est bien facile à
donner.

A partir du xii⁰ siècle, on trouve, en Bretagne, outre
les nobles, des *burgenses* ou bourgeois « bourgeois de
noble ancesourie qui ont acoustumé à vivre honneste-
ment et tenir table franche comme gentilzhommes, » et
des paysans (*rustici, villani, coloni,*) astreints, il est vrai,
à la résidence, mais pouvant posséder, acheter, vendre,
se marier. Il suffit de mentionner la situation de ces différentes classes, car elle est surabondamment établie par
les travaux de l'école bretonne et récemment indiquée
par MM. de Geslin et de Barthélemy, dans le troisième
volume des *Anciens Evéchés de Bretagne.* Un des modes

de possession le plus généralement pratiqué par les colons à cette époque n'est-il pas l'antique *quevaise*, qu'on regarde, à bon droit peut-être, comme la plus ancienne forme du domaine congéable ? Dans l'usement quevaisier, le plus jeune fils, ou, à défaut d'enfant mâle, la plus jeune fille, succédait au père ; le colon ne pouvait être expulsé ; il pouvait vendre ses droits avec l'assentiment du seigneur et n'était soumis qu'à une faible redevance. — C'est là, sans contredit, une institution essentiellement celtique, modifiée par la féodalité qui y a introduit le vasselage.

Ce caractère relativement humain et libéral que nous constatons en Bretagne, en pleine féodalité, est bien attesté par l'esprit général de la *Très-ancienne Coutume* qui fut compilée vers 1330. Nous avons eu l'occasion d'en citer quelques règles ; essayons actuellement d'indiquer son esprit.

Quelle belle parole que celle-ci : « Justice fut establie pour charité, car si justice nestoit, les menuz gens nauroint de quoy vivre ; » et cet aveu loyal et sans crainte : « Aucuns justiciers estoint pires que les larrons qui guettent les chemins pour rober les gens et les marchans, et ont mieulx desservi à estre pugniz que ceulx larrons, car ils doivent garder le peuple et tenir en paix.... et doibt justice mettre paix et oster les contens (débats) entre gens et chastier les mauvaix et les foulz et ce né seroit pas les chastier de leur donner occasion de fere pire. » — Le chapitre 60, après avoir établi que le vassal ne peut frapper son seigneur, « si le seigneur ne lui faesoit exceix paravant, ou aucune injure, pour quoy il le fiert (frappe) sur soy deffendant, » maintient aussi, d'une manière éclatante, l'honneur de la famille,

en disant : « Et aussi ne devroit le seigneur faire villannie, ne ledenge a son homme de foy, comme de
coucher o sa femme, ou o sa fille.... ne les guetter
pour villannie leur faire, ou autre meffait.... et aussi
perdroit le seigneur son obbeissance de ses hommes. »
Ce n'est donc pas seulement un précepte de morale. La
peine est formelle : le vassal avait le droit, dans ce cas,
de refuser l'obéissance à son seigneur.

Tirons maintenant, avec les rédacteurs de la *Coutume*,
la conclusion suivante : « Et pour ce, doit len au Roy
et au Duc fere honneur et obeir plus que a nul aultre
de leurs subgetz, car ce sont ceulx qui peuvent fere de
leur terre en raison a leur talent, et peuvent et doivent
fere ordonnances et establissemens contre les usemens
et aultres choses qui sont faictes contre bonnes meurs
et non raisonnables, en preiudice du commun prouffit. »

Ce sont les légistes, les auxiliaires du pouvoir central,
qui proclament ainsi l'action souveraine du monarque.
Il y a, dans ces paroles, tout une révolution. En entrant dans cette période nouvelle, nous allons étudier
une famille féodale de l'ancienne Bretagne, suivre ses
transformations sous l'influence de l'idée monarchique,
jusqu'au jour où la monarchie absolue elle-même sera
vaincue et transformée.

En résumant les traits principaux de l'histoire féodale
du ve au xiiie siècle, nous trouvons donc, en ce qui concerne la Bretagne :

Les antiques institutions du clan transportées pacifiquement de la Grande-Bretagne en Armorique, se fixant
sur le sol par le partage, et donnant naissance au fief,
avec les grandes obligations de fidélité, de service militaire et d'assistance aux plaids ;

A côté de l'élément breton et féodal dans le sens véritable du mot, on voit se continuer l'influence romaine, avec ses divisions administratives et ses traditions fiscales prenant diverses formes, mais gardant le même esprit ;

Au milieu des ruines du IXe et du Xe siècle, l'aristocratie s'arroge un pouvoir oppressif, en réunissant dans la même main les droits de fief, ceux de juridiction, le pouvoir de juger, et en constituant, comme ministres de son autorité, des officiers de police administrative et judiciaire ;

A partir du XIIe siècle, l'action monarchique reprend peu à peu des forces et s'exerce à la fois sur le fief et sur la juridiction ; les bourgeois et les paysans apparaissent ; l'esprit des institutions chrétiennes se réveille et remplit la *Très-ancienne Coutume*, alliance d'idées bretonnes et romaines et même d'idées anglo-françaises apportées, au XIIe siècle, par les Plantagenets.

II.

ORIGINE DE LA FAMILLE DE BOISGELIN.

C'est au milieu de cette organisation sociale que nous prenons la famille de Boisgelin. Elle présente, pendant le XIIIe et le XIVe siècle, cinq générations dont la filiation est indiquée dans le tableau suivant, et dont l'existence est prouvée par des titres aujourd'hui conservés ou ac-

ceptés, au siècle dernier, comme preuves généalogiques,
par des commissions autorisées :

> Raoul.   Raimond (juveigneur ou cadet).

Thomas.—Geffroy (juveigneur).
Guillaume.
Geffroy.
Alain.

Raoul, qui figure en tête de cette liste et qu'on a gratifié du titre de vicomte de Pléhédel, a eu du moins
celui de *miles*, chevalier. Il jura l'assise ou ordonnance
du comte Geoffroy d'Angleterre et donna, en s'y conformant, en 1213, à son juveigneur, Raimond, le partage
à viage ou à vie le plus ancien qui ait été fourni au cabinet du Roi.

Cette question du partage des cadets est l'un des
points les plus curieux et les plus originaux de notre
ancien droit breton. Nous avons entrevu déjà, dans la
tenue quevaisière, que cette coutume était loin de favoriser l'aîné. Dans les familles nobles, le droit d'aînesse
fut aussi longtemps inconnu. Il vint une époque, il est
vrai, où s'introduisirent des institutions pour conserver
dans les familles les biens immobiliers dont la possession
constituait alors l'importance des hommes, mais elles
furent toujours tempérées par des réserves en faveur
des cadets. Avant la rédaction de la *Très-ancienne Coutume,* le comte Geoffroy d'Angleterre, fils du roi Henri II,
et qui, depuis son mariage avec Constance, héritière de
Bretagne, gouvernait ce duché, fut frappé de l'inconvénient de partager, d'une manière égale, les successions
entre les enfants d'un même père, et, d'autre part, de l'impossibilité où l'on mettrait les cadets privés de partage
de s'établir et de servir convenablement à la guerre. Il

convoqua à Rennes, en 1185, les prélats et les barons, et fit, avec leur concours, l'*assise* qui porte son nom. Il y fut réglé que les baronnies et les fiefs de chevaliers ne seraient plus désormais divisés ; que l'aîné aurait toute la seigneurie, à la charge de fournir honorablement à ses juveigneurs suivant son pouvoir : (*dum*) *ministrarent honorifice necessaria juxta posse suum ; ea vero quæ tunc juniores possidebant in terris sive denariis tenerent, quamdiù viverent :* c'est le partage à vie.—Un article explicatif ajoute que si l'aîné ne reçoit pas le juveigneur à l'hommage, la terre doit lui faire retour à la mort du cadet : *si autem non receperit eum in hominem, ad majorem fratrem hæreditas revertatur.* La condition d'hommage était donc favorable au cadet, puisqu'elle lui donnait la possession féodale de la terre concédée.

Telle est l'ordonnance suivant laquelle les successions ont été partagées, pendant longues années, dans la famille de Boisgelin.

Raoul eut deux fils : Thomas et Geffroy. Thomas, l'aîné, prit part à l'une des croisades de saint Louis ; ainsi le prouve l'extrait d'un compte retrouvé par Dom Morice dans les archives du château de Nantes, et qui avait été fourni au duc Jean Le Roux, en 1273 : « *Computum apud Venetum die Jovis ante ascens. Domini* MCCLXXIII..... *Thomas de Boscogleen debet adhuc pro cruce suâ* LX *lib.* » Si Thomas de Boisgelin devait au duc une somme relativement assez considérable, il n'était pas simple écuyer croisé, car un écuyer ne devait que son cheval, ses armes et sa personne. N'est-il donc pas permis de supposer, en raison de ces trois conditions : redevance directe au duc ; redevance assez considérable ; redevance pour la croix, que Thomas de

Boisgelin occupait un rang considérable dans la hiérarchie militaire ?

Le mouvement des croisades, en Bretagne comme en France, disciplina un peu la noblesse, surtout lorsqu'elle fut conduite en Terre-Sainte par ses ducs, Alain Fergent, l'un des chefs de la première croisade ; Pierre Mauclerc et Jean Le Roux, son fils, qui, malgré leurs démêlés avec le clergé, montrèrent, pour ces expéditions d'outre-mer, une ardeur qui ressemble à un désir d'expiation, et furent, tour à tour, compagnons du saint roi Louis IX.

C'est en qualité d'aîné que Thomas de Boisgelin donna à son frère Geffroy, par les actes de 1294 et de 1298, la terre de Boisgelin, située dans la paroisse de Pléhédel. Sous les trois générations suivantes, l'histoire de cette famille ne présente aucun fait remarquable. Un acte de 1276, dont l'original fut fourni vers la fin du siècle dernier, prouve qu'André de Montfort assigna la jouissance d'une partie de ses domaines à Jeanne, sa petite-fille, qui avait épousé Guillaume de Boisgelin, afin d'indemniser les deux époux des frais d'un procès qu'ils avaient soutenu contre les moines de Beauport. Ce même Guillaume paraît avoir été gouverneur de la tour et du château de Cesson, qui appartenait, dès cette époque, au duc de Bretagne.

En dehors de la ligne principale que nous avons présentée plus haut, les historiens de la Bretagne citent, sans indiquer leur filiation, quelques Boisgelin qui se sont signalés par des faits de guerre au XIVe siècle : Jean de Boisgelin, qui fut l'un des principaux défenseurs de Rennes assiégée, en 1341, par le comte de Monfort ; Jean, peut-être le même, qui fut tué, en 1364, en combattant, à Cocherel, sous les ordres de Duguesclin. Un autre Jean paraît plusieurs fois, en 1378 et 1379, en qualité d'écuyer, dans les montres ou revues de la compagnie du célèbre banneret Olivier de Clisson.

Ce ne sont pas là d'illustres commandants : il ne pouvait en être autrement. Depuis que les Boisgelin avaient fait souche à part, ils étaient restés bons gentilshommes, mais avec une fortune bornée, et il fallait du temps, du mérite et du bonheur pour qu'un juveigneur s'élevât au-dessus de la condition moyenne qui lui était faite dans la société féodale.

Nous avons cru devoir relever les quelques faits relatifs aux Boisgelin qui ont été cités dans nos chroniques, d'abord, parce que ce soin fait honneur à ceux qui en ont été l'objet ; puis, parce que les faits du xiiie et du xive siècle sont assez rares pour mériter une petite préférence. Mais, avec le xve siècle, les rameaux deviennent nombreux ; les faits se multiplient, sans acquérir une grande importance. Il est donc temps de se rappeler que l'histoire d'une famille n'est pas l'aride nomenclature de tous ses membres, mais seulement la mise en lumière de ceux qui ont augmenté la puissance ou la gloire de leur maison.

III.

LES BOÏSGELIN, SEIGNEURS FÉODAUX ET GENTILSHOMMES.

Le tableau généalogique que nous avons composé, (1) en compulsant des actes authentiques de toute nature,

____

(1) Voir au commencement de la Notice.

nous permettra de ne point parler de la filiation et de toucher seulement quelques grandes têtes. Avant d'entrer dans le détail, notons, d'une manière générale, que MM. de Boisgelin ont paru, avec honneur, dans toutes les montres de guerre et dans toutes les enquêtes ou réformations de la noblesse, depuis celle de 1423, qui est la plus ancienne, jusqu'à celle de 1668, qui est la dernière. Cette note honorable nous permet de laisser de côté les branches secondaires, fort nombreuses, telles que les Boisgelin de Kerarscoët, de Kervégan, de Kersaliou, de Kergomar, du Bot, de La Passée, de La Villemarquer, de La Sourdière, etc., qui furent réduites, par suite des partages, à des fortunes médiocres, ou qui ne surent pas, comme quelques autres branches également cadettes, accroître, à chaque génération, leur influence par des alliances ou des services. Il ne nous reste ainsi à étudier que les branches de *La Garenne* ou *Kersa*, *Boisgelin* ou *Pléhédel*, *Pontrevily* ou *Cucé*..

BRANCHE DE LA GARENNE OU DE KERSA.

Cette branche était l'aînée ; aussi son chef se disait-il chef de nom et d'armes de Boisgelin. Il portait pour armes : *écartelé au 1 et 4 de gueules, à une molette d'éperon d'argent ; au 2 et 3 d'azur plein ;* et pour devise : *In virtute vis.*

Alain, l'auteur commun des branches de la famille, eut deux fils : Olivier et Guillaume. Olivier, l'aîné, donna à son juveigneur un partage à viage, mais sans le recevoir à l'hommage. Ce fait est prouvé par plusieurs actes que possèdent les Archives des Côtes du-Nord.

Par l'un de ces actes, en date du 19 Août 1409, Richard, fils d'Olivier, maintient, en principe, le droit qu'il a, d'après l'assise de 1185, d'enlever à Geffroy, son cousin, les biens que le père de celui-ci avait reçus à viage :

« Comme debat fust esmeu et continué de long temps et peust plus continuer entre Richard du Boisgelin, fils Ollivier du Boisgelin, quy fut fils aisné de Allain du Boisgelin d'une part, et Geffroy du Boisgelin, fils Guillemot du Boisgelin, quy fut fils du dict Allain et frere puix né du dict Ollivier du Boisgelin, d'aultre part, tant sur ce que celluy Richart, herittier du dict Allain du Boisgelin, son ayeul, par representation de personne ou aultrement, sauff a clariffier avoir commis et demandé que celluy Geffroy fust condampné soy ruzer (cesser) de plus tenir plussieurs herittaiges quy furent et avoinct esté des herittaiges du dict Allain du Boisgelin et aultrement, pour cause quils estoient nobles gens et celluy Richart yssu de l'aisné. » (Suit la transaction.) — Le principe est donc bien clair : le cadet ne tient ce qu'il conserve que de la libéralité de l'aîné.

Le 6 Février 1418, ce n'est plus une transaction, c'est une renonciation pure et simple en faveur de Geffroy et de Silvestre, son frère, représentants de la branche ainée, faite par Éon, représentant de la branche cadette. Celui-ci connaît et confesse, en la cour de Goëllo, n'avoir « aucun tiltre ne droit herittier aulcunement que par cause de la baillée a bienfaict... et comme de ce le dict Eon estoit savant enquis et bien acertainé, icelluy Eon non voullant le droit dautruy occupper, tenir ne impescher... rendit, resnia, bailla, livra, cedda, transporta et dellaixa ausdicts Geffroy et Selvestre.... les dicts clos de terre, etc. »

Une application si rigoureuse de l'assise devait finir par ruiner les maisons cadettes à peine constituées ; aussi l'exemple en fut-il rare, et les ainés reçurent généralement leurs juveigneurs à prêter hommage, c'est-à-dire qu'ils abandonnèrent à la branche cadette la propriété *utile* de la terre ainsi concédée.

Le 4 Avril 1418, ce même Geffroy, dont il a été question plus haut, donnait à son frère Silvestre et à sa sœur Catherine « moictié a moictié entreulx pour tout leur droict, partye, portion et advenant des terres, rantes et herittaiges des dictes successions (succession du père et de la mère) pour en jouir herittierement a jammais eulx et leurs hoirs. » Le partage était admis, suivant ce texte, aussi bien avec une sœur qu'avec un frère juveigneur.

Un dernier acte du 8 Septembre 1440 précise la forme d'hommage que le juveigneur devait rendre à son aîné : Prigent, fils aîné de Silvestre, confirme à Mathurin, son juveigneur, la donation qui a été faite à celui-ci par son père et « le prent a homme *ramagier de bouche et de mains*, pourveu que le dict Mathelin congnut tous et chacuncs les heritages qui sont et apartienent a ses dits pere et mere estre nobles..... etc. »

Ce genre de tenue, qui devient la règle, marque un progrès dans la vie sociale et donne aux cadets un rang choisi, dans lequel les droits de l'aîné sont plus honorifiques qu'utiles. En effet, d'après la Coutume de Bretagne, il n'est point dû de rachat à la mort du juveigneur et l'aîné n'a pas sur lui de haute-justice ni de droits à percevoir sur les ventes faites par son cadet. Celui-ci peut même l'assister dans ses *plaids* ou assemblées de justice ; il lui rend hommage comme juveigneur d'aîné en *parage*, terme employé, dit Hevin, pour signifier qu'il existe parité de sang et de degré entre les frères. La Coutume réformée de 1580 règle la forme de cet hommage (art. 335), en disant que le juveigneur qui tient en parage « ne doit ôter l'épée ni éperons, ni mettre ses mains entre celles de son aîné, mais doit l'aîné baiser le juveigneur. »

Le texte du xv° siècle cité plus haut diffère du texte de la Coutume, car il dit que l'aîné prend son juveigneur à homme *ramagier* de *bouche* et de *mains,* d'où vint l'axiôme : « le vassal doit la bouche et les mains, » parce que le baiser se donnait autrefois de bouche à bouche.

Citer d'autres textes au sujet des partages serait abuser de la patience du lecteur, d'autant plus qu'ils n'ajouteraient rien d'important aux règles que nous avons fait connaître.

Remarquons seulement que le mode de partage suivant l'assise du comte Geoffroy, qui fut conservé, en principe, par les Boisgelin, prouve en faveur de l'ancienneté de cette famille, car il résulte de l'article 542 de la Coutume réformée, que l'assise ne faisait loi que pour les baronnies et les fiefs de haubert ou de chevalier. Ce privilége, qui n'avait été accordé d'abord qu'aux premières maisons de Bretagne, fut étendu, dans la suite, par les Ducs, à quelques autres. Celles qui ne jurèrent pas l'assise restèrent dans le droit ordinaire, suivant lequel l'aîné avait deux parts, plus un préciput, et les puinés l'autre tiers de l'héritage : ainsi l'avait réglé une ordonnance du duc Jean II, rendue sur les réclamations des puinés.

La famille de Boisgelin se conforma quelquefois,

dans la pratique, à cette ordonnance, puisque des cadets en profitèrent pour réclamer le partage légal. C'est ainsi que Pierre de Boisgelin ayant donné, en 1596, à sa sœur Françoise, dame de La Soraye, sa part dans les droits mobiliers des successions de leur père, Gilles de Boisgelin, et de leur mère, Françoise de Botloy, ladite demoiselle de Boisgelin lui demanda un tiers dans la succession paternelle et un sixième dans la succession maternelle ; mais son frère répondit qu'il était saisi du bien comme aîné noble, suivant la coutume de sa famille. L'amour d'un antique privilége faisait ainsi reculer parfois vers un passé que répudiaient l'esprit nouveau et la noblesse moyenne elle-même.

La branche aînée des Boisgelin possédait, dès le commencement du XVI⁰ siècle, la Garenne, dont elle prit d'abord le nom. La Garenne était un manoir noble, situé dans la paroisse du Vieux-Bourg-Quintin, et relevait féodalement du duché de Quintin, auquel il rendait aveu ou dénombrement. Il était soumis à suivre la cour et juridiction de Quintin, mais il était exempt de rentes et sujet seulement à la dîme rectoriale. Si ce fief avait des devoirs à remplir, il jouissait de plusieurs droits et priviléges : au premier rang des plus estimés, il faut citer les prééminences, avec droit d'enfeu (caveau sépulcral), dans l'église du Vieux-Bourg.

Les Boisgelin avaient aussi, dans la même église, un escabeau fermé et un enfeu, composé de trois pierres tombales, armoriées en bosse aux armes des Suasse, anciens seigneurs du Colledo. Ce privilége leur appartenait en qualité de propriétaires du lieu et manoir noble du Colledo, que Jeanne de Suasse avait cédé, par échange, en 1578, à Robert de Boisgelin.

Ce même Robert, par son mariage avec Louise de Mordelles, avait fait entrer dans sa maison le manoir de Kerdu, en Ploumilliau, et la terre de Kerlabour, située en Sainte-Tréphine, dans la mouvance du duché de Quintin. La seigneurie de Kerlabour, peu importante au point de vue féodal, possédait, dans l'église tréviale de Sainte-Tréphine, une chapelle fermée d'un balustre. On y remarquait les armes des Raison, anciens seigneurs de Kerlabour : *d'argent au croissant de gueules accompagné de 3 quintefeuilles de même*. La possession de cette chapelle ne constituait donc pas un droit personnel à la famille de Boisgelin, mais bien le droit de la terre qui se transmettait, par vente ou mariage, même à un roturier. Il en était ainsi d'un enfeu de deux pierres tombales, avec grand escabeau et accoudoir, et d'un droit de lisière (bande d'étoffe de laine ou de soie couverte d'écussons).

En 1646, les Boisgelin de La Garenne obtinrent encore, par mariage, un accroissement de fortune : Robert, fils de celui qui avait acquis le Colledo, Kerdu et Kerlabour, épousa Anne Folvais, héritière de Kersa, ce qui fit donner à leurs descendants le nom qu'ils ont porté jusqu'à la Révolution, celui de Boisgelin de Kersa. La terre de Kersa était située en Ploubazlanec, près de Paimpol, et bien que ce manoir ne comprit, même en 1790, que deux pavillons et deux grands corps de logis, il devint la principale résidence de la branche aînée de la famille.

Au point de vue féodal, cette terre occupait un rang bien médiocre, puisque des avocats estimés conseillèrent, en 1784, au marquis de Boisgelin, de ne point inscrire un droit de juridiction dans l'aveu qu'il devait fournir comme vassal de la seigneurie de Ploubazlanec, Kerity et Perros.

Tous les droits réclamés par les propriétaires de Kersa, et qui tenaient tant au cœur des seigneurs féodaux, ne semblent donc pas assis sur une base bien solide, puisque les principaux aveus ne font mention ni du fief ni de la juridiction, et que, quand bien même la terre de Kersa en aurait eu le principe, elle l'aurait perdu par le manque d'usage.— Au point de vue financier, la situation était meilleure, et la recette des rentes en argent, froment, seigle, chapons, poulets, canards, etc., de la terre de Kersa, s'élevait, en moyenne, à la somme de 3,000 livres.

En 1785, Pierre-Marie de Boisgelin acquit, du duc de Coigny, la terre de Launay-Nevet, au prix de 175,000 livres. Launay–Nevet, qui rendait aveu au Domaine royal de Lannion, avait droit de haute, moyenne et basse justice, jouissait de prééminences dans les chapelles du Rusquec, des Augustins de Lannion et dans les églises de Brélevenez et de Trégastel. — Cette terre est entrée si tard dans la famille de Boisgelin, que nous croyons inutile d'en parler ici plus longuement.

Tels étaient les principaux domaines féodaux appartenant aux Boisgelin de Kersa, avant la Révolution. On est fondé à croire que le titre de marquis, pris par leurs derniers représentants, était une simple distinction personnelle ne conférant aucun droit réel, car il n'existe point de lettres-patentes qui aient érigé en marquisat les terres que nous avons citées. Or, l'intervention royale était rigoureusement nécessaire pour l'obtention de ce privilége. Loyseau, dans son traité des Seigneuries, fait connaître les conditions exigées, par l'édit de 1579, pour l'érection des terres titrées, savoir : que l'érection en châtellenie soit fondée sur une terre ayant d'ancienneté haute-justice, droit de foire, marché, prévôté, péage et prééminences, surtout ès églises étant en la dite terre ; que la baronnie comprenne 3 châtellenies pour le moins ; le comté, 2 baronnies et 3 châtellenies ou 1 baronnie et 6 châtellenies ; le marquisat, 3 baronnies et 3 châtellenies, ou 2 baronnies et 6 châtellenies.

Cette classification hiérarchique des terres titrées ne fut pas toujours aussi sévère. Elle fut même contestée par plusieurs feudistes, entr'autres par d'Argentré, qui n'admettait pas, en Bretagne, la supériorité des comtes sur les barons ; mais l'usurpation des titres fut toujours condamnée. Un arrêt du Parlement de Bretagne, en date du 15 Juin 1679, fait défense à toute personne de condition commune de prendre la qualité d'écuyer, et à tous nobles, celle de messire, chevalier, comte, vicomte, baron et marquis, s'ils n'ont titres, armes ou lettres du Roi bien et dûment vérifiées en la Cour, le tout, sous les peines portées par l'article 677 de la Coutume.

BRANCHE DE BOISGELIN-BOISGELIN OU DE PLÉHÉDEL.

Cette branche date de 1554, époque à laquelle Robert, fils aîné de Jean, sieur de La Garenne, partagea noblement avec ses frères, donna à Thébaut la terre du Bot ; à Jean, celle de Kergomar, en Plouha ; à Gilles, celle de Bellefontaine et probablement aussi celle de Boisgelin, en Pléhédel, berceau de la famille, d'où les descendants de Gilles tirèrent leur nom. Bellefontaine fut, en effet, laissée plus tard à une fille de Gilles, tandis que Pierre, son fils aîné, prit le titre de : sieur de Boisgelin.

Cette branche de juveigneurs dépassa promptement son aînée par la fortune et le crédit. Elle s'attacha surtout à réunir des domaines utiles qui valaient mieux souvent que des terres titrées. Pendant le XVIIᵉ siècle, elle acquit les petits manoirs de Kereven, le Trau, Kerberso, la Villeneuve, Kerarscoët, tous situés en Pléhédel ou dans les paroisses voisines ; celui de Kergadou, en Prat ; et, par le mariage de Robert de Boisgelin et de Radegonde Garouet de La Longrais, la terre de la Longrais, qui s'étendait sur la côte opposée de la baie de Saint-Brieuc, dans les paroisses d'Erquy et de Pléneuf. — La Longrais suivait la Cour de Lamballe, et même quelquefois le moulin de cette seigneurie, dans la paroisse d'Erquy. C'est aussi dans l'église d'Erquy qu'elle avait des prééminences, notamment une tombe située un pied et demi au-dessous de l'escabeau de Bienassis.

Charles-Eugène, déjà gratifié d'un partage noble, en 1757, par son aîné, René-Gabriel, dont nous raconterons la vie, devint, en 1764, le chef de la branche, après la mort de René, décédé sans laisser d'enfants. C'est à lui qu'était réservée la tâche de relever la fortune de sa maison, bien compromise par la vie guerrière de son frère aîné. Il y réussit, en épousant, en secondes noces, sa cousine, Sainte de Boisgelin, de la branche de Cucé, qui reçut de l'un de ses frères, évêque de Lavaur et futur archevêque d'Aix, en dehors de son partage, une augmentation de dot de cinquante mille livres. Cette position meilleure permit à Charles-Eugène de racheter plusieurs terres aliénées, et même de reconquérir le fief primitif de ses plus lointains ancêtres, les vicomtes de Pléhédel.

La vicomté de Pléhédel avait, comme tous les fiefs, passé dans bien des mains, du XIIIe au XVIIIe siècle, presque toujours par suite de ventes. Possédée, au XVe siècle, par la famille de Goudelin, elle tomba au pouvoir des sires de Rieux pendant la deuxième moitié du XVIe siècle ; — elle fut vendue, en 1641, par le duc de Rieux à messire Gilles Huchet ; — en 1649, par André Huchet à Jean Fouquet, seigneur du Boullaye ; — en 1662, par Bernardin Gigault, marquis de Bellefons, et Madeleine Fouquet, sa femme, à messire Armand de Saint-Martin, conseiller au Parlement de Paris, pour la somme de 151,500 livres, mais à la condition de réméré ; puis, elle fut reprise et revendue à Jean Fouquet, procureur-général syndic des Etats de Bretagne ; — celui-ci la vendit, *de more majorum,* en 1670, pour 154,000 livres, à messire Jean de Beringhen, écuyer, conseiller du Roi. Cette seigneurie comprenait alors la vicomté de Pléhédel, la châtellenie de Langarzeau, les terres de Keruzaré et du Grand-Pré ; elle s'étendait dans les paroisses de Pléhédel, Pludual et Lannebert. Cette fois, elle resta un siècle à peu près dans la famille de Beringhen, sans jouir toutefois de la présence de ses propriétaires, qui étaient sans doute protestants, puisqu'en 1737, Elisabeth Gouyon administrait les biens de sa fille Elisabeth, son mari, Théodore de Beringhen, étant absent du royaume *pour cause de religion.* Ce fut avec Elisabeth de Beringhen, devenue marquise de Beuvron, que traita, en 1771, Charles-Eugène de Boisgelin. Il acquit la partie de la vicomté comprenant le territoire de Pléhédel, et la marquise conserva la châtellenie de Langarzeau.

La vicomté de Pléhédel relevait *prochement* de la Cour royale de Saint-Brieuc et ressort de Goëllo. Il est dit, dans le papier terrier de la vicomté présenté au comte de Boisgelin, que la dame de Beringhen est « dame seigneure fondatrice de la paroisse de Pléhédel, où M. le recteur ou curé est obligé de faire les prières publiques, au prône de la grand'messe, tant pour sa prospérité et santé que pour celle de son illustre famille. Elle a droit de haute, basse et moyenne justice, la juridiction s'exerçant dans la ville et l'auditoire de Lanvollon, immédiatement après celle de Goëllo ; droit de créer des officiers supérieurs et subalternes, de les pourvoir de mandats comme bon lui semblera ; celui de faire rompre les quintaines (1) à tous les nouveaux mariés dans la dite paroisse de Pléhédel, savoir le dimanche de la Pentecôte, où ils sont obligés de se trouver armés, bottés et éperonnés, à peine contre les défaillants de chacun 64 sous d'amende envers la seigneurie, une livre de cire à la fabrique ; — a, de plus, le droit de lods et ventes de tous les contrats qui se font sous l'étendue du dit fief et juridiction sur le pied d'un huitième, même les doubles ventes quand le cas y échet ; — sans rachat ; — les greffes civils et criminels dans l'étendue des paroisses de Pléhédel, Pludual, une grande partie de Lannebert, M. le maréchal de Villeroi ayant le reste de la dite paroisse. »

Parmi les autres terres non titrées que possédait la branche de Boisgelin-Pléhédel, celles de Kereven et de Boisgelin attirent le plus l'attention.

______

(1) Poteau contre lequel on s'exerçait à courir en maniant la lance ou en jetant des dards.

Kereven était une ancienne juridiction dont les plaids et les audiences ordinaires se sont tenus longtemps au bourg de Pléhédel.

Boisgelin était également une ancienne juridiction exercée, dans le principe, au bourg de Pléhédel, *près la Croix Cam*. Ces deux juridictions furent réunies, reçurent encore d'autres annexes, telles que le Trau, la Villeneuve, et après l'acquisition de la vicomté de Pléhédel, elles eurent les mêmes officiers, le même auditoire que celle-ci, bien que chacune gardât son ressort et ses droits de juridiction. Or, à celle de Kereven était attaché spécialement le droit de juridiction sur une foire qui se tenait, de temps immémorial, chaque année, le dernier jeudi du mois d'Août, dans l'issue de la chapelle de Saint-Fiacre. Cette foire existait, suivant un texte curieux, pour « y estre, au soulagement du peuple, vendus et débités plusieurs bestiaux et autres marchandises ; » elle se tenait dans une pièce de terre relevant prochement du fief de Kereven, et, d'ailleurs, les seigneurs de Boisgelin, en tant que propriétaires de Kereven, étaient patrons fondateurs de la chapelle, avec droit de présenter un chapelain, quand il y avait vacance ou résignation du bénéfice.

Malgré ces titres, le droit de juridiction fut contesté par la cour de Pléhédel et de Langarzeau ; mais une sentence, rendue sur appel, en la Cour royale de Saint-Brieuc, défendit au demandeur de troubler les officiers de Kereven dans l'exercice de leurs fonctions à la foire de Saint-Fiacre.

Quant au degré de juridiction de Kereven et de Boisgelin, il est également réglé par la Cour de Saint-Brieuc, dans une autre sentence rendue, en 1639, au bénéfice

de Robert du Boisgelin, contre Jean de Kercabin, sieur
de Kermarquer. Il y est dit que le seigneur de Boisgelin
a le droit de conserver « ceps (fers à mettre aux prisonniers), colliers et carcans, et de faire par ses officiers, à la
foire du dit lieu de Saint-Fiacre, exercice de juridiction
contentieuse ou de police, en ce qui peut lui appartenir,
au moyen de basse justice ; faisant prohibitions et def-
fances tres expresses au dit deffandeur et à ses officiers
d'attanter ny entreprandre acte de haulte justice. »

En vertu de ce droit, officiellement reconnu, les seigneurs de Boisgelin faisaient la police de la foire de
Saint-Fiacre ; aussi s'opposèrent-ils, par le ministère de
leur procureur fiscal, aux prétentions des *commis aux
devoirs* qui prélevaient un droit sur le débit du cidre,
bien que la foire fût, de temps immémorial, franche et
ouverte à toute personne, sans payer tribut.

BRANCHE DE PONTREVILY OU DE CUCÉ.

Cette branche fut constituée, dès la fin du xive siècle,
lorsque Guillaume, fils d'Alain, eût reçu de son frère
aîné, Olivier, un partage à viage ; mais, dès 1418, l'un
de ses descendants fut dépouillé, comme nous l'avons
vu, au profit de la branche aînée. Il avait heureusement
acquis la terre de Pontrevily, en Pordic, de sorte que
ces juveigneurs se soutinrent et grandirent par leurs
propres forces. Pontrevily était peu considérable, puisque, quand il sortit de la famille, au commencement du
xviiie siècle, il ne fut vendu que la somme de 2,550
livres. Ce fut un brillant mariage qui fonda la fortune

de cette maison. Vers la fin du xvi⁰ siècle, Thebaut de Boisgelin, sieur de Pontrevily, épousa Radegonde de Rosmadec, qui hérita, en 1608, de tous les biens de son frère, Guillaume de Rosmadec. Guillaume était un vaillant capitaine qui avait rudement bataillé pour Henri IV pendant les guerres de la Ligue et qui occupait une position considérable en Bretagne. « Chevalier de l'Ordre, conseiller, chambellan du Roi, commandant pour son service au pays armorique de Goëllo, grand-veneur, grand-maître enquesteur et général réformateur des eaux, bois et forêts du dit pays et duché de Bretaigne » : tels sont les titres dont il se fait honneur dans un aveu rendu au duc de Penthièvre. Outre la gloire acquise par ses nombreux services, il avait encore l'importance que donnent de grands biens : il était, en effet, vicomte de Meneuf, châtelain de Buhen-Lantic, seigneur de La Ville-Solon et de La Ville-Tanne.

La terre de Meneuf était située au diocèse de Rennes, en la paroisse de Saint-Didier.

La Ville-Tanne, en Saint-Donan, qu'on déclarait, au xvi⁰ siècle, contenir environ cent vingt journaux de terre, relevait féodalement du comté de Quintin.

La seigneurie de La Ville-Solon, qui faisait partie du duché de Penthièvre, au membre de La Roche-Suhart, « avait droit de juridiction moyenne et basse, nomination de sénéchal (principal juge), d'alloué (lieutenant du sénéchal), de procureurs et greffiers, de notaires et sergents pour l'exercice de la juridiction au bourg de Plérin ; possédait les droits de mer et pêcheries, moulins, colombiers, étangs, viviers, garennes défensables à poil et à plume, et autres honneurs et noblesses, privilèges et prérogatives, comme les prééminences et l'au-

torité de fondateur en l'église paroissiale et cimetière de
Plérin, sépultures et enfeus prohibitifs dans le chœur et
chanceau, &. » Il en coûtait peu de prétendre à de pareils
droits en 1583, mais il fallait qu'ils fussent reconnus.
Or, dans un aveu reçu en 1755, René du Bouilly ne
réclame plus que la basse justice, les enfeus et prééminences, et ne place ses armes, dans la maîtresse vitre,
qu'au dessous de celles de Penthièvre.

La châtellenie de Buhen-Lantic comprenait les deux
terres de Buhen et de Lantic et mérite, à cause de son
importance, une mention particulière.

En 1420, la terre de Buhen, située dans les paroisses
de Plourhan et d'Etables, était la propriété d'Etienne
du Rufflay, qui prit le parti d'Olivier et de Charles de
Blois et leur prêta main-forte pour garder le duc Jean
prisonnier à Chantoceaux ; aussi, à peine le duc était-il
sorti de captivité qu'il usa de représailles et confisqua
les biens des rebelles. La terre de Buhen fut donnée,
par le duc, à Jacob du Fou ; mais celui-ci fut autorisé
à transiger avec Margot du Rufflay, fille d'Etienne, et
Raoul de Mescoual, son mari, et toute trace de rébellion
fut ainsi effacée.

En 1583, Guillaume de Rosmadec, nouveau possesseur,
rendait aveu pour Buhen, dans la mouvance du comté
de Plourhan et de la seigneurie de La Roche-Suhart, à
Philippe-Emmanuel de Lorraine et Marie de Luxem-
bourg, son épouse, duc et duchesse de Mercœur et de
Penthièvre, « ligement, à foi et hommaige et chambel-
lenaige, sans aucun devoir de rachat. »

La seigneurie de Buhen ne relevait pas tout entière
du duché de Penthièvre : il fallait encore qu'elle fournît
aveu à la seigneurie de Lanvollon, membre du comté

de Goëllo, pour la partie qui s'étendait en la ville et paroisse de Lanvollon, parce que le fief de Buhen avait été jadis, disait-on, le partage d'une fille de la maison d'Avaugour. Un aveu rendu en 1605, par Guillaume de Rosmadec, à Charles de Bretagne, comte de Vertus et Goëllo, baron d'Avaugour, mentionne certains droits assez curieux ou bizarres : le droit de la coutume du sel blanc et menu qui se lève tous les vendredis et jours de marché par les receveurs de la seigneurie de Buhen, lequel devoir est doublé les trois jours de foire; — le droit et le pouvoir au seigneur de Buhen, son receveur ou son sergent, de *dégonter* les principales portes des maisons, faute de paiement des chefrentes, de coucher de travers les huisseries et, au bout de huit jours, de les vendre sur la place publique, sans autre formalité de justice.

Dans cet aveu, le seigneur de Buhen supplie le suzerain « d'excuser la défectuosité ou l'abondance, s'il s'en trouve, attendu la perte de ses titres, pendant les dix années de la dernière guerre civile qui ont apporté le désordre en tout ce royaume et particulièrement plus exécrable en cette province. » Dans une plainte adressée, en 1594, par Guillaume de Rosmadec, aux juges de la Cour royale de Saint-Brieuc, il est, en effet, constaté que le château de Buhen a été pillé, ravagé et brûlé, et que la perte des meubles monte à 4,000 écus environ, celle des bâtiments à 6,000.

La seigneurie de Lantic avait aussi fait partie autrefois de la baronnie d'Avaugour. Ce fut à ce titre que François Ier en réclama la possession, lorsqu'il voulut opérer, en 1537, la réunion au Domaine des terres anciennement aliénées ; mais il ne donna pas suite à ce dessein. Lantic, annexe de la terre de Pordic, était alors dans la maison Le Porc de La Porte. Elle fut vendue, en 1584, par Jacques Le Porc, à Guillaume de Rosmadec, pour la somme de 8,333 écus et tiers d'écu.

La terre de Lantic était soumise aux *lods et ventes* à l'égard du Domaine royal de Saint-Brieuc, dans la mouvance duquel elle était assise. Il aurait donc fallu que Guillaume de Rosmadec payât le droit de lods et ventes, si Henri III ne lui en avait fait la remise, en 1583, « en considération des bons et agréables services qu'il nous a faits, mesmes durant les derniers troubles. »

. Cette remise était d'autant plus opportune et nécessaire que, le 12 novembre 1583, le Roi « pour retrancher l'occasion aux particuliers de l'importuner, comme ils soulloint, de leur faire don des dicts deniers et donner moyen à la Royne, nostre dicte dame et mere, de faire et continuer le pallais royal des Tuilleries qui est la seulle décoration et ornement de celluy du Louvre, » avait abandonné, à cette fin, à Catherine de Médicis, les deniers casuels du duché de Bretagne, tels que rachats, lods et ventes, pour neuf années, suivant, en cela, l'exemple qu'avait donné son frère, Charles IX.

Telle était la situation des terres de Buhen et de Lantic, lorsqu'en 1606, le roi Henri IV les érigea en châtellenie, par des lettres-patentes qui donnent de curieux détails sur la constitution des deux fiefs et qui mettent en lumière les services rendus par Guillaume de Rosmadec à son prince et à son pays.

La châtellenie de Buhen–Lantic possédait des bois considérables qui avaient été concédés, en 1530, à Jean de La Porte, par le baron d'Avaugour, à titre de féage noble. Ces bois, qui avaient été aliénés de Buhen « lors-

que les guerres civiles estoient fort allumées en ceste
province, » firent retour à leur ancienne seigneurie ;
mais les arbres avaient été dégradés, abattus. Les riverains s'étaient arrogé des droits que Guillaume de Rosmadec voulut supprimer. Il fut obligé de prouver que
ces bois étaient son propre domaine et non des communs ou des terres chargées de servitudes, et que, par
suite, aux termes de l'article 393 de la Coutume, ils
étaient *défensables*, c'est-à-dire, pouvaient être enclos
et gardés. Quant à ses vassaux, il leur permit d'y mener
paître leurs bestiaux, moyennant le paiement d'un droit
de *panage*, qui était, au xviiie siècle, d'un demi-boisseau,
le plus souvent d'un boisseau par cheval, vache, troupe
de brebis et d'agneaux. — Le revenu de ces bois comprenait, outre le prix de la coupe, les taux et amendes
provenant des contraventions et la recette des panages.
La surveillance était confiée à un *sugarde* qui tenait des
audiences et à des gardes forestiers chargés de la police.
Ce ne fut qu'en 1707 qu'un édit royal permit aux seigneurs d'avoir une *gruerie*, ou juridiction spéciale des
eaux et forêts, relevant de la *Maîtrise royale* la plus voisine, et celle-ci de la *Table de Marbre* qui siégeait à
Rennes ; mais bientôt les juridictions inférieures des
eaux et forêts furent incorporées aux juridictions sei-
gneuriales ordinaires, et les Maîtrises seules furent main-
tenues.

Buhen possédait aussi beaucoup de landes qui avaient
été concédées, comme les bois, à titre de féage, par le
baron d'Avaugour. Tous les feudistes bretons et français
s'accordant à dire que les terres vaines et vagues qui
sont dans les *metes* (limites) d'une seigneurie sont le domaine du seigneur, les *bordagers* (riverains) des landes

de Buhen qui s'étaient permis de peler la lande et de la brûler pour engraisser leurs terres, furent menacés, par arrêt du Parlement, d'une amende de 100 livres et, en cas de récidive, d'une peine infamante.

Les droits et prérogatives de Buhen-Lantic furent solennellement reconnus, en 1682, par maîtres Jacques Langloys, conseiller du Roi, maître ordinaire de sa Chambre des Comptes de Nantes, et Phélipot de La Piguelaye, sénéchal de la Cour royale de Saint-Brieuc, tous deux délégués pour la Réformation du Domaine de Saint-Brieuc. Après avoir examiné l'aveu qui leur avait été présenté, ils maintinrent le châtelain dans ses droits de haute-justice, fief de haubert, ceps, colliers, fourches patibulaires à quatre piliers (signes extérieurs de haute-justice), lods et ventes, épaves (objets mobiliers égarés), galloys (terres vagues), — à devoir de foi, hommage, chambellenage et rachat, — mais en le déboutant d'un prétendu droit d'aubaine (succession d'un étranger).

L'érection de Buhen-Lantic en châtellenie, dans la mouvance de la Cour royale de Saint-Brieuc, n'avait point émancipé la partie de la terre de Buhen qui relevait autrefois de Penthièvre, car on trouve encore, au xviii° siècle, des aveux partiels rendus à ce duché.

Le dernier compte annuel des recettes de la châtellenie, présenté, au mois d'Octobre 1789, par M. Allenou, régisseur, accuse un revenu net d'environ 8,000 livres.

Ce fut grâce à l'héritage de Guillaume de Rosmadec que Thebaut de Boisgelin et Radegonde, sa femme, purent établir convenablement leurs nombreux enfants. Au xviii° siècle, la branche aînée des Pontrevily accrut encore ses domaines, mais en dehors de l'évêché de Saint-Brieuc. Elle acquit d'abord, en Cesson, près de

Rennes, la terre de Cussé, qui avait été érigée en marquisat par lettres-patentes de 1643 ; puis, en 1743, la terre de La Roche-Bernard, qui fut estimée 442,360 livres, 9 sous, 2 deniers, valeur évidemment au-dessous de la réalité, puisque le revenu s'élevait à plus de 20,000 livres.

La Roche-Bernard était reconnue comme l'une des baronnies détachées, à titre d'apanages, des comtés primitifs de l'ancienne Bretagne. Ces baronnies avaient d'abord été au nombre de neuf : Avaugour, Léon, Vitré, Fougères, Châteaubriand, Retz, Ancenis, La Roche-Bernard et Lanvaux, cette dernière confisquée en 1238 et remplacée, plus tard, par Pontchâteau. Enfin, le duc Pierre II érigea en baronnies : Derval, Malestroit et Quintin. Le possesseur de l'un de ces grands fiefs pouvait, en qualité de baron, présider, sans être élu, l'Ordre de la noblesse aux Etats de Bretagne, pourvu qu'il fût lui-même noble d'ancienne extraction. Le chef des Boisgelin de Cucé, Louis-Bruno, eut cet honneur aux sessions de 1778, 1780, 1786 et 1788 ; mais, avant de l'admettre à ce rang distingué, les Etats firent examiner ses titres par trois commissaires, MM. l'évêque de Rennes, le marquis de Serent et Borie, qui furent entièrement favorables à M. de Boisgelin. Nous essaierons, plus loin, d'indiquer son rôle dans les années qui ont précédé la Révolution. Il suffit maintenant de le présenter comme baron de La Roche-Bernard, marquis de Cucé, vicomte de Meneuf, châtelain de Buhen-Lantic, seigneur de Landegonec et Kerjolis, dans l'évêché de Saint-Brieuc, et d'un grand nombre d'autres petites seigneuries qu'il tenait de sa mère, Jeanne du Roscoët, et pour lesquelles il rendait aveu au duché de Rohan.

On voit ainsi que, dans la hiérarchie féodale, les trois branches principales des Boisgelin occupaient un rang inverse de celui qu'elles avaient dans la famille. La branche aînée, celle de Kersa, n'eut jamais de terres titrées ; celle de Pléhédel acheta, au XVIIIᵉ siècle, la vicomté du même nom, mais un peu démembrée ; celle de Cucé acquit la baronnie de La Roche-Bernard, ce qui lui donna une situation de premier ordre en Bretagne. Les autres branches, vivant simplement dans leurs modestes manoirs, n'avaient qu'une influence très-secondaire, et plusieurs de leurs membres étaient réduits à remplir des offices de judicature, tel que celui de sénéchal. Ils avaient conservé, il est vrai, des fiefs et des juridictions, mais l'importance des seigneurs féodaux avait considérablement diminué : une révolution , en effet , avait eu lieu , depuis le XVIᵉ siècle , dans l'exercice du droit de propriété.

Un noble acquérait-il un fief roturier, l'article 91 de la Coutume réformée, plus sévère que ne l'était la Très-ancienne Coutume , reconnaissait dans le noble le privilége personnel, mais maintenait le devoir de la terre : « S'il possède des terres roturières dont soient dues viles corvées, il sera tenu bailler homme pour les faire. » L'usage s'était donc introduit de laisser les nobles posséder des fiefs roturiers ; mais une exception injuste et onéreuse au public était admise, dans ce cas, en leur faveur : lorsqu'ils jouissaient par mains d'un fief roturier, ils étaient exempts des fouages (impôt foncier et roturier), qui retombaient ainsi plus lourdement sur les autres contribuables.

Réciproquement, le roturier put acquérir des fiefs nobles, sans être anobli ; mais il fallut attendre assez longtemps pour faire cette conquête. Une ordonnance du duc Pierre déclarait encore, en 1451, les roturiers incapables de posséder des fiefs nobles, sous peine de confiscation. Cette ordonnance tomba en désuétude dès l'année suivante ; Louis XII la renouvela inutilement en 1510, et la Réforme de 1539 n'en parle plus que comme d'une question historique.

A partir de ce moment, la féodalité ouvre ses rangs aux hommes de la bourgeoisie, et comme c'est la royauté qui abaisse les barrières, les roturiers, possesseurs de fiefs nobles, lui paient un droit spécial d'entrée, connu sous le nom de *franc-fief*.—La féodalité militaire a fait son temps. — Nous sommes arrivés à une seconde époque qu'on pourrait appeler féodalité de la richesse, et dans laquelle les capitaux amassés par l'industrie et le commerce achètent souvent, à beaux deniers comptants, les fiefs et même les terres titrées. Encore un peu de temps, et les lettres de noblesse viennent chercher l'heureux propriétaire, ou, s'il est réduit à les demander, il ne trouve pas l'autorité souveraine trop rigoureuse. Les déclarations du Roi de 1714 et de 1716 admettaient même la prescription de la noblesse par une possession de cent ans, si, pendant cet intervalle, les membres d'une famille *avaient vécu et s'étaient comportés noblement*.

Les nouveaux possesseurs de fiefs, pas plus que les anciens, ne firent difficulté de conserver les droits féodaux attachés à leurs terres. C'étaient, comme par le passé, les obligations de foi, d'hommage, de chambellenage, de rachat, de lods et ventes. Seul, le service des armes avait subi une transformation, car les armées régulières et les milices paroissiales ayant remplacé, depuis longtemps, le ban et l'arrière-ban (service militaire des nobles tenant fiefs et arrière-fiefs), le devoir dû autrefois au seigneur était dû maintenant au Prince et à l'État. Les tenanciers étaient encore assujettis : à suivre le moulin du seigneur, pourvu qu'il fût situé dans la banlieue ; — à subir les droits de colombier, de garenne et de chasse ; — à faire certaines corvées ou œuvres de main, fixées par la Coutume ou par la concession ; — à laisser prélever la dîme sur leurs blés, généralement à la douzième gerbe (la dîme, d'origine ecclésiastique, ayant fini par passer, en tout ou en partie, dans les mains des laïques, qui appuyaient leur droit sur la prescription) ; — à payer le *cens*, ou redevance imposée sur un héritage roturier par l'inféodation. Cette redevance, payable quelquefois en argent, quelquefois en grains ou en volailles, était ordinairement *portable* au manoir du seigneur, pour bien indiquer la vassalité. Pourvu que le seigneur eût sa rente censive, le propriétaire était libre de changer la face et la nature de l'héritage, de l'affermer, par exemple, et de l'hypothéquer, de l'afféager à un autre, à condition que celui-ci remplît ses devoirs à l'égard du fief dominant ; mais il était soumis au *retrait féodal*, c'est-à-dire que le seigneur avait le droit de retenir, pour le prix de vente, le champ vendu dans l'étendue de son fief. Quand la tenue était consorte et solidaire, pour régler la part incombant à chaque tenancier, on dressait un rôle ou pourchaux. Une amende y était toujours introduite dans le cas de défaut de paiement.

Quand un fief avait été ainsi divisé par des sous-inféodations, le revenu du seigneur était quelquefois peu considérable, parce que la concession, étant perpétuelle, ne pouvait augmenter avec le temps, et que la valeur de la redevance était souvent bien minime ; aussi, comprit-on bientôt la nécessité de garder, à côté des terres afféagées, le domaine propre. Quand ce domaine était situé dans l'étendue même du fief, il embrassait toutes les terres dont le seigneur se réservait la jouissance, qu'il livrait à simple ferme, à rente franchissable et remboursable ; en dehors du fief, il pouvait comprendre des *convenants*. Le convenant ou domaine congéable résultait, le plus souvent, d'un contrat qui n'était nullement féodal, et d'après lequel le propriétaire foncier accordait à un colon la jouissance des édifices et de la superficie moyennant une redevance, en se réservant de le congédier, après l'avoir remboursé de ses droits, à dire d'experts. Ce mode de possession, très-usité en Bretagne, pouvait être facilement modifié, car le seigneur pouvait afféager un convenant, en vertu de la maxime : *faire de son domaine son fief*. L'étendue d'un fief n'était donc pas immuable ; elle pouvait être diminuée ou augmentée, et une prescription d'environ quarante ans, après une jouissance ininterrompue, consacrait le nouvel état.

La hiérarchie féodale elle-même avait subi de profondes atteintes et la multiplicité des rouages avait produit une extrême confusion. Nous avons déjà vu une terre relever de plusieurs suzerains ; tel suzerain lui-même possédant un petit fief ou un simple convenant devait aveu et hommage à un autre seigneur beaucoup moins puissant que lui.

Au milieu d'un pareil désordre, la royauté, tout en respectant les droits des seigneurs sur leurs vassaux de dernier ordre, élargit peu à peu son cercle d'action, et

les légistes posèrent cette maxime : *Omnia sunt Regis*.
En l'appliquant au fief, ils dirent : le Roi est propriétaire non *specialiter, sed in universo*, et, plus tard, ils
ajoutèrent : non dans son intérêt particulier, mais pour
le bien commun. Ils établirent ainsi les droits de *franc-
fief* sur les roturiers qui achetaient des terres nobles ;
d'*amortissement* sur les ecclésiastiques qui achetaient
des fiefs laïques et les enlevaient ainsi au commerce
ordinaire. Ils levèrent sur les terres nobles des impôts
temporaires, appelés *vingtièmes*, qui furent si souvent
renouvelés, à partir du xviie siècle, qu'on put les considérer comme permanents. Usant de la maxime, généralement admise, que le suzerain pouvait prescrire la
mouvance des arrière-fiefs relevant de ses vassaux, ils
rattachèrent de nombreuses terres *en proche* au Domaine royal, qui fut ainsi considérablement augmenté.

En ce qui concerne la justice, l'action de la royauté
s'exerça plus facilement encore. Beaumanoir avait déjà
dit, au xiiie siècle : « Toute laie juridiction du royaume
est tenue du Roi en fief ou en arrière-fief. » C'est ainsi
que le Domaine royal s'empara des droits de deshérence,
des successions d'aubains (étrangers), des mines, des
rivières ; et, au point de vue judiciaire proprement dit,
s'immisça, par ses légistes et ses Parlements, dans l'instruction des procès ; ordonnant quelquefois, sur les
plaintes de l'accusé, de rendre justice dans un délai déterminé ; favorisant les appels ; combattant les prétentions de haute-justice avec plus de ténacité et de succès
que les seigneurs n'en mettaient à les soutenir ; rédui-
sant la plupart des juridictions à n'exercer que la police
ou droit de faire les premières informations et de saisir
les délinquants. C'était un progrès, sans aucun doute,

mais la lumière ne pouvait encore se faire complètement au milieu de ces justices de village, où les considérations de personne et de propriété avaient toujours la première place, où les intérêts du seigneur étaient soutenus et jugés par des officiers qu'il avait lui-même nommés, ce qui rendait illusoire le principe de la séparation de la justice et de l'administration.

Avec le temps, la confusion que nous avons déjà signalée, au XIII siècle, entre les droits de fief et ceux de juridiction, n'avait fait que s'accroître, et les jurisconsultes du XVIII siècle en étaient venus à déclarer qu'il fallait, pour exercer une juridiction, avoir un principe de fief, et que ce principe ne pouvait s'acquérir que par le *titre ou la possession.* Le titre résultait d'une concession faite par un seigneur qui avait lui-même la justice et qui en transmettait le principe en afféageant ; il résultait encore d'un mariage, d'un partage de succession, *matrimoniis, hœreditatibus, aut aliis titulis,* avait dit d'Argentré. Quant à la prescription, elle était généralement admise, par les feudistes bretons, comme moyen d'acquérir la juridiction, mais tous n'étaient pas d'accord au sujet du temps nécessaire pour obtenir ce résultat : Hevin (*Questions Féodales*) admet comme suffisante une prescription de 40 ans. — Loyseau avait donc raison de dire que la confusion des justices, en France, n'était guère moindre que celle des langues lors de la tour de Babel.

C'est ainsi qu'au XVIII siècle le système féodal se présente à nous comme suranné dans le fonds et dans la forme, parce qu'il blesse les droits et la dignité du plus grand nombre, sans procurer les avantages qu'il donnait autrefois. A qui l'opprimé demande-t-il, en effet, protection et justice ? Est-ce au seigneur féodal ? — Non, c'est au Roi. C'est le Roi, personnification de l'Etat, suivant la parole célèbre : *l'Etat, c'est moi*, c'est le Roi qui administre, qui lève les impôts, qui convoque les milices, qui tient sous sa main et régente, suivant son bon plaisir, les seigneurs féodaux eux-mêmes. Et quels sont ces seigneurs féodaux ? Trop souvent, un courtisan qui habite dans les antichambres de Versailles ; un conseiller au Parlement qui ne fréquente que le Palais ; un financier récemment sorti des bureaux du ministère ; un bourgeois qui veut jouer le grand seigneur. Tous ces seigneurs-là ont émigré des champs et leur influence a émigré avec eux. Il reste bien encore à la campagne de simples et modestes gentilshommes, mais qu'ils sont loin de ressembler à leurs ancêtres, les fiers châtelains du moyen-âge ! Ceux-ci, du moins, dans une époque pleine de troubles et de violences, avaient quelques devoirs à remplir en retour des droits qu'ils s'étaient arrogés. S'ils étaient juges, maîtres du sol et de la personne de leurs vassaux, c'est parce qu'ils tenaient l'épée qui protège et qui défend ; mais, au XVIII° siècle, le contrat n'était plus réciproque : le seigneur, résignant la charge de la tutelle, mais non ses bénéfices, s'était effacé devant une autorité plus haute qui avait, elle aussi, réclamé des droits comme conséquence de ses devoirs, de sorte que le vassal roturier avait gagné, à ce changement, d'avoir deux maîtres au lieu d'un. Depuis longtemps, le seigneur n'était, en réalité, qu'un simple propriétaire. A ce titre, il ne devait prétendre qu'aux redevances en fruits ou en argent ; et, comme les droits blessant la dignité des vassaux étaient surtout des droits de juridiction et que ceux-ci avaient moins que jamais

une raison d'être, il s'ensuivait tout naturellement que le
système féodal, tel qu'il existait encore au XVIIIe siècle,
était en contradiction formelle avec les mœurs de l'époque, le rôle de la royauté, l'émancipation des vassaux
et l'amoindrissement de la noblesse.

Outre les avantages que les gentilshommes avaient
conservés comme possesseurs de fiefs et de justices, ils
jouissaient encore d'importantes prérogatives qui tenaient à la noblesse personnelle : ils étaient exempts
de la milice, mais obligés de marcher quand le Roi
convoquait le ban et l'arrière-ban, ce qui n'eut pas lieu
depuis 1705 ; ils n'étaient point soumis aux banalités
(four, moulin, etc.), aux corvées, ni aux autres servitudes, quand elles avaient un caractère personnel ; ils
ne pouvaient être appréhendés au corps, sauf le cas de
flagrant délit ; ne pouvaient être exécutés pour dettes
dans le lieu de leur domicile, ni pendus, sauf dans des
cas bien rares ; ils étaient seuls admis dans certains ordres privilégiés, tels que celui de Malte ; dans certains
chapitres, tels que celui de Remiremont (1) ; ils avaient
de grandes facilités pour parvenir aux rangs élevés à la
cour, à l'armée, dans la marine ; en Bretagne, ils avaient
voix délibérative aux Etats dans le corps de la noblesse,
et l'Ordre tout entier avait une voix collective sur trois,
c'est-à-dire le tiers de l'influence.

Telle était, dans son ensemble du moins, la situation
faite à la noblesse dans les dernières années du XVIIIe
siècle, situation privilégiée à coup sûr, mais considérablement amoindrie par suite de l'influence dominante
de la royauté et de la facile entrée de la bourgeoisie

____

(1) Abbaye de chanoinesses nobles, au diocèse de Toul.

dans les rangs de l'aristocratie. Nous avons vu que cette introduction d'un élément nouveau n'avait point régénéré l'ancien système, car il faut reconnaître que les bourgeois anoblis n'apportaient pas un esprit plus libéral, puisqu'ils jouissaient des mêmes abus. Le problème posé était donc celui-ci : Comment l'Ordre de la noblesse, dont les priviléges ont été acquis, en partie par la violence, en partie par d'éclatants services, pourrat-il rester à la tête de la nation, tout en se conformant à l'esprit nouveau de la société dans ce qu'il a de noble et de légitime ? Avant d'aborder cette question, nous devons, pour être impartial, énumérer, en regard des priviléges dont jouissait la famille de Boisgelin, les charges qu'elle a supportées, les services qu'elle a rendus, et nous verrons ensuite deux de ses derniers et de ses plus honorables représentants prendre part aux grandes discussions de la transformation sociale, l'un aux Etats de Bretagne, dans l'Ordre de la noblesse; l'autre, dans l'Ordre du clergé, à l'Assemblée Constituante,

IV.

LES BOISGELIN, HOMMES D'ACTION.

En étudiant, à ce point de vue, les Boisgelin, nous laisserons bien des noms dans l'ombre du tableau généalogique, parce que bien des membres de cette maison ont vécu et sont morts dans le silence de leurs manoirs. N'est-ce point là le sort de toutes les familles et serait-il juste, parce qu'une classe d'hommes a joui autrefois de certains priviléges, de demander à tous ceux qui la composaient, une valeur exceptionnelle ? Agir ainsi, ce serait faire un procès de tendances et non de l'histoire impartiale. Pour nous qui vivons, plus à l'aise que ne l'ont fait nos pères, dans une société plus large, ayons, pour tous ceux qui nous ont précédés, cette indulgence qui est encore justice, et sachons bon gré à une famille de la noblesse ou de la roture, à une corporation religieuse ou industrielle, si elle a rendu un vrai service à la patrie commune.

· Cela posé, voyons à l'œuvre les Boisgelin. — Quelques-uns de leurs ancêtres ont paru avec honneur aux croisades et dans la guerre des Blois et des Monfort. L'histoire de Bretagne n'a pas oublié d'enregistrer leurs noms; aussi les avons-nous reproduits (pages 116 à 118), en racontant l'origine de la famille.

Au xv⁰ siècle, après la division des branches issues d'Alain, le privilége d'une mention historique n'est mérité que par Guillaume et Jean de Boisgelin, qui, tous deux, appartenaient à la branche aînée. C'était en 1489, l'une de ces années malheureuses si fidèlement décrites par un chroniqueur. La noblesse bretonne était partagée en deux camps : l'un tenant pour le sire d'Albret; l'autre, pour Charles VIII, qui se disputaient, par les armes, la main et l'héritage de la duchesse Anne. Les Français occupaient déjà les meilleures places du pays et venaient de s'emparer de Guingamp. Guillaume de Boisgelin, archer de la garde, fut chargé par la Duchesse, ainsi que sept autres gentilshommes, de lever des troupes et d'attaquer la ville de Guingamp. Le siège n'eut pas lieu, car les Français abandonnèrent leur conquête. Dom Morice (tome v, p. 627) a publié la lettre adressée, à cette occasion, par Anne de Bretagne à ses fidèles.

La même année, l'un des principaux conseillers de la Duchesse, le maréchal de Rieux, celui-là même qui voulait lui imposer le sire d'Albret, chargea Jean de Boisgelin, capitaine d'arbalétriers, d'assembler ses soldats et d'avertir la noblesse, afin de marcher contre les Français qui « descendaient en grande puissance en Bretagne » ; et, pour le récompenser d'avoir tenu une conduite énergique pendant une sédition qui avait eu lieu à Tréguier, il lui permit de vendre, de concert avec le sieur de Kerousy, « une pinace et ses appareils estants à présent au havre du dit lieu de Lantreguer, qui, puis nagueres, a esté prise par le dit de Kerousy sur des pirates et escumeurs de mer. »

Le XVI⁰ siècle, si fécond en événements, ne met en relief aucun Boisgelin.

Au XVII⁰ siècle, et pendant les premières années du XVIII⁰, nous en voyons quelques-uns, sinon jouer un rôle important, du moins occuper des places de choix dans la milice et dans la justice. A la première catégorie appartiennent les Boisgelin de Kersa et de Pléhédel ; à la seconde, les Boisgelin de Cucé. Les traditions paternelles sont recueillies avec soin par les fils, et reproduisent, pour un temps, dans la même famille, l'antique séparation de la robe et de l'épée.

C'est en 1695, deux ans avant la paix de Ryswick, qu'apparaît Gilles de Boisgelin de Kersa, en qualité de capitaine de Paimpol. Son rôle est fort modeste, puisqu'il se borne à faire exécuter les instructions données par Vauban pour la défense des côtes ; mais cette position officielle lui permet de recevoir de Vauban une lettre qui sera publiée prochainement par son heureux possesseur.

La France ayant engagé la lutte avec l'Angleterre, pour soutenir Jacques II contre Guillaume d'Orange, il fallut s'occuper, non-seulement de l'armement du littoral, mais aussi de l'organisation des gardes-côtes, qu'avait commencée François Ier. La Bretagne, qui était restée jusqu'alors, à cause de ses priviléges, en dehors du système appliqué au reste de la France, n'était cependant ni oublieuse de ses propres intérêts, ni étrangère à l'esprit de patriotisme. Les Etats de la Province se chargèrent des frais de la milice garde-côte, en payant au Trésor un abonnement annuel, et l'autorité royale, qui brisait, chaque jour, quelque privilége de classe ou de pays, s'empara, comme cela devait être, de la direction militaire. Elle intéressa la noblesse à cette œuvre, ce qui lui permit d'en tenir une partie sous sa main. C'est par mandement du duc de Chaulnes, gouverneur de Bretagne, que Gabriel de Boisgelin-Pléhédel fut nommé, en 1677, capitaine-général des gardes-côtes de l'évêché de Saint-Brieuc. Cette fonction importante devint, pour ainsi dire, héréditaire dans sa famille, car elle passa de Gabriel à son fils Mathurin-Joseph, puis au fils de celui-ci, René-Joseph.

Les ordonnances et les règlements se multiplièrent bientôt dans le but de discipliner les milices et de rendre le service plus régulier. L'ordonnance de la Marine du mois d'Août 1681 est le point de départ de ces mesures, mais c'est au xviiie siècle surtout que les liens de subordination se resserrèrent. Les règlements des années 1716, 1732, 1745, établirent en Bretagne 31 capitaineries ; l'ordonnance du 25 Février 1756 les réduisit à 20, et les plaça sous l'autorité d'un inspecteur-général qui devait prendre l'attache de l'amiral de France, les ordres du gouverneur et du commandant en chef de la Province, et rendre compte de ses opérations au ministre de la Marine.

En 1759, le service des gardes-côtes fut réuni au département de la guerre ; les capitaines-généraux n'eurent plus rang que de commandants de bataillon, jouissant de quelques priviléges et d'une indemnité de 480 livres ; la capitainerie-générale de l'évêché de St-Brieuc, qui s'étendait de Paimpol à Plancoët, comprit dix compagnies, de cinquante hommes chacune, savoir : Pordic, Plérin, Plouvara, Saint-Donan, La Méaugon, Trégueux, Plédran, Pommeret, 1re et 2e de Planguenoual, entre lesquelles étaient réparties 30 paroisses. MM. de Boisgelin prirent une part active à l'organisation de cette capitainerie ; mais les faits de guerre ne leur offrirent point l'occasion de se signaler.

Au Parlement de Bretagne, les Boisgelin de Cucé rendirent des services honorables, mais non éclatants. La vénalité des charges, résultat d'embarras financiers, s'était introduite, dès le règne de François Ier, dans le sanctuaire de la justice. A dater de 1604, le paiement d'un droit annuel dit *Paulette*, du nom de l'inventeur et du premier fermier de ce droit, avait permis à tout officier de judicature de conserver à sa famille la propriété de sa charge, et de la résigner, sans être assujetti à justifier, pendant quarante jours, de sa survivance.

Comme les charges élevées coûtaient beaucoup et rendaient peu, elles tombaient, par le fait, dans le domaine des gens riches, et c'est à ce titre que Jean de Boisgelin, fils de Thebaut, entra, en qualité de conseiller, au Parlement de Bretagne. Jean, son fils, acheta, en 1652, à la famille de messire Gabriel Freslon, la charge de président à mortier, au prix de 174,000 livres.

Le Parlement de Bretagne comprenait quatre Chambres : la *Grand'-Chambre*, où l'on plaidait les causes d'audience ; la *Tournelle*, où servaient tour-à-tour des conseillers de la Grand'-Chambre et de celle des Enquêtes pour juger les affaires du Grand-Criminel ; les *Enquêtes*, où l'on ne s'occupait que des procès appointés en première instance, c'est-à-dire soumis à faire leurs productions par écrit ; les *Requêtes*, où l'on jugeait, en première instance, les causes de ceux qui avaient obtenu du Roi cette faveur, par des lettres spéciales dites de *committimus*. Il y avait, à la tête du Parlement, 1 premier président, 8 présidents à mortier, 4 aux Enquêtes, 2 aux Requêtes, 1 procureur-général et 2 avocats-généraux. Les présidents à mortier, qu'on appelait aussi les grands-présidents et nosseigneurs du grand-banc, présidaient la Grand'-Chambre et celle de la Tournelle. Le mortier, qui indiquait leur dignité, était une espèce de toque que portaient quelques magistrats de premier ordre. Celui du premier président était de velours noir, bordé de deux galons d'or ; celui des présidents à mortier n'avait qu'un seul galon. Les présidents de la Chambre des Enquêtes et de celle des Requêtes n'étaient point *à mortier*, et n'avaient que le rang de conseillers de la Grand'-Chambre.

La charge de président à mortier fut conservée dans la famille de Cucé, pendant trois générations, par Jean, Gabriel et Renaud-Gabriel. Ce dernier avait débuté en acquérant, au prix de 40,000 livres de principal et de 1,000 livres d'épingles, l'office de conseiller-commissaire aux Requêtes du Palais de Bretagne. Ce ne fut qu'en 1729 que des lettres de provision lui accordèrent la survivance de la charge de son père.

Bien que les Parlements aient fait preuve quelquefois d'un esprit de routine et d'immobilité, bien que la vénalité des charges ait altéré leur institution, on doit reconnaître que cette vénalité même, malgré ses abus, a procuré, à ceux qui en profitaient, une certaine indépendance vis-à-vis le pouvoir absolu. Les Parlements ont, en effet, usé généralement de l'autorité que leur donnaient la fortune et le caractère de leurs membres pour plaider la cause du droit et des libertés, en l'absence des Etats provinciaux, dans les pays d'Election ; avec le concours de ces Etats, dans les pays qui, comme la Bretagne, avaient eu le bonheur de conserver une représentation nationale.

Pendant que deux branches des Boisgelin prenaient ainsi une position honorable dans la milice et au Palais, mais sans quitter la province, la famille tout entière, comprenant les juveigneurs comme les aînés, payait largement la dette du sang à la Bretagne et à la France, sur la plupart des champs de bataille de l'Europe. Ce mérite est d'autant plus réel qu'il est volontaire, car le ban et l'arrière-ban n'appelaient plus la noblesse aux armes sous peine d'amende ; mais, en l'absence de ce devoir féodal, l'honneur et le patriotisme étaient des mobiles suffisants pour faire les gentilshommes courir au-devant des dépenses et des glorieux dangers de la guerre. Dans un élan si généreux et si constant se trouve l'absolution de bien des fautes.

C'est donc avec un légitime orgueil que la famille de Boisgelin peut offrir, dans une même génération : un chevalier de Boisgelin tué à la bataille de Parme, en 1734 ; son frère, lieutenant de vaisseau, mort par suite des fatigues d'une campagne d'Amérique ; Boisgelin-

Kergomar père, blessé à Fontenoy, en 1745, et mort de ses blessures ; un ses fils tué à Raucoux, en 1746 ; un autre ayant le bras emporté dans un combat sur mer, en 1758 ; un quatrième, du même nom, blessé à Berg-op-Zoom et obligé de se retirer du service ; le marquis Boisgelin de Kersa mort dans la marine, en 1757 ; un chevalier de Kersa, lieutenant-colonel des volontaires de Flandre, blessé à Hastenbeck et à Crevelt ; Anonime Boisgelin, marquis de Cucé, sous-lieutenant de la première compagnie des mousquetaires, mort, en 1758, des blessures qu'il avait reçues à Saint-Cast ; un de ses frères, le baron de La Roche-Bernard, devenu maréchal-de-camp, après avoir servi, en Allemagne, avec honneur ; Charles-Eugène de Boisgelin-Pléhédel, capitaine de frégate, signalé pour plusieurs faits d'armes sur les côtes d'Amérique, pendant la guerre de Sept ans ; enfin, son frère jumeau et son aîné, René-Gabriel, qui s'est trouvé mêlé, plus encore que ses parents, aux grands personnages et aux grands événements militaires du xviiie siècle.

RENÉ-GABRIEL DE BOISGELIN.

René-Gabriel naquit au château de Boisgelin, en Pléhédel, le 2 Août 1726. Il était fils de René-Joseph de Boisgelin et de Charlotte-Suzanne Desnos.

Après avoir consacré quelques années, malheureusement trop courtes, aux études qui arment si bien la jeunesse pour les combats de la vie, Boisgelin échappa à l'atmosphère malsaine et contagieuse de la cour de Louis XV, et, dès l'âge de 17 ans, il quitta la compagnie d'Horace et de Cicéron pour celle des officiers au régiment du Roi. C'était vers le milieu de la guerre de la succession d'Autriche, lorsque l'Angleterre s'engageait contre nous dans la lutte par jalousie, et que, récoltant une moisson qu'elle n'avait pas semée, elle cherchait à profiter de l'inaction du roi de Prusse, des succès des Hongrois et à nous couper la retraite sur le Rhin, à travers la Bavière. Boisgelin assista, pour son début, à la sanglante bataille de Dettingen (1743), qui n'eut d'autre résultat que-de nous rouvrir le chemin de la France.

Le théâtre de la guerre ayant été porté dans les Pays-Bas, Boisgelin prit part, en qualité d'enseigne au régiment des gardes, aux sièges de Menin, d'Ypres et de Fribourg, en 1744. L'année suivante, il était au siège de Tournay et à cette grande bataille de Fontenoy qui a été célébrée et qui mérite de l'être. 1747 le vit au combat de Lawfeld et 1748 au siège de Maëstricht, à la veille de la paix d'Aix-la-Chapelle, qui mit fin à la guerre de la succession d'Autriche.

Toute cette guerre des Pays-Bas se faisait à l'école du maréchal de Saxe, l'un des meilleurs tacticiens du xviiie siècle, et il est permis de supposer que tant de belles leçons n'étaient pas perdues pour le jeune officier, que la paix laissa, à peine âgé de 22 ans, capitaine de cavalerie à la suite du régiment de la Reine.

Tel est le début de cette vie militaire. Si le privilége de la naissance lui donna le premier grade, convenons, du moins, que les autres furent gagnés successivement sur le champ de bataille, en apprenant sérieusement le métier de la guerre. Peut-on s'étonner que notre jeune officier n'ait point laissé, sur cette première époque, ses impressions personnelles ? Le corps pouvait être brisé aux fatigues, l'âme aux émotions ; mais Boisgelin n'avait, sans doute, ni le loisir ni le talent d'écrire. Il tenait cependant à se rendre compte des grands faits dont il avait été l'un des acteurs, car nous possédons, dans ses papiers, une liasse volumineuse de *nouvelles à la main*, de provenance évidemment étrangère, et qu'on peut considérer comme le journal de l'expédition. La paix fut, sans doute, utile au comte de Boisgelin, en lui faisant renouveler connaissance avec les éternels modèles de l'esprit et du goût, car, lorsque la guerre va de nouveau faire appel à son ardeur, nous trouvons l'homme et l'écrivain suffisamment formés pour entretenir une correspondance suivie avec d'illustres personnages.

Nous sommes au commencement de la guerre de Sept ans, de cette guerre si honteuse pour le Roi, si honteuse pour l'armée. Napoléon Ier a pu dire de ces courtisans qu'un caprice de Madame de Pompadour plaçait à la tête de nos soldats, que tous, généraux en chef, généraux secondaires, étaient de la plus parfaite incapacité. Les querelles de cour se continuaient au camp, et souvent un commandant d'armée fit manquer un plan de bataille pour perdre un rival. De telles vérités sont dures à dire; mais l'histoire ne saurait transiger, et ne doit pas admettre un roman fait pour voiler les malheurs de la patrie. Tout ce que peut faire, en pareil cas, un historien patriote, c'est de vérifier avec soin si les fautes n'ont pas été exagérées.

Entraînée dans l'alliance de l'Autriche par l'orgueil satisfait d'une courtisane que la fière descendante des Habsbourg avait appelée: *ma bien bonne amie*, la France qui, du reste, n'avait pas à se louer du roi de Prusse, lui faisait la guerre, ainsi qu'à l'Angleterre. Frédéric II, avec l'audace des hommes de génie, craignant tout d'une attaque dans un pays sans frontières comme le sien, prit hardiment l'offensive, et les hostilités étaient déjà engagées en Saxe et en Bohême que les Français étaient à peine sur le Rhin.

Louis XV, désireux de connaître la situation de ses alliés, envoya à leur quartier-général des officiers en mission, au nombre desquels était le comte de Boisgelin. Malgré son grade peu élevé, le comte de Boisgelin se trouvait, dans une des meilleures compagnies de l'Europe, à une excellente école de guerre et de diplomatie. Cette compagnie était composée de 45 volontaires, princes ou grands seigneurs. On y remarque des Danois, des Italiens, des Hollandais, des Russes, des Polonais, des Bavarois et surtout des Saxons ; parmi les officiers français, MM. de Haumont, colonel ; de La Molière et de Boisgelin, capitaines. La position des Français était plus particulièrement délicate, à cause de leur rôle d'alliés. Ils étaient chargés, non-seulement de rendre compte de tous les mouvements au ministre de la guerre, mais encore d'avertir à temps les généraux français qui manœuvraient en Allemagne. Là devait se borner, sans doute, leur mission officielle ; mais il y avait aussi à la cour, et par le monde, de hauts protecteurs qui ne pouvaient qu'apprendre avec plaisir une nouvelle toute fraîche et transmise à propos : voilà donc une correspondance privée, moins régulière, il est vrai, qui s'ajoute à la première. Cet échange résulte de l'examen des lettres écrites par M. de Boisgelin, ou plutôt des lettres qu'il a reçues, car c'est par induction que nous allons reconstituer le comte de Boisgelin. La correspondance émanée de lui est beaucoup trop rare, en effet, pour qu'on puisse y trouver l'application du mot de Buffon : *le style, c'est l'homme*. Est-ce négligence, est-ce la suite du malheur des temps, ou de réclamations faites par le ministère de la guerre, après la mort de M. de Boisgelin ? Toujours est-il que la plupart de ses minutes font défaut, tandis que les lettres qu'on lui adressait sont assez nombreuses. En l'absence d'un autre procédé révélateur, nous avons adopté celui-là. Du reste, il a bien sa valeur, puisque nous allons lire, comme dans un miroir, l'impression produite sur des esprits élevés par le talent, le caractère de leur correspondant. Quels sont ces illustres personnages ? Le duc de Choiseul, premier ministre ; le comte de Choiseul-Stainville, ambassadeur à Vienne ; le maréchal duc de Belle-Ile, ministre de la guerre ; le maréchal de Soubise, le vaincu de Rosbach ; le maréchal de Contades, le vaincu de Minden ; Chevert, cet officier de fortune qui faisait honneur à l'armée ; le chevalier du Muy, lieutenant du duc de Broglie ; Cremillen, surintendant de l'école militaire ; l'abbé de Bernis, futur cardinal. Voilà pour les Français. Parmi les étrangers, le maréchal Daun, généralissime des armées autrichiennes ; le prince des Deux-Ponts, général de l'armée de l'empire ; le prince Xavier, prince royal de Saxe. A coup sûr, quand on voit un pareil échange de lettres, on doit se dire que l'homme qui les recevait n'était pas un officier ordinaire, ou qu'il était merveilleusement servi par les circonstances. C'était, je crois, l'un et l'autre.

En nous bornant à l'analyse des documents moins importants, nous voyons que le capitaine de Boisgelin rejoignit dans le mois de Mai 1757 le maréchal Brown, qui commandait, en Bohême, l'armée de l'Impératrice-Reine. Dans la première relation qu'il envoie au ministre de la guerre, il oublie la date et l'indication du lieu. Le maréchal de Belle-Ile le gourmande : « J'espère, dit-il, que la suite des détails dont vous promettez de continuer à me faire part, aussi régulièrement que vous le pourrez, pendant cette campagne, n'aura pas le même défaut, et que je n'aurai plus de ces petits reproches d'inadvertance ou d'inattention. » Et plus loin : « Je vous ai grondé, parce que je prends intérêt à ce qui vous regarde ; il est juste que je vous loue à présent, en vous accusant la réception de votre seconde lettre, datée du 3, par laquelle vous me mettez parfaitement au fait de la retraite de M. le maréchal Brown, à Urchowitz, sur Prague, et de sa position actuelle. »

Le 6 Mai fut livrée la bataillle dite de Prague, où le général autrichien fut dangereusement blessé. Après l'avoir accompagné jusqu'au moment où il se retira du combat, M. de Boisgelin proposa à son successeur, le prince Charles de Lorraine, de disposer son aile gauche de manière à sauver l'infanterie de sa droite, qui allait être enveloppée. Cette manœuvre servit à couvrir la retraite dans Prague, qui fut assiégée par les Prussiens. Pendant ce temps, le maréchal Daun accourait au secours des assiégés, et, par une série d'habiles combinaisons, il repoussait le roi de Prusse et délivrait Charles de Lorraine. L'armée autrichienne victorieuse passa de Bohême en Saxe, de Saxe en Silésie, et investit la forte place de Schweidnitz, clef de cette province, que Frédéric II avait eu tant de peine à conquérir et à conserver.

Cette fois, nous possédons la relation même, faite par M. de Boisgelin, de ce qui s'est passé à l'attaque des forts et autres ouvrages extérieurs de Schweidnitz, jusqu'à la reddition de la place. On y voit que la ville fut investie le 2 Octobre; mais que, faute d'artillerie de siège, la tranchée ne fut ouverte que le 26, au grand désespoir du maréchal de Belle-Ile, qui paraît fort au courant de tous les détails de la guerre. Après dix-sept jours de tranchée, l'assaut fut donné par les grenadiers autrichiens, pendant que les Croates faisaient une fausse attaque sur un autre point, pour y attirer les principales forces des assiégés. Le résultat fut tel que, le 12 Novembre, au point du jour, les assiégés demandèrent à capituler. « On le leur accorda, à condition que la garnison, qui était encore de 4,700 hommes, serait prisonnière de guerre et conduite où S. M. l'Impératrice-Reine le jugerait à propos. Il y a eu, de la part des assiégés, dans le reste du siège, environ 1,800 hommes de perte, et, du côté des assiégeants, environ 1,200, y compris ce qu'ils ont perdu dans cette attaque ; il s'est trouvé dans la place 164 pièces de canon, 14 mortiers, beaucoup de munitions de guerre, de vivres, de fourrage et un million d'écus d'Allemagne dans la caisse militaire. »

Les services que M. de Boisgelin avait rendus au prince Charles et au maréchal Daun pendant toute cette campagne, l'intelligence et le courage qu'il avait montrés, notamment au siège de Schweidnitz, lui méritèrent l'honneur d'être envoyé en France pour annoncer la prise de cette ville. Sa Majesté le récompensa en lui donnant une pension de 1,200 livres, la croix de Saint-Louis et le brevet de colonel à la suite. Une ordonnance récente permettait d'accorder cette dernière faveur à ceux qui avaient su s'en rendre dignes par des actions d'éclat.

Pendant que l'Autriche débute d'une manière si brillante, quel est le rôle de la France ? Madame de Pompadour fait décider que 24,000 hommes seront envoyés à Marie-Thérèse, et que, de plus, 80,000 hommes iront en Westphalie, pour conquérir les possessions prussiennes dans ce pays et enlever ensuite le Hanovre aux Anglais, alliés de Frédéric.

Les 24,000 hommes sont confiés au maréchal de Rohan, prince de Soubise. Le maréchal supplie M. de Boisgelin de le tenir au courant des moindres marches, et lui envoie le compte-rendu de ses opérations, comme si son correspondant était le ministre en personne. « Je suis arrivé à Erfurth, écrit-il, le 25 Août, avec la première division des troupes ; les autres suivent et je vais commencer à y former mon premier camp. Je compte que la totalité sera rassemblée pour le 20 Septembre au plus tard, et ne pas perdre de temps à me mettre en état d'entamer, s'il est possible, quelque opération, avant de songer à prendre des quartiers d'hiver. J'ai eu aujourd'hui à dîner M. le prince de Saxe-Hildburghausen, qui arrive et qui précède l'armée de l'Empire avec un corps de 7 à 8,000 hommes conduit par M. le prince Georges de Darmstadt, qui est resté à quatre lieues d'ici. Nous allons travailler aux arrangements nécessaires pour la réunion des deux armées. » La réunion eut lieu et donna naissance à la trop fameuse armée dite *d'exécution.*

Le 29 Septembre, le maréchal de Soubise est à Eisenach. Il annonce qu'il va se mettre en marche ; que le roi de Prusse vient de quitter Erfurth et paraît diriger sa marche sur Naumbourg.

Le 29 Octobre, le maréchal écrit de Weissenfelds : « Le retour du roi de Prusse à Leipzick, où il paraît avoir résolu de se défendre, ne peut être que très-embarrassant dans une saison aussi avancée, car je crains bien qu'elle ne nous permette pas d'entreprendre les opérations qu'on pourrait désirer. Nous aurons, au reste, opéré la diversion la plus favorable à l'armée impériale, et, si c'est une consolation, c'est celle qui nous restera. »

A partir de ce moment, le silence est complet : Rosbach en est la cause. Les détails de cette défaite ne se trouvent pas dans les lettres adressées à M. de Boisgelin. Ils sont, du reste, assez connus. L'opinion publique se vengea de M. de Soubise, non-seulement par des épigrammes, mais aussi par de nobles plaintes, telles que celles-ci : « Les succès autrichiens peuvent réparer nos malheurs, mais ne nous consolent pas, et c'est une humiliation de plus que nous soyons les seuls à ne pouvoir battre les Prussiens, et que nous en ayons été battus par considération pour les Saxons ; mais le Dieu des armées peut juger à propos d'humilier la fierté inconsidérée des nations et l'orgueil des rois, malgré la justice de leur cause. »

Il n'entre pas dans le plan de cette étude de reproduire toute la guerre de Sept ans, mais simplement les faits importants sur lesquels la correspondance du comte de Boisgelin peut jeter quelque lumière ; aussi passerons-nous rapidement sur l'année 1758. Elle ne fut d'ailleurs signalée que par des combats de second ordre, tels que la défaite du comte de Clermont, à Crevelt, par un des lieutenants de Frédéric, le prince Ferdinand de Brunswick ; et, cependant, jamais armées plus nombreuses n'avaient encore paru : le maréchal Daun disposait de 82 bataillons et de 105 escadrons ; le roi de Prusse avait un nombre double ; le prince Ferdinand, 83,000 hommes, parmi lesquels 32,000 Hanovriens,

19,000 Hessois, 10,000 Anglais, 6,000 Prussiens seulement. M. de Boisgelin resta jusqu'au mois d'Août dans l'armée du maréchal Daun, mais la face des choses avait aussi changé pour nos alliés : leur marche sur Dresde fut suivie d'une retraite malheureuse. Pendant son court passage à l'armée de l'Empire, que commandait le prince des Deux-Ponts, il ne vit également que des malheurs.

L'année 1759 n'est pas plus brillante. D'Avril à Juillet, M. de Boisgelin retourne à l'armée de Daun, où il ne se fait rien de remarquable. Tout l'espoir se porte du côté des Russes : « Je vous avoue, écrit M. de Choiseul, l'ambassadeur, que j'espère beaucoup des bonnes dispositions où les Russes paraissent être, et le langage de l'Impératrice de Russie est tout-à-fait propre à nous faire concevoir des espérances de l'activité de son armée. Cette princesse a prescrit à M. de Soltikoff de pousser ses opérations avec toute la vigueur et toute la célérité possibles, de se concerter en tout avec M. le maréchal de Daun, de passer l'Oder et de se commettre même à une bataille, s'il en trouvait une occasion favorable. Vous connaissez, Monsieur, l'espèce de soldats que sont ces Russes ; s'ils donnent une fois un coup de collier, il sera bon, car il est certain que, vainqueur ou vaincu, M. de Dohna ne sortira pas d'avec eux sans qu'il lui en coûte.— Je ne vous manderai rien de ce qui se passe en Westphalie, parce que j'imagine que vous recevez en droiture des nouvelles de notre armée. La conduite de M. de Contades, jusqu'à présent, annonce un général et une armée en état de reprendre, dans ce pays-là, tout ce que les malheurs de vingt mois nous y ont fait perdre. »

Laissons M. de Boisgelin partir pour Brest, vers la fin de Juillet, en qualité de colonel du régiment de Saintonge, et voyons le résultat des prévisions de M. de Choiseul. Bien qu'éloigné de l'Allemagne et n'ayant plus de mission officielle, le comte de Boisgelin reçoit encore, de ses nobles correspondants, des nouvelles et des preuves de sympathie qui honorent son caractère.

Le maréchal de Contades lui raconte son échec du 1er Août à Minden, « où le succès n'a pas répondu, dit-il, à mon attente et aux bonnes dispositions que j'avais cru prendre. »

Le chevalier du Muy, lieutenant du duc de Broglie, en déplorant l'insuccès des Français en Westphalie et la retraite des Russes, leurs alliés, résume la situation dans une phrase remarquable : « Les Russes se sont retirés; ils n'agiront jamais autrement. La Vistule sera, pendant toute la guerre, leur ligne de défense; la Westphalie sera le cul-de-sac de l'armée française; la Bohême, le quartier des Autrichiens; la Saxe fournira au Brandebourg l'argent, les hommes et les quartiers dont il aura besoin. Je ne parle pas de l'armée de l'Empire : ce sont des lambeaux qui n'ont ni liaison, ni tissu. Elle fuira derrière le Danube, si le prince Henry la poursuit. »

Le dernier jugement seul, jusque-là si vrai, devait être une fois en défaut. Pendant que le maréchal Daun, général de l'Impératrice, faisait tête au prince Henry, et que les Russes tenaient en échec le roi de Prusse, le prince des Deux-Ponts, général de l'armée de l'Empire, s'emparait de Dresde. « Enfin, l'heureux moment vient d'arriver, écrit-on du camp, où nous sommes maîtres de cette capitale, et la capitulation vient d'être signée à 6 heures du soir (4 Septembre). Nos troupes prennent actuellement postes (*sic*) aux portes avec la garnison, et S. A. a la douce satisfaction d'être le libérateur de la famille royale. Les articles principaux de la capitulation sont : 1° entière liberté de la famille royale, qui couche, dès ce soir, dans la Ville-Neuve ; 2° la garnison sortira avec les honneurs de la guerre et va à Magdebourg ; elle prend avec elle ses canons de bataillon ; 3° les autres canons et munitions, magasins et effets appartenant au roi de Prusse, restent dans la ville ; 4° toutes les caisses et argent appartenant aux Prussiens peuvent être emmenés. Cet article a coûté beaucoup de peine, parce qu'on croit qu'il y a plusieurs millions dans la ville ; mais, en considération de la famille royale, qui a fortement désiré sa délivrance, on a passé par dessus. » — Cette capitulation fut faite fort à propos, car deux corps prussiens arrivèrent le lendemain au secours de la ville ; mais ils furent obligés de battre en retraite.

A la suite de ce glorieux fait d'armes, le prince Xavier de Saxe se félicite avec M. de Boisgelin de la délivrance de sa famille, la famille royale renfermée à Dresde ; le prince des Deux-Ponts, l'heureux vainqueur, le remercie de ses compliments de victoire.

Pendant que ces succès passagers se poursuivaient en Allemagne, le colonel du régiment de Saintonge exerçait, à Brest, ses soldats, au débarquement et à la manœuvre du canon, en attendant l'exécution de ce fameux projet, si secret, confié au maréchal de Conflans. La position de M. de Boisgelin est bien plus délicate dans cette armée qu'elle ne l'était auprès des généraux de l'Impératrice-Reine : il continue de correspondre avec le maréchal de Belle-Isle, et gâté quelque peu par son ancien privilége d'officier en mission, il oublie quelquefois qu'il est colonel sous les ordres d'un général en chef. On omettrait volontiers ce détail ; mais il est instructif, car il prouve que la discipline est bien relâchée, et que la volonté particulière tend partout à se substituer à la volonté du chef, qui doit être la loi.

Le duc d'Aiguillon, gouverneur de Bretagne, entretient M. de Boisgelin dans ces idées : « Je suis, pour le moins, aussi étonné que vous, écrit-il, de la conduite qu'on tient à votre égard et vis-à-vis les officiers de votre régiment. J'en ai informé, plus d'une fois, de bouche et par écrit, M. le maréchal de Belle-Isle et il n'en a pas paru satisfait ; mais vous connaissez actuellement le génie et le ton des gens avec lesquels vous êtes obligé de vivre, et vous devez sentir combien il serait difficile au ministère, que vous connaissez également, de les contenir dans les bornes dont ils ne devraient pas s'écarter. Il vaut mieux se taire que de parler sur cette matière. Je ne peux qu'approuver cependant le parti que vous avez pris d'en instruire M. le maréchal de Belle-Ile et je lui en écrirai par le premier courrier. »

La correspondance adressée par le comte de Boisgelin au maréchal de Belle-Ile nous fait connaître quelques détails assez curieux sur le combat dit des *Cardinaux*. Une première lettre, du 5 Novembre 1759, écrite en rade de Brest, porte :

« Nous serons demain prêts à appareiller et nous pourrons sortir dès que les vents seront favorables. Nous pouvons nous proposer deux objets : l'un, d'aller sur Quiberon, pour faire main-basse sur l'escadre anglaise qui ne quitte pas cette croisière ; l'autre, de commencer par battre l'amiral Hawk, et je crois que nous serons obligés d'en chercher l'occasion, parce que, si nous allions vers Quiberon, le même vent qui nous y conduirait serait favorable à l'amiral Hawk pour nous suivre à la distance qu'il jugerait à propos , et il serait assuré de nous combattre avec l'avantage du vent.... Nous avons une belle et forte escadre qui inspire beaucoup de confiance et qui, j'espère, la soutiendra. M. le maréchal de Conflans et M. le duc d'Aiguillon sont dans une relation continuelle pour concerter leurs préparatifs et leurs opérations. »

Le 21 Novembre , M. de Boisgelin écrit du Croisic :

« En partant de Brest , le 14 , les vents furent trop faibles pour nous permettre de passer de jour par le Raz , et une escadre n'oserait l'entreprendre de nuit. Il fallut pousser un peu au large, et l'escadre anglaise qui croisait du côté d'Ouessant nous fit voir quelques découvertes. Les vents nous contrarièrent pour revenir vers Quiberon, où nous voulions nous faire joindre par les frégates du Port-Louis. Cependant, le 19 et le 20, nous pûmes y diriger notre route. Le 20, au point du jour, notre escadre se trouva au milieu des forces de l'ennemi, qui n'étaient pas toutes à vue de nous. Comme nous n'aperçûmes que 10 vaisseaux, nous courûmes sur eux. Ils avaient l'avantage du vent et ils s'éparpillèrent. Nous ne voulions pas nous séparer ; nous nous bornâmes à gagner le vent à cinq, que nous serrions de près, lorsqu'on découvrit 28 autres voiles. Il était 9 heures du matin. Notre armée navale cessa la chasse et fut assez promptement ralliée. Elle dirigea sa marche sur l'île de Belle-Ile , pour entrer, entre Hédic et la terre , dans la baie de Quiberon, où M. le maréchal de Conflans comptait aller sans combattre. Il aurait exécuté ce projet, si son arrière-garde avait autant forcé de voiles qu'on le lui ordonnait et qu'elle nous paraissait d'assez loin pouvoir le faire. Sa marche ayant été plus lente qu'on ne l'espérait, elle fut attaquée, à 3 heures après-midi, par dix ou douze des meilleurs voiliers et des plus gros vaisseaux ennemis. Notre avant-garde se trouvait alors engagée à tourner les rochers appelés les *Cardinaux*, qui sont à la pointe de Hédic, pour entrer à la baie de Quiberon. Ces rochers étant doublés, nous gagnions l'avantage du vent, et c'est apparemment ce qui décida l'armée navale d'Angleterre d'engager un combat vif avec notre arrière-garde, qu'elle essaya inutilement d'arrêter et de couper. Les Anglais furent obligés de s'arrêter eux-mêmes aux *Cardinaux*, où le combat devint assez général ; mais il fut rendu avec si peu d'ordre de notre part que c'était une espèce de *billebaude*. M. le maréchal de Conflans s'étant mis à portée de combattre l'amiral anglais pour dégager plusieurs de nos vaisseaux, fit en quelque façon, par là, cesser le combat. Il y fut secondé par tout le monde avec beaucoup d'intrépidité et dans une telle confusion que nous ne tinmes aucun ordre de bataille. Le vaisseau que M. le maréchal de Conflans montait fut tellement gêné pendant plus d'une demi-heure qu'il essuya deux différents abordages des nôtres. Ces accidents lui firent perdre, malgré lui, un temps précieux pour se remettre au large ; il fut obligé de s'approcher de la côte, et, la nuit étant arrivée, il n'eut d'autres ressources, pour ne pas perdre le vaisseau du Roi et son équipage, que de jeter l'ancre pour s'arrêter où il se trouvait. Ce matin, se trouvant engagé entre toute l'escadre anglaise, il a été obligé de s'échouer ici... Il y a eu un de nos vaisseaux qui, pour éviter d'être abordé, a tellement tenu le vent, dans un moment où il était forcé, qu'il a chaviré ou versé à plat et s'est noyé. J'y avais une compagnie du régiment de Saintonge, dont il n'existe que ceux que les Anglais sauvèrent dans quelques canots ou chaloupes qu'ils leur envoyèrent.... »

Ces détails étaient assez intéressants pour que le maréchal de Belle-Ile se trouvât plus instruit par cette lettre que par toutes celles qui avaient été transmises à M. Berryer ; aussi M. de Boisgelin, sur la demande du ministre, ajoute-t-il quelques observations :

« J'aurai l'honneur de vous dire que nos marins sont de très-valeureux chevaliers ; mais l'obéissance n'a pas toujours navigué avec notre escadre, malgré les soins du général... J'avais toujours cru que nous combattrions au large. Quand l'escadre anglaise fut reconnue pour être supérieure à la nôtre, je crus encore ce parti préférable et j'en parlai à M. le maréchal de Conflans, quatre heures avant le combat. Je ne fus pas peu surpris de sa réponse quand il me dit qu'il obéissait, et que ses instructions portaient qu'il devait n'avoir d'autre abri que de se rendre au Morbihan, à moins qu'il ne trouvât des forces inférieures aux siennes... Pour savoir à quoi attribuer les causes de nos désastres répétés sur mer, il faut d'abord considérer la conduite que les différentes escadres du Roi ont tenue. Tous nos combats ont été rendus de la même façon : nous nous sommes toujours battus par partie, faute d'obéir aux ordres ou aux signaux. L'esprit d'indépendance ne peut pas faire la conséquence d'une bonne administration. »

Trois vaisseaux français furent coulés bas ; un fut pris ; un brûlé par les Anglais, et le *Soleil-Royal*, échoué à la côte, fut brûlé par les ordres de M. de Conflans. Quelle différence entre ce désastre et le glorieux échouage des vaisseaux de Tourville, après le combat de La Hogue !

Au commencement de l'année 1761, M. de Boisgelin,

devenu colonel du régiment de Béarn, est de retour en Allemagne. Il prend part à l'affaire de Filinghausen, sur la Lippe, où le duc de Broglie fut battu parce qu'il comptait sur Soubise, qui ne le secourut pas.

L'année suivante, commandant les bataillons de grenadiers et de chasseurs des régiments de Piémont et d'Orléans, avec deux piquets de cavalerie, M. de Boisgelin occupait Stangenrot, quand l'avant-garde, aux ordres du chevalier de Lewis, fut attaquée à Bernsfeld. La manœuvre hardie qu'il fit, aux yeux de toute l'armée, pour dégager le corps du chevalier de Lewis, imposa aux ennemis ; mais le début de la campagne n'en fut pas moins humiliant pour nos armes, et les maréchaux d'Estrées et de Soubise furent encore une fois vaincus.

Tous ces incidents sont racontés dans des notes et mémoires généralement assez courts. La correspondance de l'officier en mission a cessé. Il joue un rôle plus important : il s'essaie au commandement. Toutes ces opérations ne sont pas, il est vrai, de premier ordre. Le temps des grandes batailles est passé. Le lion prussien se tient sur la défensive et les Soubise essaient de racheter Rosbach par de petits combats, qui ne sont pas cependant sans mérite. La France du xviiie siècle a exagéré elle-même sa honte et ses revers et a été la première à en rire. Laissons de côté les plaisanteries de Voltaire, et s'il ne nous est pas possible, sans mentir à l'histoire, de raconter les triomphes de nos pères pendant la guerre de Sept ans, disons, du moins, que la lutte a été soutenue jusqu'à la fin, et citons, à l'honneur de nos armes, le combat qui fut livré à Johannisberg, près de Friedberg, le 30 Août 1762, par le corps de Soubise. La hauteur de Johannisberg, couronnée d'une tour, était un poste

important que les ennemis s'étaient empressés de forti-
fier et où ils avaient déjà 14 bataillons. Le prince héréditaire était soutenu par la cavalerie de M. de Luckener.
Pendant que ce dernier était vigoureusement attaqué et
mis en déroute par les dragons de Choiseul, de Nicolaï
et de Schomberg, que conduisait M. de Choiseul-Stainville, le maréchal de Soubise, avec les grenadiers royaux,
ceux de France et le régiment de Boisgelin, chassait
l'ennemi des bois et des hauteurs, après un combat des
plus vifs et des plus opiniâtres. M. de Boisgelin contri-
bua beaucoup à ce succès : il déploya son régiment, qui
était ébranlé, pour charger en colonne, et, pendant ce
mouvement, il fut blessé d'un coup de feu au défaut de
la cuirasse. — Une de ses tantes, voulant perpétuer le
souvenir de cette action, fit peindre le vainqueur en
tenue de combat, et fit écrire, au bas du tableau, une
inscription latine où, entre autres louanges, on lit celle-
ci : « *Strenuè ibi decertans, graviter in loricá ictus, hostes
jugis montium asperrimis, turre Johannisbergæ salti-
busque expulit, et Anglorum circiter decem millia, regi-
menti de Boisgelin manu, victor profligavit.* » A quoi un
autre parent ajoute naïvement : « Cette inscription ne
peut rester sur le tableau pendant la génération actuelle;
mais celle qui lui succède doit la faire replacer pour
perpétuer l'action la plus mémorable qui se soit passée
dans la maison et dont le souvenir ne peut qu'honorer
les races futures. » — Il est permis de se défier de cet
enthousiasme fraternel. Il faut, toutefois, avouer que le
récit du combat, fait par le comte de Boisgelin lui-même,
est aussi modeste que si la gloire de l'auteur n'était pas
engagée. Malheureusement, ce morceau finit par une
boutade sur les grâces qu'il faut rendre à saint Fiacre,

le patron du jour où a été livré le combat : « On croira, dit-il, que saint Fiacre est admirable pour les batailles. Je crois qu'il est le patron des maquignons ou des cordonniers. S'il devient celui des glorieux, il y aura un beau prétexte à se moquer de nous, car les vœux ne sont plus que l'effet de la peur. » Voilà bien l'homme de son siècle ! Est-il possible, en effet, que l'esprit du temps n'ait pas influé sur ce caractère, quelque noble qu'il soit par ailleurs ?

M. de Boisgelin fut chargé d'apporter au Roi la nouvelle de la victoire. Louis XV le créa brigadier, par brevet du 30 Août, rappelant ainsi, par une attention délicate, le souvenir du combat de Johannisberg. Rentré en France avec son régiment à la paix de Paris (1763), le comte de Boisgelin tint quelque temps garnison à Calais, et y mourut, en 1764, à l'âge de 38 ans. Se voyant près de mourir, il avait voulu se démettre de son régiment, afin que sa famille n'en perdît pas la finance, qui était de 50,000 livres ; mais le Roi ne voulut pas accepter la démission, et la famille fut remboursée plus tard.

Le comte de Boisgelin ne laissant pas d'enfants, son frère Charles-Eugène, capitaine de frégate, fut son seul héritier, par suite de la renonciation faite par Vincent-Alexandre, lieutenant au régiment des gardes, et par Vincente-Françoise, sa sœur, femme de Julien de Keroignant, comte de Trézel.

Le gentilhomme n'avait point, du reste, fait fortune à la guerre. Pour conserver, après sa mort, la terre de Boisgelin dans sa famille, il fallut vendre plusieurs autres propriétés.

Quel jugement porterons-nous maintenant sur le

comte de Boisgelin ? Si nous cherchons en lui l'homme public, l'homme dont le nom a été cité, plus d'une fois, à la cour et à l'armée, en France et en Allemagne, il semble qu'on peut avancer, sans trop se hasarder, que M. de Boisgelin a rempli, à une époque difficile, une mission plus difficile encore, de manière à s'attirer, par la vérité des observations et par la dignité du caractère, la confiance et l'estime des ministres et des généraux auprès desquels il était accrédité. A chaque ligne de la correspondance que nous avons parcourue, on trouve des marques, non-seulement de sympathie, mais encore d'amitié, prodiguées au jeune officier par d'illustres personnages. A ceux que nous avons cités il faut ajouter Louis de Bourbon, qui, en sollicitant une faveur pour le comte de Boisgelin, parle de ses services distingués, et l'Evêque de Tréguier, qui, en lui demandant son amitié, ajoute ces paroles : « Il y a longtemps, Monsieur, que vos services sont connus et qu'ils vous ont mérité le suffrage et l'applaudissement, non-seulement de vos compatriotes, mais encore de toute la nation. » — Le régiment de Béarn, après avoir rendu à son chef les honneurs funèbres, chargea son lieutenant-colonel d'exprimer à la famille des regrets plus vifs que ne l'exigeaient rigoureusement les convenances, et l'aumônier Besson se fit l'interprète de la douleur commune dans un discours public et dans une lettre particulière. « Ce n'était, écrit-il, ni sa naissance, ni son autorité qui me portait vers lui ; c'était son âme, dont je connaissais toute la beauté ; c'était son cœur, rempli des qualités les plus précieuses ; c'était son esprit, cultivé par les lettres ; c'était le citoyen vertueux que je respectais et que j'aimais. »

Enfin, le duc de Choiseul écrivait au chevalier de Boisgelin : « J'ai mis sous les yeux du Roi la lettre par laquelle vous m'annoncez la mort de Monsieur votre frère. Sa Majesté, qui le connaissait personnellement, m'a paru le regretter comme l'un des meilleurs officiers de ses troupes. »

N'y a-t-il pas dans les sympathies qui ont entouré le comte de Boisgelin, dans les hommages rendus à cette vie si tôt arrêtée, un honneur pour le gentilhomme, pour le Breton qui a, toujours et partout, porté noblement les qualités de sa race et de son pays ? Quant au mérite des lettres que nous avons analysées, il ne faudrait pas le surfaire. Cette correspondance, qui est toute relative à la guerre de Sept ans, ne jette aucun jour nouveau sur cette triste époque ; mais elle confirme, au moyen de curieux détails, la vérité générale que proclame l'histoire, à savoir que les causes de nos revers ont été l'incapacité des chefs, le grand nombre de généraux jaloux, le défaut d'ensemble dans les opérations. On voit à merveille fonctionner, conformément à l'esprit d'une administration mesquine et défiante, un des rouages de cette machine, celui des officiers en mission ; mais il est à regretter que le comte de Boisgelin, placé si avant dans les secrets des guerriers et des diplomates, se soit abstenu d'esquisser les caractères et les scènes qu'il avait sous les yeux, en faveur de ceux de ses correspondants qui n'étaient point ses chefs. La mine était si riche et les mœurs si étranges ! Mais notre Breton porte la marque de son siècle : il ne s'indigne pas. Toutefois, la vie des camps lui a été salutaire, en l'empêchant de dépouiller sa virile nature. Il a été, avant tout, guerrier ; d'abord, historien des combats, doué d'un style clair, simple et ferme, sans prétention ; puis, chef de corps, s'essayant aux grandes luttes, dont il semble avoir l'instinct et l'amour. *Cuique suum*, à chacun son mérite. Et ce mérite n'est pas à dédaigner, car il nous a donné d'intéressants détails sur les opérations des armées impériales : la bataille de Prague, le siège de Schweidnitz, la délivrance de Dresde. La défaite des Français aux *Cardinaux*, leur petit triomphe à Johannisberg sont à peine indiqués dans les histoires générales, et, cependant, ils méritent de l'être. Un grand peuple doit étudier ses victoires pour les renouveler ; ses revers, pour les éviter. Quel que soit donc, en apparence, le peu de mérite des documents qui concernent le comte René de Boisgelin, ils peuvent cependant trouver, à un rang secondaire, leur place et leur utilité.

CHARLES-EUGÈNE DE BOISGELIN.

Pendant que le comte René jetait ainsi un certain lustre sur le nom de Boisgelin dans les guerres de la succession d'Autriche et de Sept ans, son frère jumeau, Charles-Eugène, connu, à cette époque, sous le nom de chevalier de Boisgelin, servait avec distinction dans la marine, et nous laissait, sur ses campagnes, quelques notes utiles et curieuses qui complètent le tableau esquissé par son frère, en présentant le spectacle de nos malheurs sur mer et dans nos colonies d'Amérique.

Entré au service en 1746, le chevalier de Boisgelin fit, à son début, une campagne sur le vaisseau le *Trident*, que commandait M. d'Estourmelles, dans l'escadre de M. le duc d'Anville, lieutenant-général des armées navales. En officier désireux de s'instruire, M. de Boisgelin tient un journal de bord et y consigne, non-seulement les faits particuliers à son vaisseau, mais encore la composition de l'escadre, les noms de tous les officiers et les événements principaux de l'expédition. Grâce à ces indications, il est facile de suivre la marche de la flotte jusqu'à la côte d'Acadie ou Nouvelle-Ecosse, que les Anglais nous avaient enlevée au traité d'Utrecht (1713), en même temps que Terre-Neuve et la baie d'Hudson. Un mémoire, détaché du journal, met au courant de la conquête de l'île Royale ou du cap Breton, qu'avaient faite, en 1744, 3,000 hommes des milices anglaises, forts de l'insubordination de la garnison française plus que de leur propre courage ; il nous permet d'apprécier l'importance de l'île Royale, nécessaire pour la conservation du Canada, et la fidélité du souvenir que les Acadiens gardaient à leur ancienne métropole. S'il n'avait dépendu que d'eux, la France aurait, sans aucun doute, reconquis l'Acadie ; mais M. d'Anville mourut au moment décisif ; les maladies rendirent inutiles plus de 5,000 hommes et les nouveaux chefs ne surent que ramener en désordre, à Brest, une flotte sur laquelle on avait fondé de légitimes espérances. La facile descente opérée par M. d'Anville, à Chibouctou, sur la côte d'Acadie, ouvrit les yeux aux Anglais : ils bâtirent, dans ce lieu même, une ville, aujourd'hui florissante, sous le nom d'Halifax.

Nous ne suivrons pas M. de Boisgelin dans les croisières auxquelles il prit part jusqu'au traité d'Aix-la-Chapelle. La paix lui fut aussi utile qu'elle l'avait été à son frère, car il suivit, à Toulon, les leçons de constructions navales de M. Coulon fils, et s'embarqua sur l'escadre de manœuvres destinée à l'instruction des jeunes officiers. Il nous est resté, de cette époque de sa vie, des plans, des devis, des théories de signaux et d'évolutions, des indications qui permettent d'apprécier l'impulsion vigoureuse donnée à notre marine par MM. de Rouillé et de Machault, après les jours, si désastreux pour elle, de Dubois et du cardinal Fleury. On comprend, dès lors, la frayeur jalouse qui remplissait l'esprit des Anglais, à la vue de nos progrès inespérés.

C'est donc avec une vive satisfaction qu'on suit, au commencement de la guerre de Sept ans, la belle escadre de M. du Bois de La Motte, chargée de couvrir l'île Royale, qui nous avait été rendue à la paix. M. de Boisgelin était embarqué sur le vaisseau-amiral le *Formidable*, en qualité de lieutenant de vaisseau ; mais, après avoir assisté aux évolutions indécises de la flotte, qui attendait pacifiquement les Anglais, il fut rappelé en France, avec mission de commander la frégate la *Brune* et d'escorter des convois, de Bayonne à Brest.

De retour sur les côtes d'Amérique, il nous a laissé le journal détaillé de l'expédition dirigée, en 1762 et 1763, contre Terre-Neuve, expédition qui réussit d'abord à merveille et qui finit d'une manière si triste que, sans un vent d'Ouest qui permit aux Français de mettre à la voile, 1,600 Anglais faisaient prisonniers 3,000 Français, deux vaisseaux de guerre et trois frégates. Pendant que l'escadre de M. de Ternai et les troupes de débarquement de M. d'Haussonville occupaient ainsi l'île de Terre-Neuve, M. de Boisgelin fut chargé, avec une petite flottille, de détruire les établissements anglais le long de la côte. Bien qu'il eût à remplir, suivant son propre aveu,

« le métier du plus cruel pirate et d'un brûleur de maisons, » il s'en acquitta avec un tel désintéressement personnel que le Roi lui accorda la croix de Saint-Louis et le grade de capitaine de frégate.

On ne peut s'empêcher, en voyant nos marins si tristement occupés pendant que le marquis de Montcalm, privé de secours, mourait glorieusement au Canada, de faire un retour pénible sur les brillants débuts de la guerre de Sept ans, compromis et entièrement annulés par l'incurie du Gouvernement et l'incapacité des généraux en chef, qu'on envoyait au secours de nos braves colons.

Les fatigues essuyées par M. de Boisgelin dans ces courtes, mais laborieuses campagnes, lui rendirent nécessaire le repos, qu'il prit, en 1765, avec l'agrément du Roi. Gratifié d'une pension de 1,000 livres, il se retira au château paternel de Pléhédel, que la mort de son frère venait de lui donner; il s'occupa d'agrandir son domaine et obtint, par lettres-patentes de 1773 et moyennant finance, la charge peu importante de gouverneur de la ville de Saint-Brieuc. En 1778, il reçut un honneur auquel il dut être sensible et qui, pourtant, était accordé à son nom plus qu'à sa personne : pendant une courte absence de son beau-frère, le baron de La Roche-Bernard, il fut élu président de l'Ordre de la Noblesse aux Etats de Bretagne, réunis à Rennes.

Quelque sévère que soit le jugement porté par l'histoire sur la dernière partie du règne de Louis XV et sur le rôle de la noblesse de cour, qui se rendit, trop souvent, complice des fautes de la royauté, il faut reconnaître que la vertu militaire ne faisait pas défaut aux gentilshommes des provinces, car, si leurs chefs ne savaient plus vaincre, eux, du moins, savaient tous,

comme les Boisgelin, mourir sur le champ de bataille,
ou revenir, glorieusement mutilés, inspirer à leurs cadets le même courage et le même dévouement. Quel
rôle jouaient-ils, en Bretagne, dans les intervalles de la
guerre? Louis-Bruno de Boisgelin va nous l'apprendre.

LOUIS-BRUNO DE BOISGELIN.

Né à Rennes en 1733, Louis-Bruno appartenait à la
branche de Cucé. Bien qu'il ne fût que le troisième fils
de Renaud-Gabriel, il devint le chef de cette branche
de la famille après la mort d'Anonyme, qui avait été tué
à Saint-Cast, et la résignation du droit d'aînesse faite
par Jean-de-Dieu, qui entra dans l'état ecclésiastique.
Nommé, en 1762, colonel des gardes-lorraines, en
1778, chevalier des Ordres du Roi, il était, en 1780,
maréchal-de-camp, maître de la garde-robe, ambassadeur de France à Parme. Il avait épousé une femme
distinguée, Marie-Stanislas-Catherine de Boufflers, dame
d'honneur de Madame Victoire de France, l'une des filles
de Louis XV. Si le comte de Boisgelin occupait à la cour
une position avantageuse par ses dignités, son mérite
personnel et ses alliances, il était encore plus en relief
dans la province de Bretagne, comme baron de La
Roche-Bernard. Nous avons vu comment ce titre lui
donnait le droit de présider, sans être élu, l'Ordre de
la noblesse aux Etats.

La Bretagne était l'une des 16 provinces de France (1)

____

(1) La Bretagne, la Flandre wallone, l'Artois, le Cambrésis, la Bourgogne, le
Languedoc, la Provence, le comté de Foix, le Marzan, le Nébouzan, les Quatre-
Vallées, le Bigorre, le Béarn, la Soule, la Basse-Navarre, le Labourd.

qui avaient eu le rare bonheur de conserver des Etats.
Cette assemblée, convoquée tous les deux ans, depuis
1630, par lettres de cachet du Roi et par missives du
gouverneur, était composée des trois Ordres. L'Eglise
était représentée par 9 évêques, les députés des 9 chapitres, 42 abbés, et présidée par l'évêque du diocèse où
avait lieu la réunion. La Noblesse envoyait ses 9 barons
et tous les gentilshommes, d'une noblesse incontestée,
originaires de la province et y possédant des terres. Le
Tiers-Etat ne comprenait que les députés des 42 principales communautés des villes de Bretagne ; il était pré-
sidé par le sénéchal du siège présidial de la circonscription, lorsque ce magistrat était député ou agrégé.

L'action des Etats était immense, car ils s'occupaient
de toutes les affaires administratives et politiques de la
Bretagne. Dans l'intervalle des sessions, une commission
permanente, dite Commission intermédiaire, régulièrement autorisée en 1733, exécutait les décisions des Etats
et surveillait tout particulièrement la levée des impôts
qui appartenaient à la province et de ceux qu'on payait
au Trésor par voie d'abonnement. Ce mode d'imposition
était bien plus avantageux pour le peuple, puisque la
somme à payer avait été sérieusement débattue, avant
d'être librement consentie ; il était aussi bien plus doux
dans la forme, puisqu'il y avait, dans chaque évêché,
un bureau de la Commission intermédiaire, composé de
trois membres de chaque Ordre, qui avait pour mission de recevoir les plaintes et de réprimer les abus. Il
résultait de cette organisation que l'influence des intendants, si considérable dans les pays d'Election, était
assez restreinte dans les pays d'Etats, et que la Bretagne,
grâce à ses institutions et aussi au caractère énergique

et fier de ses habitants, offrait à la France, en pleine monarchie absolue, le beau spectacle d'un peuple jouissant de sages libertés. Il ne peut entrer dans notre sujet de passer en revue toutes ces libertés, qui attendent leur historien. Nous nous bornerons à indiquer celles dont le comte de Boisgelin s'est montré le vigilant et prudent défenseur, et à esquisser, en même temps, quelques traits de la physionomie des assemblées qu'il a eu l'honneur de présider.

La session de 1778 s'ouvrit à Rennes, le lundi 26 Octobre, dans l'une des salles du couvent des religieux Cordeliers. Suivant l'usage, la noblesse en corps s'était portée, à cheval, au-devant de son président pour le complimenter. Quand les trois Ordres se trouvèrent réunis sur le théâtre, dans la séance d'ouverture, on vit à leur tête les trois présidents : Mgr de Girac, évêque de Rennes ; Mgr le comte de Boisgelin, et messire Léon de Tréverret, sénéchal de Rennes. La présidence d'honneur, dans les assemblées générales, appartenait à l'évêque, en raison de son caractère sacré.

Parmi les officiers des Etats, on remarquait MM. de La Bourdonnaye et de Robien, procureurs-généraux-syndics ; Le Chapelier et Geslin, leurs substituts ; de La Bintinaye, greffier ; Marin-Beaugeard, trésorier ; Barthomeuf, commis.

En présence des trois Ordres, M. de Boisgelin exprima, en fort bons termes, le désir qu'il éprouvait de mériter la confiance et l'estime. Il rappela avec émotion le souvenir de ses deux frères, l'un, tué à Saint-Cast, en défendant son pays ; l'autre, Mgr l'archevêque d'Aix, à qui son état ne permettait pas de jouir des droits de la baronnie. « Né dans cette ville, ajouta-t-il, élevé parmi vous, j'ai l'avantage d'appartenir à ces deux corps respectables qui, composés des membres du même Ordre et partageant les mêmes intérêts, unis par les vertus patriotiques comme par les liens du sang, forment, par leur union même, le plus solide appui des droits du souverain et des franchises de la province. » Un éloge vrai de Louis XVI, les louanges moins méritées du ministre Maurepas, une ferme profession de foi en faveur des libertés bretonnes, sont les traits politiques de ce discours, qui annonçait un esprit sage et conservateur, mais sans faiblesse.

L'entrée des commissaires du Roi eut alors lieu suivant le cérémonial ordinaire. Ces commissaires étaient : Mgr le marquis d'Aubeterre, lieutenant-général et commandant en chef en l'absence de S. A. Mgr le duc de Penthièvre, gouverneur de la province. Un fauteuil lui était réservé sur une estrade élevée de trois marches.

Au côté droit de cette estrade étaient : MM. du Merdy de Catuellan, premier président du Parlement ; de Caradeuc, procureur-général ; du Parc-Porée et du Bourgblanc, avocats-généraux ; de La Tullaye, procureur-général de la Chambre des Comptes de Nantes.

Au côté gauche : MM. Caze de La Bove, commissaire départi pour l'exécution des ordres de S. M. en Bretagne (intendant) et premier commissaire du conseil ; du Guivry, conseiller au Parlement et second commissaire du conseil ; Viard de Mouillemuse et Le Blond de La Tour, trésoriers de France et généraux des Finances. — Tous ces commissaires n'assistaient pas aux séances ordinaires et n'entraient en relation avec les Etats que suivant un mode déterminé, et par voie de conférences.

Les Etats eux-mêmes ne siégeaient pas toujours sur

le théâtre en assemblée générale. Chaque Ordre avait sa chambre de délibérations, et, comme l'ancienne constitution de la France reposait sur la distinction des Ordres, l'ensemble des votes individuels de chaque Ordre ne faisait qu'une voix collective. Les Ordres pouvaient, sans quitter les chambres, se communiquer leurs désirs par l'intermédiaire de députés. Enfin, les Etats, suivant l'usage des assemblées nombreuses, nommaient des commissions spéciales qui se partageaient ordinairement : la chiffrature ; — la liste ; — les finances ; — le commerce et les travaux publics ; — les baux ; — les impositions ; — les étapes et le casernement ; — les affaires contentieuses ; — les contrôles ; — les contraventions ; — les comptes de la commission intermédiaire ; — les dépenses du greffe et les pompes funèbres ; — la visite des malades ; — les députations envoyées aux commissaires, — à la femme du gouverneur, — à celle du président de la noblesse.

Parmi les questions d'intérêt général qui occupaient les Etats à chaque session, se trouvait, au premier rang, la grande affaire du budget. Sans entrer dans le détail de la discussion, il nous paraît cependant utile de publier un budget, afin de donner une idée des ressources financières de la Province, de ses obligations, des impôts que payaient les différentes classes au xviii° siècle et de l'administration qui les régissait. Entre tous les budgets qui furent votés dans les séances où parut M. de Boisgelin, nous prendrons celui de 1781, afin qu'on puisse facilement, au besoin, le comparer à ce fameux compte-rendu de la même année qui révéla, pour la première fois, la situation financière de la France et attira, sur le contrôleur-général Necker, les clameurs et les colères des privilégiés.

Le budget ou état de fonds voté dans la session de
1780 comprenait les recettes et les dépenses des deux
années 1781 et 1782, puisque les Etats ne se réunissaient
ordinairement que tous les deux ans.

RECETTES.

1er Chap.	Grands et petits devoirs (1)	6.230.000^f	
	Impôt et billot (2)	1.800.000	
2e —	Doublement sur les fouages (3)	856.000	
3e —	Gages des officiers des Etats	16.000	
4e —	Droits attribués aux offices créés sur les fouages	632.000	
5e —	Gages des offices supprimés et réunis aux Etats	28.942^l 2^s 2^d	
6e —	Imposition du casernement	1.100.000	
7e —	Impositions abonnées :		

Vingtième (1^r et 2e) (4)   5.995.000^l
Capitation (5)   3.400.000
Milices   832.012^l 11^s
Gardes-côtes   128.000
}   10.355.012^l 11^s

8e-28e —	Rentes et remboursements d'emprunts, de contrats, remise faite par le Roi, etc.	4.971.246^l 14^s 3^d	
24e —	Emprunt ordonné pour le compte du Roi	14.400.000	
	Total	40.389.201^l 7^s 5^d	

(1) Droits levés, au profit des Etats, sur les boissons vendues en détail et servant,
dans le principe, à payer le don gratuit qu'on accordait au Roi.

(2) Droits sur les boissons vendues en détail, payés au Roi par voie d'abonnement
et levés par les fermiers des devoirs : l'impôt, à raison d'une taxe fixe par barrique ;
le billot, à raison du prix de 12 pots par barrique.

(3) Les fouages ordinaires étaient levés, par chaque feu, au profit du Roi, et les
fouages extraordinaires, au profit des Etats, sur les terres roturières non exploitées
par les nobles.

(4) Taxe sur les biens fonds des laïques levée, pour la première fois, le 1er Janvier 1750.

(5) Taxe personnelle, tarifée suivant les classes, mais ne portant pas sur le clergé.

DÉPENSES.

1er Chap. Paiements à faire au Trésor royal :

(Impositions abonnées portées au tableau des recettes ; don gratuit de 2 millions, etc.). 15.545.012ˡ 10ˢ 11ᵈ

2e — Autres dépenses du Trésorier :

(3,000 jetons ou 30 bourses, etc.). 898.121 14 1

3e — Arrérages de rentes. 3.305.202 2 6

4e — Charges des baux (pensions, aumônes, etc.. . . . . 155.400

5e — Gages des officiers des Etats. . . . 235.560

6e — Députations à la Cour et à la Chambre des Comptes. 50.000

7e — Appointements des officiers généraux de la Province :

Gouverneur.. . . . . . . 120.000ˡ
2 lieutenants-généraux. 101.000 } 263.000
3 lieutenants de Roi. . 72.000

8e . — Présidences aux Etats :

Ordre de l'Eglise. . . . 15.000
— de la Noblesse. . 15.000 } 40.000
— du Tiers. 10.000

9e — Gratifications ordinaires. 5.570

10e — Frais divers. 1,750

11e — Gages de la maréchaussée. 117.807 10

12e — Gratifications de la Cour.. . . . . . 25.300

13e — Gages du Parlement.. . . . . . . 59.600

14e — Diverses dépenses. 25.500

15e — Gratifications laissées à la disposition des Etats. 48.000

16e — Dépenses extraordinaires, telles que : casernement, ponts-et-chaussées, haras, mendiants, droits d'amirauté, extinction des dettes, bourses dans les collèges, frais d'impression, remboursement de contrats, emprunt fait pour le Roi, etc. 19.272.344ˡ 3ˢ 10ᵈ

Total des dépenses. . . 40.048.168ˡ 1ˢ 4ᵈ

BALANCE.

Recettes. . . . .   40.389.201^l 7^s 5^d
Dépenses. 40.048.168 1 4
Excédant des Recettes.   341.033^l 6^s 1^d

Il importe de remarquer que ce budget de 40 millions dépasse, de beaucoup, le budget normal, puisqu'il faut en défalquer l'emprunt de 14,400,000 livres conclu pour le compte du Roi, ce qui le réduit à 26 millions, en moyenne, pour deux ans, ou 13 millions par an.

On retrouve malheureusement dans ce tableau, comme dans celui qui fut présenté par Necker, un nombre considérable de pensions et de gratifications, tandis que de grands et utiles services sont relégués au chapitre des Dépenses extraordinaires et n'obtiennent qu'une allocation insuffisante. S'il est inutile d'insister plus longtemps sur des défauts trop saillants, il est juste de faire remarquer que la Bretagne avait réalisé, depuis longtemps, un progrès jusqu'alors inconnu dans l'administration centrale de la France, celui de la publication de son budget. Les Etats exerçaient d'ailleurs un contrôle très-sérieux sur les dépenses du 1er chapitre, qui représentaient à peu près la moitié du budget. De vives discussions s'engageaient parfois à l'occasion du don gratuit, des impositions abonnées, et forçaient souvent la Cour à réduire, pendant la session même, le chiffre de ses demandes.

En dehors de la gestion financière des Etats, il faut ajouter l'*Etat du Roi*, qui se trouvait dans le département d'un intendant des finances et qui produisait une recette annuelle de 5 millions environ, provenant : des droits d'ancrage du Croisic et autres lieux du territoire de Guérande ; des fouages ordinaires ; de la crue du prévôt des maréchaux, originairement destinée au paiement de la maréchaussée ; du taillon payé, par chaque feu, pour une partie de l'entretien de la maréchaussée ; des marches communes (paroisses enclavées entre la Bretagne, le Maine et l'Anjou, qui achetaient le maintien de leurs priviléges) ; des aides des villes, ou exemption de fouages ; des garnisons, ou impôt destiné à payer le logement des gouverneurs et états-majors des places ; de la douane ; du domaine et du contrôle des actes ; des droits établis sur les cuirs, sur les cartes, les papiers et cartons, la poudre ; de la vente exclusive du tabac ; de la paulette ; des décimes ordinaires et extraordinaires du clergé, etc.

Si l'on réunit les 5 millions de l'Etat du Roi et les 13 du budget des Etats, on voit que la Bretagne, vers la fin du XVIIIe siècle, contribuait, chaque année, aux charges publiques, pour une somme de 18 millions environ, dans laquelle on doit comprendre l'intérêt et l'amortissement de la dette qui s'élevait, en 1783, à 50 millions.

Parmi les questions politiques que discutèrent les Etats pendant les sessions de 1778 et de 1780, nous en trouvons deux fort importantes : la libre élection des députés à la Cour et à la Chambre des Comptes ; — la surveillance des octrois des villes. M. de Boisgelin joua un rôle actif dans la première question surtout, que l'on regardait, à bon droit, comme l'une des bases de la constitution des Etats.

Les Etats avaient joui, pendant longtemps, du droit d'élire leurs députés à la Cour et à la Chambre des Comptes. La première de ces députations devait présenter au Roi le cahier des très-humbles remontrances des Etats et suivre, de concert avec l'un des procureurs-généraux-syndics, les affaires pendantes au Conseil de Sa Majesté ; la seconde devait assister à l'audition des comptes rendus, par le trésorier des Etats, à la Chambre des Comptes de Bretagne.

Les guerres de la Ligue, les conspirations des grands seigneurs sous Richelieu et Mazarin, avaient engagé Louis XIV à augmenter les attributions de son Conseil et à diminuer celles des gouverneurs des provinces. Les nouveaux gouverneurs, plus soumis au pouvoir central, usurpèrent peu à peu le droit de recommander des candidats à la députation. Dans le principe, ils se bornèrent à solliciter des suffrages, et, plus d'une fois, ils échouèrent dans leurs entreprises. Mme de Sévigné nous a laissé de curieux détails à propos de la recommandation promise à son fils par M. le duc de Chaulnes. M. de Sévigné ne fut pas nommé : de là, les plaintes et les gémisséments de sa mère, qui sont devenus, pour nous, non-seulement un modèle du genre, mais aussi une page intéressante de l'histoire politique de la Bretagne au xviie siècle. — A la place des gouverneurs, qui restèrent à la Cour, Louis XIV envoya bientôt des commandants, dont il se servit pour attaquer les priviléges des Etats. Ces commandants parvinrent à introduire un usage favorable à la recommandation, celui de faire nommer les députés d'un Ordre par les suffrages des deux autres. En vain les Etats réclamèrent-ils : le duc d'Orléans, régent, leur déclara que l'intention du Roi était que les députés fussent nommés comme ils l'avaient été dans les dernières assemblées.

Les Etats protestèrent enfin d'une manière éclatante : le 18 Décembre 1776, ils élurent librement des députés et un procureur-général syndic. Les commissaires ayant déclaré que les ordres de Sa Majesté étaient formellement contraires à cette prétention, les Etats firent défense, le 27 Décembre, au procureur-général-syndic d'agir sans le concours des députés, et au greffier de délivrer expédition des charges et remontrances à d'autres qu'à ces députés ; et, comme ils ne pouvaient faire admettre ces derniers, ils élurent des procurateurs pour aller soutenir à la Cour leur droit de libre nomination.

Dans l'intervalle des sessions, les présidents des trois Ordres intervinrent auprès des ministres, et la Commission intermédiaire publia un mémoire dans lequel elle appelait « déni de justice et contraire au droit naturel » la défense de partir faite aux procurateurs. Cette vive opposition irrita la Cour, et, le 1er Mars 1777, un arrêt du Conseil cassa les délibérations des Etats relatives à la nomination des députés. Un des considérants de l'arrêt s'appuie sur « la nécessité de maintenir l'ordre et de mettre obstacle aux actes de violence dont les effets avaient été funestes à quelques membres de la noblesse.»

La situation était donc délicate, lorsque s'ouvrit la session de 1778. L'évêque de Rennes et M. de Boisgelin se montrèrent, chacun dans son Ordre, fermes sur les principes, mais pleins de prudence dans la conduite, ménageant à la fois la Cour et les Etats ; aussi un témoin oculaire dit-il (1), en racontant les phases diverses de l'incident, que « généralement le président de l'Eglise parla savamment et très-courtement ; celui de la

---

(1) Ce témoin est, suivant toute apparence, un député du Clergé. Nous devons la communication de son Journal, utile complément des documents officiels, à M. Hte Raison du Cleuziou, qui a mis à notre disposition, avec une grâce parfaite, toutes les richesses de son cabinet.

Noblesse, encore moins. » Les commissaires du Roi se bornèrent à demander un Mémoire sur la question, en promettant de le transmettre à la Cour.

Dans la séance du 31 Décembre, M. de Boisgelin, pressé par de fâcheuses insinuations, déclare qu'il ne veut profiter, pour être nommé député, ni de l'usage qui accorde cette position à tout baron présidant pour la première fois, ni de la recommandation que lui a offerte Son Altesse le duc de Penthièvre, et qu'il a cru de son devoir de refuser. Les Etats, charmés du désintéressement de leur président, le prient d'accepter la recommandation, afin de soutenir plus facilement le droit des Etats.

L'accord ayant eu lieu sur la marche à suivre, M. le marquis d'Aubeterre demanda l'entrée aux Etats. Il vint, mais non pas précédé des autres commissaires, suivi du nombreux cortége que doit avoir le représentant d'un monarque. Les Etats n'envoyèrent pas, pour le recevoir, la députation ordinaire de six membres de chaque Ordre ; ils ne se levèrent point à son approche. Le commandant en chef parut seul, comme un simple particulier, recommanda au choix des Etats MM. l'évêque de Léon, de Boisgelin et Kervastoué, sénéchal de Moncontour ; puis, il se retira, et les Ordres allèrent aux chambres sans avoir paru remarquer l'incident.

Les candidats recommandés furent nommés, ainsi qu'il avait été convenu, et, pendant leur députation, ils obtinrent des ministres quelques espérances qui ne furent pas réalisées ; aussi, dans la session de 1780, les Etats votèrent-ils l'impression du Mémoire qui avait été présenté par leurs députés, afin qu'il restât, du moins, un monument de leur énergique résolution. Des remer-

ciments furent adressés en particulier à M. de Boisgelin,
pour le concours efficace qu'il avait prêté.

Un arrêt du 4 Novembre ayant conservé le principe
de la recommandation, un violent tumulte éclata dans
l'assemblée et fut suivi des protestations ordinaires.

En 1782, le conflit n'était point encore terminé. Le
21 Février de cette année, M. de Boisgelin, pour répondre à une demande de concours que lui avaient faite
Messieurs de la Commission intermédiaire, leur adressa
une lettre qui résume, d'une manière calme et nette, le
point de droit en question et annonce de nouveaux efforts combinés avec ceux de la Commission. Laissons
un moment, à l'exemple de la Cour, l'affaire en suspens,
pour suivre une discussion sur les octrois des villes, qui
s'était développée parallèlement à celle de l'élection des
députés et qui fut résolue, le même jour, par l'autorité
royale.

Le débat engagé à propos des octrois des villes était
plus grave qu'il ne semblait l'être au premier abord :
on établissait, en effet, à cette occasion, comme un point
du droit constitutionnel de la Bretagne, qu'aucune levée
de deniers ne pouvait avoir lieu sans le consentement
des Etats. Or, les preuves de ce droit étaient nombreuses
et authentiques. C'étaient d'abord les lettres-patentes
données par François Ier, en 1532, et reconnaissant le
principe général : « qu'aucune somme de deniers ne
puisse être imposée, si préalablement elle n'a été de-
mandée aux Etats et par eux octroyée » ; puis, l'édit spécial rendu par Charles IX, en 1561, afin que les comptes
des *miseurs* (receveurs municipaux), qui jusqu'alors
n'avaient été fournis qu'aux villes intéressées, fussent
désormais présentés aux Etats, tous les trois ans ; il y

avait, enfin, de nombreuses oppositions faites par les Etats à la levée d'octrois qu'ils n'avaient point consentis, et plusieurs décisions du Conseil qui étaient favorables à leurs prétentions.

La jurisprudence semblait donc bien établie, lorsque, le 10 janvier 1686, le Roi décida que les miseurs des villes présenteraient leur gestion à la Chambre des Comptes de Bretagne, malgré les protestations des Etats, qui firent observer, avec raison, que les épices (frais de justice) absorberaient une partie du produit. Les villes furent ainsi placées sous la main des intendants, qui seuls purent autoriser les paiements par des ordonnances.

En 1714, le droit des Etats reçut une atteinte plus profonde, et leur consentement ne parut plus nécessaire à la Cour pour la levée des Octrois. Les Etats protestèrent et inscrivirent désormais leurs réclamations à l'article 9 du cahier de leurs Remontrances. En 1774, ils prirent, à ce sujet, une délibération plus solennelle encore, et, dès lors, les deux questions : liberté d'élection des députés, consentement des Etats à la levée des impôts, se trouvèrent intimement liées, parce que des hommes librement choisis pouvaient seuls, dans l'opinion des Etats, soutenir énergiquement les libertés nationales.

La session de 1778, que présidait M. de Boisgelin, fut orageuse. Elle débuta par le refus que fit l'intendant de communiquer officiellement les pièces nécessaires à l'examen des finances des villes. Dans cette circonstance, le Tiers se sépara des deux autres Ordres, défendit à ses membres de prendre la parole dans la discussion, qu'il déclarait inutile, et manda même des notaires pour obtenir acte de son avis, que les autres Ordres avaient refusé d'inscrire sur les registres. On le blâma de fuir la lumière ; on le traita de *révolté* ; et M. de Boisgelin, en particulier, lui reprocha vivement son obstination.

L'accord fut rétabli entre les Ordres, quand il fallut attaquer les lettres-patentes publiées, le 24 Mai 1778, pour la continuation d'un impôt prélevé par le Roi sur les villes, depuis 1724, et connu sous le nom d'*octrois municipaux*. Le Gouvernement le réclamait comme une part du bénéfice que le séjour des troupes procurait aux villes. Ce genre d'impôt, qui ne s'élevait pas, eu Bretagne, à plus de 80,000 livres, chaque année, prouve assez le vice fondamental de l'ancien système financier, qui, ne reposant point sur une base large et équitable, avait recours à des moyens odieux et trop multipliés. A quoi la Cour fut-elle, en effet, réduite, par suite de l'opposition des Etats à la levée de cet impôt? Elle le suspendit provisoirement ; mais, par représailles, elle retrancha une somme de 200,000 livres d'une *remise* qu'elle avait l'habitude de faire sur l'ensemble du budget voté, ce qui constituait encore un singulier moyen d'administration. On alla même, dans la session de 1780, jusqu'à promettre une diminution de 2,200,000 livres, « si le Roi est satisfait des Etats dans la manière de traiter les affaires. »

Cette conduite de la Cour produisit un tel effet, que les Etats ordonnèrent à leur procureur-général-syndic de former opposition, devant le Parlement, à la levée des octrois municipaux, en déclarant concussionnaire quiconque oserait l'entreprendre. Le Conseil d'Etat, à son tour, cassa l'opposition faite devant le Parlement et blâma les Etats de n'avoir pas envoyé le mémoire qui leur avait été demandé. Le marquis d'Aubeterre, chargé de communiquer l'arrêt, le fit les larmes aux yeux, et la session de 1778 finit au milieu des applaudissements des Etats, qui étaient également satisfaits de leur propre énergie et de la sensibilité du commandant en chef.

Au début de la session de 1780, le Roi, voulant donner aux Etats une preuve de sa bienveillance, admit que les comptes des octrois fussent examinés par une commission composée des trois premiers commissaires de Sa Majesté et des présidents des trois Ordres, mais sans préjudice de la présentation à la Chambre des Comptes. Le 11 Janvier 1781, les Etats supplièrent le Roi d'adjoindre à la commission un membre de chaque Ordre, librement élu. Après la clôture de la session, la Commission intermédiaire publia, le 27 Avril, un mémoire où l'on trouve des preuves nombreuses et solides du droit des Etats. Ce droit y est déclaré, de nouveau, constitutionnel, national, imprescriptible. Au mémoire de la Commission succéda la déclaration du Roi, du 1er Juin 1781, qui fut enregistrée, d'autorité, au Parlement de Bretagne. Il y est dit que : « les octrois sont, après mûr examen, des taxes volontaires que les habitants des villes s'imposent pour subvenir à leurs propres besoins; que, si le contrôle des Etats a été quelquefois admis, des vues supérieures d'administration portent le Roi à reprendre le droit qui appartient à lui seul; que la surveillance et l'inspection des finances des villes par les Etats sont contraires à l'autorité du souverain et au principe de l'établissement des communes, qui doivent se régir par elles-mêmes, sans qu'il y ait de pouvoir intermédiaire entre elles et le monarque. » — Il n'y avait donc rien de changé aux dispositions de la Cour. Au mois de Janvier 1783, le Roi consentit bien à l'adjonc-

tion de trois membres élus, mais à condition que les
six voix des Etats ne comptassent que pour trois et que
la prépondérance restât aux commissaires. Les Etats ne
purent accepter une pareille solution, et continuèrent à
regarder les actes d'autorité comme des surprises qui
étaient faites à la justice du Roi, et qui ne pouvaient
altérer les droits attachés à leur constitution.

Un des motifs de la résistance de la Cour au vœu des
Etats était le dissentiment survenu entre les trois Ordres.
Dès que le Tiers, mieux inspiré, se fut rallié aux désirs du
Clergé et de la Noblesse, le succès de la demande commune ne fut plus douteux. Louis XVI, dont le cœur
généreux, livré à ses propres inspirations, ne pensait
qu'au bien de ses sujets, résolut de laisser aux Etats de
Bretagne cette liberté complète qu'il avait rendue au
Parlement, dès le commencement de son règne. Ce fut
pendant la session de 1784 qu'eut lieu ce bel hommage
de la royauté française aux libertés bretonnes. Le 10
Décembre, l'évêque de Léon annonça le succès des réclamations relatives à l'élection des députés et à la levée
des octrois. La lettre du Roi, transcrite au registre des
délibérations, mérite d'être reproduite :

LETTRE DU ROI AUX ÉTATS.

« Les témoignages que les Etats de ma province de
Bretagne m'ont donnés, depuis qu'ils sont assemblés,
de leur respect, de leur soumission et de leur zèle, m'ont
déterminé à leur laisser l'entière liberté du choix de
leurs députés, tant auprès de moi qu'à la Chambre des
Comptes de Nantes, en y procédant dans les quinze
premiers jours de leur assemblée. J'ai donné mes ordres

pour autoriser mes commissaires à retirer, à cet effet, les arrêts de mon Conseil du 1er Mars 1777 et du 4 Octobre 1780.

» Je veux bien aussi que les villes continuent de se pourvoir aux Etats pour l'obtention de leurs octrois, suivant leur ancien usage, et qu'elles leur rendent compte de l'emploi desdits octrois à leur destination. J'expliquerai mes intentions à cet égard par une déclaration adressée à mon Parlement de Bretagne. »

Les Etats furent pénétrés de reconnaissance pour une mesure qui, en les rétablissant dans l'exercice de leurs droits, leur donnait lieu d'espérer que d'autres représentations, faites pour recouvrer la jouissance des domaines et contrôles, seraient également couronnées de succès. Désireux de donner une preuve éclatante de leurs sentiments, ils votèrent une adresse au Roi et l'érection d'une statue de Sa Majesté. — Ainsi fut renouée, d'une manière légale et digne, l'alliance entre la royauté et les Etats de Bretagne, alliance utile au bonheur et au soulagement des peuples et qui concordait si heureusement avec l'apparition, sur la scène politique, des Assemblées des Notables, dans les pays d'Election.

Avant de terminer cet exposé de la lutte et des victoires des Etats sur deux points importants, il nous reste à dire encore un mot de l'attitude que le Tiers avait prise dans les sessions de 1778 et de 1780. Nous avons déjà vu, à propos des octrois, combien cette attitude avait différé, à son désavantage, de celle des deux autres Ordres. Elle fut plus nette, plus significative, au point de vue politique, dans un débat sur la capitation. Le Tiers refusait de voter cet impôt, parce que la Noblesse, disait-il, ne payait que 100,000 livres

sur 1,800,000, et qu'une répartition aussi dispropor-
tionnée le forçait enfin d'élever la voix pour le peuple,
dont il était le représentant. Ces derniers mots excitè-
rent de violentes rumeurs. Le chevalier de Guerry rappela durement au Tiers son admission dans l'Assemblée
nationale : « Vous êtes, lui dit-il, le représentant des
communautés des villes et rien de plus. La noblesse
entre aux Etats comme noblesse, par le droit du sang
et comme propriétaire de fief. A ce dernier titre, elle a
toujours représenté éminemment ses vassaux et soutenu
leurs intérêts. » L'évêque de Rennes émit des idées ana-
logues sur les droits et la dignité de l'Ordre de l'Eglise.

Ces orateurs, si vigoureux et si logiques quand ils
réclamaient le droit de nommer librement leurs députés
à la Cour, ne songeaient pas, en siégeant aux Etats par
le privilége de la naissance et des fonctions, que ces
vassaux qu'ils croyaient « représenter éminemment »
n'avaient pas même été consultés. Le Tiers, il est vrai,
n'avait pas le droit de se dire le représentant du peuple
plus que les deux autres Ordres, puisqu'il formait comme
eux une classe privilégiée ; mais, du moins, il deman-
dait que ces priviléges fussent étendus à la nation entière
et qu'ils devinssent ainsi la liberté pour tous.

M. de Boisgelin prouva, plus d'une fois, dans la discussion, qu'il partageait les idées politiques de son Ordre :
il voulait le maintien et non le développement des institutions de la Bretagne ; et, comme il était d'ailleurs
d'un caractère prudent, il jugea convenable de s'effacer,
à mesure que le mouvement de rénovation se dessinait,
perdant ainsi, aux yeux de la postérité, la place élevée
que donnent aux hommes énergiques la résistance ou
la marche en avant.

C'est ainsi qu'il passa, presque oublié, aux Etats de 1786, où il avait cependant l'honneur de présider la Noblesse. Une seule fois, il se trouva engagé dans une situation assez délicate. Les Etats ayant demandé une diminution de l'impôt du vingtième, la Cour la refusa, et M. de Montmorin, commandant en chef, pria verbalement M. de Boisgelin de se rendre chez lui avec les deux autres présidents, afin qu'il leur transmît la réponse. L'évêque de Rennes, Mgr de Girac, fit entendre que, comme particulier, il serait toujours plein d'égards pour le commissaire du Roi, mais que, comme président d'Ordre, il croyait de son devoir d'attendre un avis ou une invitation par écrit. Le chevalier de Trémargat ayant proposé de blâmer l'évêque qui, pour un point de forme, avait arrêté, disait-il, l'activité des Etats, plus de deux·cents gentilshommes protestèrent avec indignation, ajoutant que, s'il y avait un blâme à infliger, c'étaient les autres présidents qui méritaient de le recevoir. La conduite que l'évêque avait tenue dans cette circonstance lui fit le plus grand honneur.

Dans les premiers jours de l'année 1787, des ordres de la Cour convoquèrent à Versailles plusieurs députés, afin de s'occuper, dans la première assemblée des Notables, « du soulagement des peuples, de l'ordre des finances et de la réformation de quelques abus. » Cette nouvelle agita vivement les esprits. Sur le rapport d'une commission spéciale, les Etats déclarèrent que, les députés étant convoqués par des lettres de cachet personnelles, on ne devait pas leur donner d'instructions, mais simplement les charger de dire, avant d'émettre aucun avis, qu'ils n'avaient point reçu de mission des Etats. L'Assemblée des Notables se réunit le 22 Février

1787. On voit figurer sur la liste de ses bureaux : les trois députés du Clergé, de la Noblesse et du Tiers-État de Bretagne, le procureur-syndic de Nantes, le premier-président et le procureur-général du Parlement de Rennes.

La première assemblée des Notables inspira le goût et le besoin des réunions politiques ; mais elle ne remédia point aux maux du pays. Après la chûte de Calonne, le nouveau ministre, M. de Brienne, frappa des coups d'autorité, en exilant le Parlement de Paris, en faisant enregistrer d'office, au Parlement de Bretagne, de nouveaux édits qui modifiaient l'administration de la justice, contrairement aux priviléges de la province. M. de Botherel, procureur-général-syndic, au nom des Etats, tous les tribunaux, tous les corps constitués, envoyèrent au Parlement des adresses et des protestations. Un arrêté de la Noblesse, du 9 Mai, signé par 1,406 gentilshommes, déclara infâmes ceux qui pourraient accepter quelques places, soit dans l'administration nouvelle de la justice, soit dans les administrations des Etats qui ne seraient pas avouées par les lois constitutionnelles de la province. Dans un autre mémoire, du 5 Juillet, la Noblesse proclamait hautement l'utilité des Parlements : « L'assemblée des Notables, était-il dit, en révélant le désordre qui régnait dans les finances, a excité le zèle des Parlements. Ils ont eu le courage d'avouer que les droits dont ils usaient, depuis trop longtemps, n'appartenaient qu'à la nation. » Plus loin, on remarque encore ces fortes paroles : « Vos ministres, Sire, vous ont trompé. Tous deux sont criminels. »

Cette période de 1788 mit en relief les qualités militantes de la noblesse de Bretagne. Le simple gentil-

homme quittait sa charrue pour venir défendre les libertés provinciales, et cette affluence de noblesse, qui
accourait de toutes parts dans les dangers, donnait aux
Etats une apparence de force qui intimidait le ministère et entraînait la France. Non contents de délibérer,
les gentilshommes bretons envoyèrent douze des leurs
porter leurs réclamations au pied du trône. C'était une
généreuse, mais imprudente erreur, car cette réunion
n'avait point de caractère légal, et d'ailleurs, en agissant
seule, la Noblesse fournissait aux autres partis un pré-
cédent funeste. La Cour le comprit et les douze députés
furent emprisonnés.

La Bretagne tout entière se leva pour leur délivrance,
et, cette fois, 53 députés, appartenant aux trois Ordres,
vinrent demander justice au Roi. M. de Boisgelin, qui
avait laissé le doyen de la Noblesse, M. de Champsavoye,
diriger le mouvement en Bretagne, offrit, à Paris, ses
bons offices ; et, comme la Cour, suivant sa politique
versatile, opérait, en ce moment, un mouvement rétro-
grade, la députation bretonne obtint la liberté des détenus, le rappel du Parlement de Rennes, et fut, en
outre, l'objet d'une ovation éclatante. Pendant une visite
solennelle faite par la députation au Parlement de Paris,
le 24 Septembre, jour de sa rentrée, une foule immense
criait : « Bravo les Bretons ; chapeau bas pour la députation de Bretagne ! » Les tambours battaient aux champs
et les soldats présentaient les armes. Ce fut un beau moment pour la Bretagne, que celui d'une pareille victoire
gagnée par l'énergie de ses enfants, et surtout par leur
concorde. Mais ce grand jour n'eut pas de lendemain.

La présence périodique des Etats dans les principales
villes de la province, leurs luttes fréquentes avec la Cour

avaient habitué les Bretons, ces vieux amis de la liberté,
à discuter les intérêts communs, et maintenant de nouveaux combattants voulaient entrer dans l'arène. Les
municipalités s'étaient assemblées pour développer l'impulsion reçue de Paris et avaient précisé davantage les
instructions de leurs députés : il s'agissait surtout d'obtenir pour le Tiers-Etat une représentation plus nombreuse et plus libre. Telle était la disposition des esprits
lorsque les Etats se réunirent à Rennes, le 29 Décembre
1788.

Dès le début, le Tiers refusa de nommer un membre
dans la commission de la chiffrature avant d'avoir obtenu la concession qu'il sollicitait. Les deux premiers
Ordres promirent d'examiner ses demandes, mais après
avoir assuré le service de la commission. De part et
d'autre, on s'obstinait à régler une question de forme,
quand on était bien près de s'accorder sur le fond. La
noblesse bretonne, surprise de la sommation que lui
faisait le Tiers-Etat, au moment où elle venait de rendre
au pays des services signalés, crut voir une conspiration
injustement organisée contre elle et refusa de céder. Le
Tiers, inébranlable dans sa résolution, se retira le 9
Janvier et soumit sa conduite à ses électeurs, conformément à un arrêt du Conseil ; mais le Parlement, faisant
cause commune avec l'Eglise et la Noblesse, décréta
d'ajournement personnel les syndics des paroisses. Un
abîme fut dès lors creusé entre les deux partis. Les
scènes regrettables qui ensanglantèrent la ville de Rennes
les 26, 27 Janvier et jours suivants, et qui rendirent
nécessaire l'intervention de la force armée, augmentè-
rent la défiance entre des hommes qui étaient faits pour
s'entendre. Il n'y eut plus, dès lors, d'action commune.

On vit ainsi, le 14 Février, le Tiers-Etat se réunir à
Rennes, d'après les ordres de la Cour, et accorder, par
acclamation, pour l'année 1789 seulement, l'impôt déjà
voté par les deux autres Ordres. Le même jour, une
députation de l'Eglise et de la Noblesse exprimait au
Roi ses douloureuses émotions, et le comte de Boisgelin, au nom de son Ordre, protestait contre la violation
des formes constitutionnelles et contre les imputations
qui poursuivaient la Noblesse, depuis les scènes de Janvier.

Quand le Roi se fut décidé à convoquer les Etats-Généraux, en donnant au Tiers une représentation égale à
celle des deux autres Ordres, il reconnut, par suite de
la division des esprits, l'impossibilité d'abandonner aux
Etats de Bretagne, suivant l'ancien usage, l'élection des
députés aux Etats-Généraux. Il résolut donc d'introduire
dans cette province le système adopté pour le reste de
la France. Tous les hommes du Tiers, bourgeois et paysans, se réunirent, le 1er Avril, dans les 25 sénéchaus-
sées de Bretagne et nommèrent les 44 députés qu'il leur
avait été permis de choisir. Les deux autres Ordres,
assemblés à Saint-Brieuc, le 16 Avril, par lettres du Roi,
demandèrent la convocation des Etats provinciaux, en
se déclarant prêts à consentir, mais dans les Etats seulement, « à une représentation plus étendue des Ordres
de l'Eglise et du Tiers ; à une égale répartition des impositions sur tous les membres des trois Ordres, pro-
portionnellement à leurs facultés, de quelque nature
qu'elles soient. »

L'histoire doit tenir compte de tout noble sacrifice,
et celui-ci est certainement du nombre ; mais il resta
sans fruit, parce que l'heure propice avait sonné aux

Etats de 1788 et qu'on ne l'avait pas entendue. Déçus dans leur dernière espérance par la réponse que leur fit le commandant en chef, M. le comte de Thiard, les deux Ordres protestèrent contre le mode de nomination aux Etats-Généraux, l'Eglise, le 20 Avril, par la voix de l'évêque de Rennes ; la Noblesse, le 19 Avril, par l'organe de M. de Boisgelin, qui fut chargé d'envoyer des copies de la protestation, signées de lui, aux princes du sang, au garde-des-sceaux et aux présidents des trois Ordres des Etats-Généraux. Le Tiers-Etat et le Clergé inférieur furent donc les seuls représentants de la Bretagne aux suprêmes assises de l'ancienne monarchie.

Cette protestation de M. de Boisgelin fut le dernier acte de sa vie politique. Il a gardé jusqu'à la fin le serment de nos ancêtres : vivre et mourir sous l'empire des lois, anciens droits et usages. A coup sûr, cette maxime convient peu à notre siècle, amoureux de nouveautés hardies et souvent fécondes ; mais, si l'on n'approuve pas entièrement la conduite du gentilhomme breton, il est difficile aussi de ne pas admirer cette foi robuste qui croyait les vieilles institutions bonnes pour les fils, parce qu'elles avaient donné la liberté à leurs pères. M. de Boisgelin a eu, d'ailleurs, un mérite qu'il faut apprécier : il a donné sa vie pour ses croyances. Confiant dans la loyauté des hommes dont il ne partageait pas les intentions, il ne voulut pas quitter la France, et vécut, au milieu des plus mauvais jours, sans participer aux tentatives de réaction. Arrêté cependant comme conspirateur, il fut traduit devant le tribunal révolutionnaire et condamné à mort le 7 Juillet 1794, vingt jours avant la chûte de Robespierre. Le même jour, furent exécutés sa noble femme et son cousin, le

vicomte Gilles-Dominique de Boisgelin de Kerdu, ancien colonel du régiment de Forez, qui avait été arrêté
au Hàvre, où il s'était retiré depuis 1792. Un frère du
vicomte, Thomas-Pierre-Antoine, vicaire-général de
l'archevêque d'Aix, ancien agent-général du clergé, avait
déjà péri massacré, en Septembre 1792, à l'abbaye de
Saint-Germain-des-Prés.

JEAN-DE-DIEU DE BOISGELIN.

Né à Rennes en 1732, Jean-de-Dieu-Raymond de
Boisgelin de Cucé se destina, de bonne heure, à l'état
ecclésiastique. La mort de son frère Anonyme, tué à
Saint-Cast, en lui donnant de grands biens et surtout
la baronnie de La Roche-Bernard, lui ouvrait dans le
monde une voie brillante et pleine d'avenir ; mais il
refusa d'y entrer, et abandonna son droit d'aînesse à
son frère, Louis-Bruno, dont nous avons fait connaître
le rôle politique en Bretagne.

Si le jeune de Boisgelin renonça volontairement aux
honneurs qui l'attendaient dans sa province natale, il
ne put échapper à ceux que son Ordre lui prépara sur
un plus vaste théâtre. Au milieu de la crise sociale qui
transformait la France, l'Eglise avait, plus que les deux
autres Ordres, une situation délicate, parce qu'elle formait un corps à la fois politique et religieux. Il lui fallait donc des hommes éminents et habiles pour défendre
ses priviléges, sans nuire à la foi catholique, qu'il était
de son devoir d'annoncer aux hommes du Tiers aussi
bien qu'à ceux de la Noblesse. Or, Boisgelin se révéla,
de si bonne heure, administrateur, écrivain, orateur,

que ses talents, plus encore que sa naissance, le portèrent rapidement aux premiers rangs et aux postes les
plus difficiles.

Nommé d'abord grand-vicaire de Pontoise, puis de
Rouen, il était, à l'âge de 33 ans, évêque de Lavaur, au
pays d'Albi. Toutes les biographies modernes, et en particulier la *Biographie bretonne*, dans un excellent article
dû à M. Levot, ont raconté la vie publique de M. de
Boisgelin. Nous nous bornerons, par suite, à l'aide de
ces travaux et surtout du *Moniteur,* à mettre en relief
ses principales qualités, afin de lui assurer la place
d'honneur qu'il doit.incontestablement occuper dans sa
famille.

Le passage de M. de Boisgelin aux Etats du Languedoc, où il siégea en qualité d'évêque de Lavaur, valut à
cette province la construction de plusieurs monuments
d'utilité publique. Devenu, en 1770, archevêque d'Aix
et, comme tel, président des Etats de Provence, il as-
suma, sans hésiter, l'effrayante responsabilité que lui
donnait sa charge dans les circonstances les plus critiques, et notamment pendant la disette qui provoqua,
dans la ville d'Aix, une sédition terrible. Boisgelin sut
rétablir l'ordre et assurer le service des subsistances;
aussi, devenu l'âme et l'idole de cette province, investi
d'une autorité sans limites, il en profita pour renouveler
l'administration, faire des fondations utiles qui ont rendu
son nom populaire, développer l'agriculture, les travaux publics, le commerce et les lettres. Il avait réelle-
ment l'intuition de l'avenir, cet archevêque qui prélu-
dait légalement aux réformes nécessaires, et qui portait
une main hardie, mais non dangereuse, sur certains abus
financiers dûs aux priviléges du clergé et de la noblesse.

En même temps que la Provence bénissait dans M. de Boisgelin l'administrateur, la France apprenait à connaître l'orateur et l'écrivain. Ses oraisons funèbres de Stanislas, roi de Pologne, de Mme la Dauphine, son discours sur le sacre de Louis XVI, lui ouvrirent, en 1776, les portes de l'Académie Française ; mais il est à regretter que quelques auteurs aient pu attribuer, sans être contredits, à ce moment de la vie de M. de Boisgelin, des poésies légères qui contrasteraient péniblement, s'il en était l'auteur, avec le caractère connu de l'homme public, le caractère sacré de l'archevêque et même la rénovation morale que le vertueux Louis XVI favorisait de tout son pouvoir. Il ne suffit pas cependant que M. de Boisgelin ait traduit les *Héroïdes* du galant Ovide pour qu'on charge sa mémoire de compositions douteuses, que ne pourraient excuser ni l'âge de l'auteur, ni ce culte des Muses latines qui séduisait bien des membres du clergé, et qui perpétuait encore parmi eux, au xviiie siècle, quelques traditions païennes de la Renaissance. D'ailleurs, si l'histoire impartiale doit constater quelquefois, avant la Révolution, des contradictions étranges entre la pureté de la doctrine catholique et les tendances profanes de quelques-uns de ses ministres, il faut se hâter toutefois de reconnaître qu'au moment où la main de Dieu s'est appesantie sur lui, le haut clergé de France s'est senti transformé, et a recouvré, dans l'épreuve, les vertus qui font aujourd'hui son honneur et sa force. M. de Boisgelin appartient à cette troupe généreuse ; aussi, est-ce dans la lutte que son rôle va grandir.

Il avait eu jusqu'alors le rare bonheur de vivre dans des pays d'Etats : la Bretagne, le Languedoc, la Provence, au milieu d'institutions libres qui préparaient admirablement les hommes à de nouvelles conquêtes. M. de Boisgelin se fit remarquer à l'Assemblée des Notables de 1787 par le même esprit libéral qui avait animé son administration en Provence. Loin d'imiter le Clergé et la Noblesse de Bretagne, qui s'étaient retirés de la lutte en 1789, Boisgelin croyait, sans doute, qu'un grand parti ne doit pas abdiquer tant qu'il lui reste le terrain légal de la discussion, car il accepta le mandat de député de la sénéchaussée d'Aix, pour l'Ordre du Clergé, aux Etats-Généraux.

Son attitude aux Etats-Généraux fut empreinte d'un caractère remarquable de netteté, de conciliation, de dignité. Quand on lit ses discours, on y trouve une éloquence vraie, une âme émue par le sentiment d'une grande responsabilité, par le spectacle des besoins et des dangers d'un pays bien-aimé. La première fois que M. de Boisgelin prit la parole, ce fut le 17 Juin, pour soutenir le principe de la séparation des Ordres. Lorsque l'idée contraire eut triomphé, Bouche, député de la sénéchaussée d'Aix, dénonça l'archevêque, son collègue, comme infidèle à son mandat ; mais l'Assemblée, voulant donner une marque de déférence au clergé, arrêta, par acclamation, qu'il serait sursis à la motion de M. Bouche, « afin de conserver le bon augure de la réunion totale. » M. de Boisgelin expliqua sa pensée avec une vive émotion : c'était le cri de sa conscience, dit-il, mais non une protestation qu'il avait fait entendre, et son respect pour l'avis de la majorité était si vrai qu'il soutint, le 29 Juillet, la nécessité de voter à la pluralité des voix, dans un discours qui fut couvert d'applaudissements.

Dans la nuit mémorable du 4 Août, il dépeignit avec énergie les maux de la féodalité et les abus provenant de l'extension arbitraire des impôts. Dans les séances suivantes, il signa, l'un des premiers, l'abandon des dîmes, réclama le principe de la division des pouvoirs, la né-cessité de définir les droits des citoyens. « Il faut, dit-il, que tous les citoyens participent également à l'établissement et au maintien de la puissance publique. Un homme ne commande aux autres que par l'emprunt et l'emploi de leur puissance. » Dans une discussion sur l'impôt de la gabelle que la Bretagne n'avait jamais payé, il dit encore : « Je regarde les priviléges des provinces comme une conservation des droits naturels de tous les citoyens. Au lieu de les supprimer, il fallait les donner à celles qui ne les avaient pas. »

Cette large entente des besoins de la société moderne valut à M. de Boisgelin l'honneur de présider l'Assemblée nationale. Pendant qu'il occupait le fauteuil, lord Stan-hope, beau-frère de Pitt, fut chargé par un comité, com-posé des hommes les plus distingués d'Angleterre, de féliciter l'assemblée française au sujet des réformes qu'elle accomplissait. Un membre ayant proposé de charger le comité de rédaction de répondre à lord Stan-hope, Mirabeau tonna contre cette proposition, dit le *Moniteur*, et ajouta « qu'il aurait fallu choisir pour faire cette réponse celui qui remplit les fonctions de la pré-sidence, si le hasard ne l'avait mis à la place dont le droit et le devoir est de la faire. »

Le débat sur la confiscation des biens du clergé ne pouvait avoir lieu sans que M. de Boisgelin prît la pa-role. Il avait établi, dès le début, dans un discours logi-que et conciliant, le droit de propriété du clergé, l'in-

térêt de la nation à lui conserver ses biens, la nécessité
d'en réformer la distribution. Il voulait, tout en maintenant le droit de propriété, que le clergé renonçât à
beaucoup de priviléges et aidât à combler le déficit ;
mais il n'obtint qu'un résultat, celui de faire prononcer
que la disposition (et non la propriété) des biens appartenait à la nation. S'appuyant sur cette restriction , il
combattit encore le décret de vente et posa ce principe,
justifié plus tard par le concordat : « ce que les deux puissances ont établi sous un rapport commun entre elles ,
ne peut être changé ou détruit que par le concours des
deux puissances. » Enfin, il renouvela, et toujours sans
succès, une proposition qu'il avait faite en 1789, celle
d'hypothéquer, sur les biens du clergé, un emprunt de
400 millions contracté au nom de la nation.

Bien que profondément attristé dans une de ses plus
vives croyances , M. de Boisgelin ne quitta pas encore
son poste. Il ne s'agissait que d'intérêts matériels compromis, et, quelle que fût leur importance, le député se
devait à ses mandataires ; mais il vint un jour où fut
votée la constitution civile du clergé. L'archevêque pro-
testa , et rédigea « Une exposition des principes sur la
constitution du clergé » qui fut signée par 30 archevê-
ques et évêques députés, et revêtue ensuite de l'adhésion
de 93 autres évêques de France et de 93 prêtres membres de l'Assemblée Nationale. M. de Boisgelin renonça
bientôt à la vie politique. Il essaya encore, comme simple
particulier, d'avertir le gouvernement, en 1791, par ses
« Considérations sur la paix publique adressées aux
chefs de la Révolution ». Décrété d'accusation par suite
de son refus de serment, il se réfugia en Angleterre, au
mois d'Octobre 1792.

Pendant son exil, il consola et soulagea ses compagnons d'infortune en vendant, à leur profit, sa traduction en vers des Psaumes de David. Quand il vit l'ordre sérieusement affermi en France par le rétablissement du culte, M. de Boisgelin revint dans son pays remplir ses devoirs de prêtre et de citoyen. Nommé archevêque de Tours en 1802, cardinal en 1804, sénateur et membre de l'Institut, il fit, dans cette dernière partie de sa vie, des sermons et quelques discours, où il rend justice au restaurateur de la société et de la religion catholique.

Le cardinal de Boisgelin mourut en 1804. Il peut être considéré comme l'un des types les plus complets de ce haut clergé de l'ancienne monarchie, toujours français et chrétien, qui a commis des fautes, mais qui les a rachetées. Les nombreux bienfaits semés par M. de Boisgelin en Provence, les principes sagement libéraux qu'il a soutenus à l'Assemblée Constituante, quelques-uns de ses titres littéraires, suffisent pour lui assurer une place honorable dans l'histoire de la Bretagne et de la France.

PIERRE-MARIE DE BOISGELIN.

Il semble qu'à côté du cardinal de Boisgelin, les autres membres de sa famille, dans la même génération, ne doivent pas gagner à se produire. Sans faire de rapprochement dangereux, j'admettrai cependant un dernier nom. Ce n'est pas un homme politique que je vais citer (son rôle est nul ou malheureux) ; c'est un littérateur modeste, il est vrai, mais qui jouit du privilége que personne ne songe à disputer aux lettres, celui de char-

mer, quelquefois de consoler, les hommes de partis op-
posés et de survivre aux révolutions.

Pierre-Marie-Louis Boisgelin de Kerdu naquit en
Plélo, en 1758, et fut destiné, comme cadet, à l'état
ecclésiastique. Ses goûts aventureux, qui se manifestè-
rent par plusieurs voyages entrepris, dans le nord de
l'Europe, avec un de ses amis, M. Fortia de Piles, l'a-
vaient poussé à entrer dans le plus militant des Ordres
religieux, celui de Malte. L'Ordre de Malte, qui avait
rendu d'immenses services à la chrétienté et avait eu,
par conséquent, sa raison d'être, ne répondait plus aussi
directement à un besoin de l'époque : avec ses dangers
avait fini sa gloire. Les biens considérables qu'il possédait encore ne servaient plus qu'à l'entretien des cadets
de familles d'ancienne noblesse. Dans un siècle où le
mérite et la vertu pouvaient s'asseoir sur les sièges les
plus élevés de l'Eglise, où la noblesse elle-même ouvrait
ses rangs à la bourgeoisie, l'Ordre de Malte faisait appel
aux vanités mondaines, en exigeant de ses membres autant de preuves de noblesse qu'il en fallait pour monter
dans les carrosses de la Cour. La famille de Boisgelin,
qui avait trois de ses filles dans le chapitre noble des
chanoinesses de Remiremont, tint à honneur de compter
Vincent-Alexandre de Boisgelin-Pléhédel dans les Ordres
militaires et hospitaliers de Notre-Dame du Mont-Carmel
et de Saint-Lazare ; dans celui de Malte, Alexandre-
Joseph, de la branche de Pléhédel, et Pierre-Marie-Louis,
de la branche de Kerdu. Les Boisgelin des siècles pré-
cédents ne sacrifiaient point ainsi leurs cadets et ne leur
refusaient pas l'honneur d'être chefs de race, à leur tour.

A l'époque de la Révolution, Pierre de Boisgelin se
rendit à Toulon, qui venait d'être livré aux Anglais, et

y commanda, jusqu'à la fin de l'occupation, un régiment
levé au nom de Louis XVII ; puis, il se retira en Angleterre, continua ses voyages sur le continent et en publia
l'intéressant récit. Ses ouvrages sont : 1° la *Correspondance de Caillot-Duval*, rédigée en collaboration avec
M. Fortia de Piles, pour charmer les ennuis de deux
jeunes officiers de la garnison de Nancy ; 2° *Ancient
and modern Maltha containing the description of this
island* (on remarque surtout, dans cet ouvrage, un précis de l'histoire des chevaliers de Malte depuis leur origine jusqu'à 1800, suivi d'un projet de restauration de
l'Ordre) ; 3° *Travels through Danemark and Sweden*,
accompagnés d'un voyage sur l'Elbe, de Dresde à Ham-
bourg ; 4° *Histoire des Révolutions de Portugal*, de l'abbé
de Vertot, continuée jusqu'au temps présent. Il est à
regretter, à cause de l'immense érudition et des observations judicieuses dont M. de Boisgelin a fait preuve,
qu'il n'ait pas eu le loisir de publier quelques autres
documents compris dans les vingt volumes de manus-
crits, avec plans et dessins, qu'il a donnés à la biblio-
thèque publique de la ville d'Aix.

Si M. de Boisgelin a légué ses œuvres à une ville éloignée, il a voulu du moins mourir sur sa terre natale.
Rentré en France avec les Bourbons, il a vécu deux
années encore à Pleubihan, à l'extrême pointe d'une
presqu'île des Côtes-du-Nord, entre le pays de Tréguier
et celui de Paimpol, non loin de Kersa, le manoir abandonné de ses aînés.

. Et maintenant que nous avons suivi, jusqu'au tombeau, la dernière génération de la famille Boisgelin qui
ait vécu sous l'ancienne monarchie, il est possible, ce

nous semble, d'apprécier, d'un coup-d'œil, le nombre et l'importance de ses hommes d'action. Il faut avouer qu'ils ont été rares à l'époque de la domination féodale, et qu'en échange de grands avantages, ils n'ont eu qu'un mérite réel, celui du service militaire. Ce service, ils l'ont fourni largement, sans éclat, mais avec honneur. Avec le temps, ils ont grandi, parce qu'ils ont été fidèles au devoir, et, enfin, quatre des leurs ont mérité d'être signalés au souvenir des Bretons : le brigadier chroniqueur de la guerre de Sept ans ; le président de la Noblesse aux Etats de Bretagne ; l'archevêque-orateur de la Constituante ; le chevalier de Malte, écrivain. Il est à remarquer que cet épanouissement ne s'est produit qu'au XVIIIe siècle, au milieu de la plus grande fermentation sociale, lorsque les priviléges de race commençaient à décroître et que le mérite personnel, au contraire, acquérait un crédit légitime. Cela est si vrai que, comparé aux trois autres Boisgelin que nous avons cités plus haut, le président de la Noblesse est inférieur, parce qu'il n'a pu mettre qu'un caractère ordinaire au service d'une position qu'il n'avait pas conquise, tandis que son frère, abdiquant le droit d'aînesse, se fait, sans le secours de sa famille, dans une province éloignée, une place hors ligne qu'il sait garder, par son seul talent, à l'Assemblée Nationale, même après l'abolition des priviléges de son Ordre.

V.

CONCLUSION.

L'étude que nous avons faite sur la famille de Boisgelin, nous l'avons, depuis quelque temps, répétée sur d'autres familles, auxquelles nous ne tenons pas davantage par le sang, ni par l'amitié, ni par l'orgueil de race. Les résultats ont été les mêmes, et nous convions ceux qui aiment la justice à les vérifier dans ces magnifiques dépôts d'archives publiques, où nos pères se révèlent à nous, non avec la vanité posthume d'écrivains d'outre-tombe, mais avec la simplicité d'hommes qui ne songeaient ni à penser ni à écrire pour la postérité. Il nous semble donc possible, après avoir publié quelques-uns de ces textes véridiques, de résumer le rôle qu'a joué, en Bretagne, une famille noble et féodale, avant la Révolution.

Le régime féodal a traversé, dans ce pays, quatre périodes bien distinctes. Dans la première, l'autorité des seigneurs émanait de celle de la nation ; aussi, ne pouvaient-ils facilement abuser du pouvoir, qu'ils avaient reçu comme un ministère.

Au milieu de l'anarchie qui suivit le ixe siècle, les rois ne furent que suzerains, et la souveraineté passa aux seigneurs féodaux, qui gouvernèrent sans contrôle. Ce fut une époque d'usurpation, de violences, où dominèrent quelques principes mauvais de l'institution féodale livrée à elle-même.

Avec le xiie siècle commence une situation meilleure qui donne bientôt naissance à la monarchie des Etats. On sent, avec plaisir, que la liberté fait frémir le corps social et la noblesse elle-même. C'est qu'en effet la noblesse remplit alors une mission plus haute : elle sert de contrepoids au pouvoir absolu, et rend, sous ce rapport, des services véritables ; elle vit toujours de privilèges et de vanité, mais elle gouverne, en général, ses vassaux sans rigueur ; elle favorise la culture du sol et laisse la propriété se transmettre , d'une manière assez avantageuse, dans les familles roturières ; elle fait place, de bonne heure, dans les Etats , aux députés du Tiers, les soutient, à l'exemple de la noblesse d'Angleterre, tant qu'ils ne sont pas des rivaux dangereux, et livre , avec eux , les mêmes combats pour la défense des libertés provinciales. C'est à cette vie , menée en commun pendant la durée des Etats, qu'il faut attribuer les tendances libérales de la noblesse, et cette longue union des trois Ordres que cimentait peut-être le besoin national de lutter contre le gouvernement français, tout en lui prodiguant l'or et le sang des Bretons.

La quatrième période du système féodal comprend le XVIIe et le XVIIIe siècle. Les Etats-Généraux de France ne sont plus convoqués ; la monarchie reste absolue sous Louis XIV et Louis XV, et agit de concert avec les idées philosophiques, quoique dans un esprit différent, pour ruiner les priviléges des classes. Toutefois , la servitude qui pesait sur la plus grande partie de la France fut moins lourde en Bretagne, parce que ce pays garda ses Etats provinciaux. Les délibérations de ces assemblées nous ont prouvé que, si la noblesse bretonne s'est laissé quelquefois amollir en vivant à la Cour, elle recouvrait sa force en touchant la terre natale. Il y a même eu, dans ses rangs, un parti *whig* qui comprenait le besoin des réformes légales et qui a fait preuve d'une élévation d'idées qu'il faut reconnaître, si l'on veut être juste envers plusieurs familles de l'ancienne Bretagne.

On regrette, il est vrai, de ne pas voir l'Ordre tout entier prendre la tête du mouvement vers le progrès ,

renoncer librement, et en temps opportun, à des distinctions devenues, sous l'action du pouvoir royal, plus
idéales que solides. Cette conduite aurait peut-être permis une transformation plus douce. Quoiqu'il en soit,
la résistance à des besoins réels faite par la noblesse
bretonne, en 1789, au nom des anciens usages, ne doit
pas lui faire perdre, dans l'histoire, le bénéfice des services qu'elle a rendus.

JULES LAMARE.

DE L'ALCOOLISME.

Messieurs,

Le bienveillant accueil que vous avez fait à mes premiers essais de comptes-rendus des progrès de la médecine, m'oblige à rechercher, avec plus de soin encore, les sujets et la forme qui peuvent le mieux convenir à nos réunions. Il m'a paru que vous seriez plus satisfaits d'une étude un peu étendue sur des questions d'une importance réelle.

Cette considération m'a conduit à essayer l'histoire de l'alcoolisme, — matière si grave et si actuelle, — et à vous rendre compte, à cette occasion, d'un livre publié par MM. les docteurs Duroy, Perrin et Ludger Lallemand, auquel l'Académie des Sciences, dans la séance du 23 Décembre 1862, a décerné un grand prix.

En accordant une aussi haute distinction à ce travail, l'Institut a voulu récompenser un progrès acquis à la science, et, sans doute aussi, montrer l'intérêt qu'il attache à ces sortes d'études, qui touchent à la physio-

logie, à la médecine, à l'hygiène, à l'économie politique.
L''administrateur qui recherche les moyens de prévenir
l'abaissement des races doit s'en préoccuper avec sollicitude, car il est incontestable qu'à notre époque, un
empoisonnement lent, mais à marche progressive, mine
sourdement les populations et prend ses victimes dans
tous les rangs sociaux.

Aussi, tandis qu'autrefois la publication de travaux
français sur les résultats funestes des excès alcooliques
était un fait assez rare, comparativement à ce qui paraissait en Suède, en Angleterre et en Amérique, on voit
maintenant de nombreux et habiles observateurs s'occuper de cette question.

Il en est toujours ainsi. La science, quand un intérêt social ou politique la stimule, ne manque jamais
à sa mission de découvertes utiles ou d'avertissements
salutaires. Elle pose les problèmes, en recherche avec
ardeur les éléments, et, le plus souvent, parvient à les
résoudre.

Et quand les économistes ont constaté, depuis quelque temps, une augmentation démesurée dans la consommation des spiritueux ; que les médecins de Bicêtre,
de Charenton et de tant d'autres asiles d'aliénés, ont vu
s'accroître, dans de grandes proportions, le nombre des
malades dont les troubles intellectuels ou sensitifs étaient
spécialement dus à l'abus des liqueurs fortes, cette question est venue rapidement à l'ordre du jour. On s'est
demandé pourquoi ces désordres ; sous quelles formes
se montrent-ils ; de quelle manière les différencier des
autres troubles organiques ou fonctionnels qui s'en rapprochent par leurs caractères ; et, enfin, comment il se
fait que, quand la température moyenne de notre France

nous mettait autrefois, plus que les habitants du Nord, à l'abri des besoins de liqueurs alcooliques, — besoins dont la satisfaction conduit vite aux excès, — nous en sommes venus à dépasser peut-être, du moins à atteindre, en abus de ce genre, les populations qui en commettaient le plus ?

Outre MM. Perrin, Duroy et Ludger Lallemand, MM. Morel, Lesègue, Jules Falret, Trousseau, Legrand du Saulle, etc., ont publié, dans ces dernières années, les résultats de leurs expériences et de leurs travaux. Tous ces habiles observateurs ont signalé le danger et prévenu la société qu'elle est menacée, même parfois dans les mieux doués et les plus éminents de ses membres.

Notre département, Messieurs, non-seulement n'est pas épargné, mais j'ai trouvé dans l'excellente thèse de M. le docteur Mottet, que, d'après une statistique comprenant 23 départements, les Côtes-du-Nord auraient le triste privilége de fournir le plus grand nombre proportionnel d'aliénés dont la folie reconnaîtrait pour cause les excès alcooliques. Et, chose triste à dire ! on trouve que les femmes de cette catégorie entrent, dans le total, pour un chiffre relativement élevé.

Je savais d'avance que la population bretonne ne compte pas la sobriété parmi les belles et grandes qualités qui la distinguent ; mais le mal ne me paraissait pas aussi grand, et, en présence de tels résultats, il m'a paru qu'un travail de cette nature pourrait avoir son côté utile. Résumer, sans autre prétention, les découvertes scientifiques modernes établissant la liaison qui existe entre l'ivrognerie et les plus déplorables infirmités, faire connaître aux buveurs les conséquences probables de leurs excès, n'est-ce pas un moyen d'en

arrêter quelques-uns sur la pente ?... Et s'il était possible d'empêcher, par des conseils ou des institutions,
les paysans et surtout les ouvriers bretons de dépenser,
en cidre et en mauvaise eau-de-vie, fumant ou chantant
au cabaret, le plus net de leur salaire et de leur temps,
quelle amélioration, au point de vue moral, social et
physique, et quelle aisance relative n'introduirait-on
pas dans ces pauvres ménages ! Enfin, ceux qui, comme
moi, par intérêt ou par position, suivent les séances de
nos tribunaux, verraient moins souvent se dérouler les
débats de ces attentats contre les personnes, accompagnés des mêmes circonstances de querelles d'auberge,
et dans lesquels l'état d'ivresse est presque toujours invoqué par les coupables pour atténuer leurs fautes.

Comme conséquence nécessaire, cette population des
Côtes-du-Nord, à coup-sûr intelligente et progressive,
mais retardée dans son développement par cette lourde
action du cidre et des liqueurs alcooliques frelatées,
suivrait bientôt le mouvement civilisateur, si la statistique faisait connaître une diminution dans la consommation des boissons spiritueuses. Or, il faut le dire, cette
consommation est énorme. Dans les arrondissements où
la langue bretonne est répandue, elle s'élève à des chiffres considérables. La circonscription de Dinan présente,
il est vrai, une consommation relativement assez faible ;
mais, dans celle de Saint-Brieuc et surtout de Loudéac,
l'usage des liqueurs fortes atteint encore d'excessives
proportions.

Essayons donc de faire connaître ce que la science
moderne a découvert relativement aux effets de l'alcool
sur les organes et les fonctions de ceux qui en abusent,
et ce qu'il devient dans nos tissus.

Le célèbre chimiste allemand Liébig avait considéré l'alcool comme un aliment respiratoire, et pensait qu'il était brûlé dans les poumons, pour produire de l'acide carbonique et de l'eau. Cette théorie, admise à peu près sans contestation jusqu'ici, est fortement ébranlée par les travaux des auteurs du livre sur l'action physiologique de l'alcool. MM. Perrin, Ludger, Duroy, ont recherché cette substance dans le sang, dans les produits de l'expiration pulmonaire, dans le cerveau, le foie, les urines, et ils ont trouvé que ce principe n'est pas détruit, du moins en totalité, dans l'organisme.

Ainsi, 240 grammes d'eau-de-vie, à 20 degrés, ont été introduits dans l'estomac d'un chien de forte taille. Au bout d'une demi-heure, ce chien était plongé dans l'assoupissement de l'ivresse. Sept cents grammes de sang furent alors retirés au moyen d'une ouverture pratiquée à la carotide primitive et versés dans le ballon de l'appareil distillateur de Gay-Lussac. La distillation a donné trois grammes et demi d'un liquide incolore, ayant une odeur franchement alcoolique et brûlant sans résidu, avec une flamme bleue, au moyen d'une mèche d'amiante. De même, près de quatre grammes d'un liquide présentant tous les caractères de l'alcool ont été retirés de la masse cérébrale d'un chien fortement enivré. Ces expériences et beaucoup d'autres, répétées plusieurs fois, ont toujours donné les mêmes résultats.

Voilà donc un fait très-important, resté douteux jusqu'ici, et maintenant démontré : l'alcool ingéré n'est pas brûlé complètement dans nos organes ; il en reste une certaine quantité que la distillation des tissus ou des liquides peut toujours faire retrouver.

D'ailleurs, si ce corps se transformait, comme le veut

Liébig, en eau et en acide carbonique, la quantité de ces éléments devrait augmenter plus ou moins, après l'injection de l'eau-de-vie. Or, quelques chimistes, entre autres Proust, Lehman, etc., ont prouvé, par des expériences précises, que, peu d'instants après l'injection de boissons spiritueuses, il ne s'exhalait pas, par la respiration, une plus grande proportion de gaz acide carbonique. Néanmoins, on ne sait pas encore, d'une manière exacte, quelle est la quantité de l'alcool brûlé par la respiration, relativement à celle qui reste intacte dans nos tissus. Les auteurs de ces travaux n'ont pas, non plus, étudié l'action comparative des diverses eaux-de-vie, et pourtant cette étude pourrait mettre sur la voie de quelques indications pratiques intéressantes. Des observateurs habiles et autorisés pensent, en effet, que les eaux-de-vie de betteraves, de fécules, de pommes de terre, agissent sur l'économie autrement et d'une manière plus fâcheuse que les produits de la distillation du vin.

Une autre question importante se présente. Quelle est la durée du séjour de l'alcool dans nos tissus, et cette substance se localise-t-elle plus spécialement dans quelques organes ?... Une série d'expériences ont été instituées par les auteurs du travail couronné par l'Institut et il en est résulté les conclusions suivantes :

— Quelques minutes après l'injection d'une liqueur fermentée dans l'estomac de l'homme ou des animaux, on trouve des traces d'alcool dans l'air exhalé par les poumons. Ces traces se retrouvent encore dans les produits de l'acte respiratoire, sept heures après l'injection, et dans l'urine, quatorze heures après. Le médecin légiste sait donc maintenant dans quelles conditions il peut constater la présence de l'esprit-de-vin dans le cadavre d'individus morts en état d'ivresse.

— En soumettant comparativement les divers organes du corps d'un même animal à la distillation, MM. Lallemand, Duroy et Perrin sont arrivés à ce résultat, d'un intérêt très-considérable, que le tissu nerveux et le foie fournissent le plus d'alcool, tandis que le système musculaire, la rate, les reins, etc., en contiennent beaucoup moins. Et ce n'est pas seulement quand le liquide fermenté est ingéré directement dans l'estomac ; le même résultat est obtenu quand on l'introduit par les veines dans l'économie.

On doit donc admettre une véritable localisation de l'alcool, qui s'accumule dans certains tissus par une sorte d'affinité spéciale, et ce sont précisément les tissus sur lesquels, ainsi qu'on le savait, d'ailleurs, depuis longtemps, cette substance produit les désordres les plus graves. Cette localisation rend ainsi parfaitement compte de l'ivresse, du *delirium tremens*, de la folie alcoolique, de l'épilepsie des ivrognes, etc., pour les troubles du système nerveux ; et, pour ceux du foie et des reins, de la dyspepsie, d'une forme particulière de jaunisse, de l'albuminurie.

Mais, avant d'étudier avec détail les caractères et les déplorables effets de ces maladies, il me paraît à la fois logique et utile d'entrer dans quelques développements sur les effets éprouvés par l'homme sain après l'ingestion de boissons contenant de l'alcool. Si je ne craignais de vous effrayer par nos expressions médicales, je dirais que nous allons faire un peu de physiologie et d'hygiène, avant de commencer les études pathologiques.

La civilisation, en obligeant l'homme à une activité

physique et intellectuelle considérable, a développé aussi des besoins factices, parmi lesquels un des plus impérieux est, sans doute, l'introduction de ces liqueurs dans le régime alimentaire. Peu de personnes s'en passent ; et, parmi celles-ci, un grand nombre y substituent, avec plus ou moins d'avantages, des boissons chaudes et stimulantes, comme le thé.

Aussi, presque tous les peuples ont mis à profit ce que pouvaient donner leur sol et leur climat pour obtenir, par la fermentation, une liqueur servant, à la fois, d'excitant et d'aliment. Les Anglais et les Allemands, producteurs d'orge, font la bière ; les Normands, les Bretons et aussi un peu les Allemands, le cidre ou le poiré ; le vin est maintenant récolté dans presque tous les pays dont la température est un peu élevée, mais nulle part, comme en France, il n'est à la fois, sain, tonique et agréable ; les habitants des colonies et les Indiens obtiennent des liqueurs alcooliques avec les melasses et le suc de certains palmiers ; les Tartares font fermenter le lait de leurs juments, etc.

Ces produits de la fermentation de matières sucrées ou féculentes exercent sur l'organisme une action tonique et stimulante des plus manifestes. Pris en deçà de limites qui varient suivant les conditions d'âge, de sexe, de tempérament, de climat, de saison, etc., ils sont d'une incontestable utilité, et l'hygiéniste, loin de les bannir de l'alimentation, les conseille le plus souvent. Bien mieux, ils peuvent être très-efficacement employés comme remèdes, et, par une de ces réactions dont la science offre souvent des exemples, d'habiles médecins, loin de les proscrire, ainsi qu'on le faisait autrefois, comme une périlleuse énormité, conseillent le vin, à

dose élevée, dans les fièvres adynamiques et la convâ-
lescence des maladies inflammatoires qui laissent, après
elles, une notable dépression. L'expérience clinique fait
connaître aujourd'hui que les malades, même parmi
ceux qui sont atteints d'inflammations, tolèrent les boissons fermentées dans des proportions qu'on était loin de
soupçonner (1). S'il n'est pas démontré qu'elles servent
autant que l'avaient espéré les praticiens qui les conseillent, il est certain qu'elles ne produisent pas les effets
nuisibles que la théorie donnait à craindre.

Si chez un homme à l'état de santé et qui n'a pas
l'habitude d'excès alcooliques, une certaine quantité de
liqueur fermentée est introduite dans l'estomac, un accroissement momentané de la température du corps et
une stimulation générale des systèmes vasculaire et nerveux ne tardent pas à être le résultat de cette ingestion.
Le visage rougit, les yeux brillent, toutes les fonctions
s'exécutent avec plus d'activité, l'énergie musculaire
devient plus grande. En même temps, les facultés intellectuelles s'exaltent légèrement, une sensation de bien-
être se développe, la pensée est plus rapide, le choix des
expressions plus heureux.

Lorsque la mesure est dépassée, l'excitation se change
bientôt en ivresse. Alors, la circulation s'exagère, le
pouls devient plus fréquent, la tête se congestionne,
quelques incohérences dans le récit viennent à se produire, des paroles indiscrètes, irréfléchies sont pronon-
cées ; mais l'homme possède encore la complète intégrité des sens et la pleine conscience de ses actes. Si tout
s'arrêtait là !... Mais la vivacité de l'imagination ne tarde

____

(1) TROUSSEAU, Clinique de l'Hôtel-Dieu, tome II.

pas à décroître et à s'éteindre. A défaut d'idées, la voix s'élève progressivement, l'aspect de la face devient farouche, les sens s'émoussent, la parole est embarrassée, les mouvements incertains et des maladresses sont commises.

A partir de ce moment, l'incohérence des idées et des paroles augmente sensiblement, la mémoire fait défaut, les passions s'allument et éclatent au moindre prétexte, des illusions, des hallucinations apparaissent, et l'homme peut être dangereux pour lui et pour les autres. En outre, la bouche est pâteuse, la langue sale, l'estomac surchargé jusqu'au vomissement. Enfin, toute cette excitation fait place à une dépression invincible, et un sommeil lourd, profond, apoplectique, signale la dernière période de l'ivresse. Sans volonté, sans conscience, le malade, — car c'est un malade, — est alors complétement inoffensif, mais sa vie est exposée aux causes d'accidents que le hasard lui amène ; et, par un étrange privilége, il peut, en cet état, résister au froid et à la contagion, ainsi que le docteur Double l'a démontré.

Voilà, d'une manière générale, un accès d'ivresse dont les nuances, les formes doivent varier suivant la quantité et la nature du liquide ingéré, l'habitude ou l'aptitude à la tolérance. Ainsi, l'ivresse produite par la bière, le cidre, le vin mélangé, la mauvaise eau-de-vie, sera lourde, d'une durée plus longue et produira plus facilement des accidents d'indigestion et le sommeil apoplectique que celle qui résulte de l'ingestion de liqueurs dépouillées et d'une origine franche. En se répétant, elle donnerait lieu d'autant plus vite à l'abaissement des facultés intellectuelles, à l'abrutissement.

Suivant les dispositions individuelles, l'ivresse peut

être gaie ou triste, et l'on aura, ainsi qu'on le dit vulgairement, le vin bon ou mauvais. Une forme spéciale a été désignée sous le nom d'ivresse convulsive; elle est rare et effrayante : c'est le délire du fou furieux.

Généralement, un sommeil de quelques heures suffit pour dissiper, en grande partie, les effets de l'alcool; cependant, l'*accès* laisse à sa suite un malaise qui se prolonge davantage et où dominent soit les symptômes cérébraux, soit les signes de l'embarras gastrique, suivant les dispositions de l'individu.

Mais si l'ivresse passagère rend malade, quel déplorable effet doit produire l'ivrognerie, c'est-à-dire l'ivresse à l'état habituel et permanent ! Chez celui qui abuse des liqueurs fortes, la perversion prend de telles proportions que bientôt les nuances résultant de l'individualité cessent d'exercer leur action et les accidents se développent à leur façon accoutumée. Quand ils portent plus spécialement sur le système nerveux, où nous avons vu que l'alcool se localise, ainsi que dans le foie et les reins, le délire apparaît avec des caractères tranchés, une forme définie, dont l'ensemble se résume dans le nom même du *delirium tremens*.

Ce délire est inquiet, perplexe, jusque dans ses agitations les plus vives. La violence y naît de la peur. Le malade, poursuivi par des hallucinations qui portent le plus souvent sur le sens de la vue, se croyant menacé, attaqué, est en proie à mille angoisses. Il veut fuir et s'échappe par toutes les issues qu'il trouve libres. Au milieu de ce désordre cependant, il peut encore revenir à lui, sous la pression d'une volonté qui le domine ; mais ce calme est de courte durée et il ne tarde pas à retomber dans son délire.

En même temps que la raison, le système nerveux, qui préside à d'autres fonctions et surtout à celles de relation, subit de graves atteintes, et le tremblement caractéristique vient s'ajouter au délire pour donner à la maladie son empreinte spécifique. Le malade vibre, pour ainsi dire ; sa marche est hésitante, irrégulière, et parfois la préhension des objets lui est presque impossible. Le sommeil n'arrête pas toujours cet accident.

Généralement, une première crise, si forte qu'elle soit, est relativement courte, rarement mortelle ; mais, l'accès accompli, tout n'est pas terminé, et, le plus souvent, l'alcooliseur, entraîné presque fatalement vers de nouvelles débauches, est bientôt repris par les mêmes accidents. Alors, la maladie se transforme, devient chronique et présente d'autres caractères que nous étudierons.

La saturation par l'alcool produit aussi, sur les reins et le foie, des désordres graves auxquels j'ai déjà fait allusion. Ainsi, beaucoup de faits tendent à prouver que l'albuminarie reconnaît très-souvent cette cause, et un habile médecin de Rouen, M. Leudet, vient de décrire une jaunisse spéciale qu'il a nommée la *jaunisse des ivrognes*. Dans cette forme, la coloration est souvent très-foncée et s'accompagne de troubles nerveux qui vont parfois jusqu'au délire ; les malades se plaignent d'un affaiblissement considérable, et l'état du pouls, qui peut descendre jusqu'à quarante pulsations, est en rapport avec cette faiblesse. En même temps, on constate une augmentation de volume du foie, du dégoût pour les aliments, un dépérissement rapide, et la mort peut arriver au bout de deux à trois semaines. Enfin, la cirrhose du foie, la perte momentanée ou permanente de la voix, l'acné ou couperose qui s'étale si souvent sur le visage des ivrognes, ont été justement attribuées à l'abus des liqueurs fermentées.

Avant de terminer ces considérations générales sur l'empoisonnement alcoolique , il est indispensable de rappeler un fait important, signalé surtout par les observateurs de notre époque et que les médecins doivent toujours avoir présent à la pensée, quand ils donnent des soins aux gens qui ont l'habitude de s'enivrer : c'est la facilité avec laquelle les affections , même les plus simples, revêtent, dans ces conditions , un caractère spécial de prostration et de gravité. « Chez les buveurs, dit M. Alfred Fournier (*Nouveau Dictionnaire de Médecine et de Chirurgie pratique*, tome Ier, page 671), les maladies aiguës se compliquent d'accidents nerveux, de délire surtout , et affectent une tendance singulière à l'adynamie. »

De là ces aggravations rapides de situations qui paraissaient exemptes de dangers, ces accidents imprévus, ces morts si brusques qui épouvantent les familles et surprennent les plus habiles médecins. Les malades sont pris subitement de craintes imaginaires, d'idées de persécution, d'hallucinations effrayantes , en même temps que d'un accroissement de fièvre et d'une agitation que rien ne peut calmer. Dans cet état, presque tous succombent.

Le traitement de ces redoutables complications doit consister surtout à soutenir les forces. Et, chose étrange ! l'expérience a conduit Dupuytren, Chomel et plusieurs autres grands observateurs, à formuler la nécessité de faire prendre du vin, à doses modérées, même aux périodes les plus aiguës des maladies survenues chez les buveurs.

Après avoir fait connaître à quelles nombreuses et graves maladies organiques sont exposés ceux qui abusent des liqueurs fortes, il me reste à donner quelques détails sur l'affection désignée aujourd'hui sous le nom d'absinthisme, d'alcoolisme chronique, de folie des ivrognes. Je le disais en commençant, l'importance de cette étude résulte de la fréquence de plus en plus grande de ces maladies, de leur haute gravité, et, pour nous, Bretons, de la malheureuse tendance de nos populations. Dans la statistique publiée par M. Motet pour 22 départements seulement, il n'est pas rare de trouver que, sur cent malades détenus dans des asiles d'aliénés, la proportion des fous par suite d'excès alcooliques est de 11, 12 et 13 pour cent. En 1853, le Finistère donnait 11,2 pour cent, et les Côtes-du-Nord, 18,5, chiffre énorme ! MM. de Boutteville et Parchappe ont trouvé, pour une période de dix-huit années, le chiffre de 28 pour cent. Dans l'Orne, sur 179 malades dont les causes d'aliénation ont été rigoureusement déterminées, 31 étaient devenus fous par suite d'excès de boissons. — « Sur 1,000 malades dont j'ai recueilli les observations spéciales, — dit M. Morel dans son *Traité des Dégénérescences de l'Espèce humaine*, p. 109, — il n'en est pas moins de 200 chez lesquels l'affection mentale n'a pas eu d'autre cause. Ils n'appartiennent pas tous, il est vrai, à la même catégorie maladive pour ce qui regarde l'aberration de l'intelligence et des sentiments ; mais tous peuvent être étudiés au point de vue de l'influence fatale des dégénérescences que produisent les excès de boisson, soit que ces dégénérescences aient été amenées directement, soit qu'ils aient hérité du principe dégénérateur, dans la personne de parents soumis aux mêmes habitudes. »

Mais, avant d'entrer dans quelques développements relativement à cette forme de l'empoisonnement alcoolique, il importe de parler de la composition et des effets d'une liqueur — l'absinthe — dont il se consomme, depuis quelques années, soit en France, soit dans nos possessions d'Afrique, une effrayante quantité. C'est surtout dans les grands centres, et particulièrement à Paris, que toutes les classes de la société ont accepté, avec un inexplicable empressement, l'usage de cette boisson, aux reflets d'émeraude, et qui semble avoir de si irrésistibles attraits. N'y a-t-il pas là quelque chose qui rappelle cette passion des Chinois pour l'opium, et n'est-ce pas le même fatalisme qui porte le buveur, comme le fumeur, à élever peu à peu les doses du poison qui doit le maintenir à un égal degré de vertige et d'oubli !

Jusqu'à présent, du moins, nos populations rurales semblent n'avoir qu'un goût médiocre pour les sensations que paraît produire l'absinthe ; elles donnent la préférence au cidre ou à ces affreux mélanges de café et d'eau-de-vie frelatés. Mais, cependant, il est à craindre que la consommation de cette liqueur ne s'introduise chez nous, et des renseignements, pris sur quelques points du département, font pressentir que le mal est proche.

Voyons donc ce que c'est que l'absinthe. Deux espèces de cette liqueur sont livrées au commerce sous le nom d'extrait d'absinthe : ce sont l'absinthe ordinaire et l'absinthe suisse. La première est préparée avec des alcools à 40 degrés ; pour l'autre, on emploie des alcools d'une force presque double et qui va quelquefois jusqu'à 72 degrés centigrades. Or, depuis quelque temps, la con-

sommation de l'absinthe suisse est quatre fois plus considérable que celle de l'absinthe ordinaire.

Les plantes qui entrent dans la composition de cette
liqueur sont : les sommités d'absinthe, la racine d'angé-
lique, les semences de badiane, les feuilles de dictame
de Crète, l'origan vulgaire. Toutes ces substances, en
proportions déterminées, doivent macérer dans l'alcool
pendant huit jours ; puis, on distille au bain-marie, et,
enfin, un gramme d'huile essentielle d'anis est ajouté à
chaque litre de liqueur.

Mais tous les fabricants n'ont pas la même recette et
la même honnêteté ; beaucoup remplacent quelques-
unes des plantes que je viens de nommer par d'autres,
telles que la menthe, le fenouil, la mélisse, etc. Ainsi
préparée, l'absinthe doit bien blanchir et s'étendre.
Quand elle ne possède pas ces qualités, c'est alors surtout qu'interviennent le savoir faire et le talent du distillateur : l'indigo, le jus d'orties, la teinture de curcuma,
voire même le sulfate de cuivre, viennent s'ajouter aux
ingrédients ordinaires et donner au produit les appa-
rences qui lui manquent.

C'est une importante question d'hygiène publique que
celle de la sophistication de l'absinthe, notamment par
le sulfate de cuivre. Les accidents que cette sorte d'empoisonnement peut produire sont des plus graves. Il n'y
a pas longtemps que les journaux de médecine racon-
taient l'histoire d'une espèce d'épidémie qui venait de
sévir sur un régiment de dragons. Un grand nombre
d'hommes, se plaignant de douleurs d'entrailles, présentaient, en même temps, une effrayante altération de
traits. Les chirurgiens se livrèrent à une minutieuse enquête ; la présence du cuivre fut dénoncée par les réac-

tifs dans des absinthes de cantine, et, à quelques jours de là, les fûts saisis furent défoncés devant toute la troupe.

Il existe deux classes de buveurs d'absinthe. Les uns, sans habitude antérieure, arrivent promptement à en boire des quantités considérables. Chez ceux-là, l'ivresse est généralement bruyante et agressive, et la période d'excitation beaucoup plus longue que par l'action de l'alcool ou du vin. Quand le délire doit se montrer, l'explosion a lieu brusquement, et la maladie revêt une forme aiguë. Les autres sont les buveurs de profession. L'empoisonnement, préparé de longue main, se manifeste par des désordres à marche lente et progressive. C'est la forme chronique.

Le délire aigu, précédé toujours de troubles considérables des fonctions digestives, se distingue par l'expression de vive inquiétude que prennent les malades. Essayant d'échapper à des persécutions imaginaires ou se croyant accusés de crimes qu'ils savent n'avoir pas commis, tantôt ils se cachent, tantôt ils s'avancent vers vous en protestant de leur innocence. Pour cette forme aiguë, la terminaison est rapide et toujours heureuse; elle est, en général, précédée de sueurs abondantes et d'un sommeil profond.

Dans le délire chronique, l'appareil musculaire excite d'abord l'attention par une apparence d'indécision et d'incertitude ; on observe les contractions involontaires des fibres et un tremblement presque spécifique, une sorte de frémissement universel, que le sommeil même n'interrompt pas complétement ; le visage a une expression particulière de stupidité, le regard est terne et triste, et l'amaigrissement, la coloration jaune de la peau, la

chute des cheveux, donnent bientôt au malade un cachet de caducité.

Le trouble des facultés intellectuelles marche parallèlement et s'accroit comme les accidents du côté des
fonctions organiques. L'imagination disparaît, l'esprit
s'émousse et s'engourdit, le sommeil est agité, le réveil
brusque ; un mal de tête opiniâtre, puis des hallucinations, des illusions se manifestent. La forme dépressive
de la folie, avec tendance hypocondriaque, vient à se
montrer ; elle se caractérise et s'affirme par l'embarras
de la parole, la paralysie, les convulsions épileptiques,
etc. A ce moment, tous les ressorts de l'organisme humain sont brisés ; il ne fonctionne plus que d'une manière incomplète, et la stupidité, à la place de l'intelligence, l'inertie, au lieu du mouvement, sont les derniers
actes de cette triste existence qui passent sous les yeux
du médecin. Son rôle, alors, se borne à pourvoir aux
besoins matériels de ces pauvres malades, et à les placer
dans des conditions telles qu'ils arrivent, sans secousse,
au terme rapproché de la vie.

Ce tableau, tracé par tous les auteurs de notre époque
qui ont écrit sur l'alcoolisme, n'est malheureusement
pas de fantaisie. Chaque jour, les journaux racontent
quelque déplorable histoire dans laquelle l'influence des
boissons est manifeste. Toutes les classes sociales ap-
portent leur tribut, et, il faut le dire, ce sont les gens
du monde, les artistes, les littérateurs, qui payent à
l'absinthe la plus forte dîme. Et si le médecin, qui pré-
voit le mal et voudrait le conjurer, vient à faire entendre
quelques conseils à ces hommes intellectuellement si
bien doués, ils répondent : Vous ne comprenez donc
pas le charme de l'absinthe ; vous ignorez qu'aux pre-

mières gorgées de cette eau qui verdit au fond du verre, une activité nouvelle est imprimée à tout l'organisme, qu'un monde d'idées s'épanouit, et que, sous son influence, naissent les plus charmantes créations des arts et de la littérature. Et ils s'en vont chercher, chaque jour, des excitations, devenues plus nécessaires, à mesure que le cerveau ne peut rien produire sans elles. La quantité augmente graduellement. Peu à peu, la lenteur du travail succède à la facilité des conceptions, et la stupidité de l'ivresse vient remplacer l'imagination, l'esprit et quelquefois le génie.

En 1850, j'ai vu, à Charenton, un écrivain de talent (Briffault), qui avait eu, dans la littérature légère, de très-grands succès. Il était réduit à cet horrible état que je décrivais tout à l'heure, à la démence de l'ivrogne. Sa physionomie avait une expression d'hébétude que de rares éclairs d'intelligence animaient parfois. Quand il se mettait en marche, l'incohérence des mouvements faisait craindre à chaque instant sa chute. Sa parole était embarrassée et souvent inintelligible ; sa pensée, plutôt obscurcie qu'absente, semblait constamment occupée par quelque crainte puérile ou chimérique. Il est mort depuis longtemps.

Certes, il faut respecter les tombes, et nous ne devons toucher qu'avec une grande réserve à la mémoire des morts illustres. Mais, comment ne pas rappeler ici le souvenir de ce poëte de la jeunesse et du cœur dont nous avons tous appris les vers ? Il avait, dit-on, cherché dans les entraînements de l'ivresse l'oubli d'amers chagrins, et, plus tard, des stimulants pour son génie. Sous cette influence, le génie et l'homme sont allés s'affaiblissant, et nous avons eu, il y quelques années, la douleur de voir mourir l'auteur des *Nuits* et de l'*Espoir en Dieu*, à l'âge où l'on est jeune encore, mais déjà débile comme un vieillard.

Il est, enfin, une conséquence de l'ivrognerie sur laquelle on doit insister avec quelques détails, parce qu'elle touche à l'avenir des populations et à la conservation des races.

Non-seulement cette déplorable passion accroît le nombre des suicides, celui des délits et des crimes, mais il est incontestable qu'elle a une action fréquente sur l'origine héréditaire d'affreuses maladies, telles que l'épilepsie, la folie, le crétinisme et la scrophule, les parents, d'ailleurs, n'en étant pas affectés eux-mêmes. Cette opinion n'est pas nouvelle : Molière, qui, pour mettre les médecins en scène, devait apprendre d'eux les doctrines de son temps, leur prête cette observation, parfaitement vraie, et que les progrès de la science sont venus confirmer. Dans la charmante comédie d'*Amphitryon*, au deuxième acte, il fait dire à Sosie, qui se défendait, auprès de sa femme Cléanthis, de très-graves reproches :

« Les médecins disent, quand on est ivre............

.... »

A quoi Cléanthis répond :

« Les médecins sont des bêtes. »

Quoiqu'il en soit de l'opinion de la femme de Sosie, plusieurs médecins, hommes d'une grande valeur, les docteurs Desvaux, Parchappe, Demaux, sont venus exposer, devant l'Académie des Sciences, des faits parfaitement observés d'épilepsie, d'idiotie, de scrophules, etc., chez des individus conçus le père étant, à ce moment, en état d'ivresse.

Il resterait, pour compléter cette étude, à examiner une question de médecine légale qui a beaucoup occupé, dans tous les temps, les législateurs. L'ivresse est-elle une aggravation ou une atténuation des crimes ou délits commis dans cet état? Ce sujet, plein de difficultés, et autant du ressort du jurisconsulte que du médecin, a tenté de grands esprits. Il y a quelques années, dans une thèse de concours d'agrégation très-remarquable sur l'alcoolisme, M. le docteur Racle s'est borné à indiquer ce sujet de discussion, sans vouloir l'aborder. J'imiterai sa réserve. Son travail, cependant, est suivi d'une savante consultation de M. Serret, avocat à la Cour Impériale de Paris. Il en résulte que la doctrine et la jurisprudence des criminalistes ne sont pas d'accord à cet égard.

On s'occupe beaucoup, actuellement, de combattre cette passion de l'ivrognerie qui menace les plus brillantes facultés de l'homme, et, si le mal s'accroît, pourrait compromettre l'avenir des sociétés. — Il y a deux ans, une discussion s'élevait dans l'enceinte du premier Corps de l'Etat, à l'occasion d'un rapport de M. Larabit sur cette question. Après avoir entendu plusieurs orateurs de grand talent, entre autres MM. Tourangin, Lacrosse, Royer, Donnet, le Sénat, préoccupé de la morale outragée par le spectacle de gens avinés que l'on rencontre sur la voie publique, a remis à M. le Ministre de l'Intérieur le soin de préparer telles instructions répressives qu'il jugera nécessaires. — Un arrêté publié, il y a quelques mois, par M. le Préfet des Côtes-du-Nord, par un ensemble de mesures habilement combinées, tend à réprimer l'abus des boissons alcooliques dans ce département.

Mais, en présence de l'intensité du mal, tous ces moyens seront-ils suffisants, et la société n'a-t-elle pas le devoir ou le droit d'en essayer d'autres ?

Il est, sans doute, fort difficile d'agir sur les populations des villes et surtout des campagnes, de les éclairer sur les dangers qu'elles courent, de leur faire abandonner des habitudes où elles trouvent, pour prix de quelques heures d'oubli, la ruine de la santé et celle de la famille. Pendant longtemps encore, l'ouvrier s'empoisonnera avec les vins falsifiés, les mauvaises liqueurs qu'il trouve partout à bas prix, et d'autres classes sociales s'exposeront aux dangereux effets de l'absinthe ; l'homme du peuple et celui que l'éducation eût dû prémunir, se rencontreront sur la même voie et marcheront ensemble vers les mêmes abîmes.

Toutefois, il ne faut pas désespérer de l'avenir. Ainsi que je l'ai dit au début de ce travail, la question de l'alcoolisme est étudiée, dans beaucoup de pays, par des hommes d'une grande valeur qui, se plaçant à différents points de vue, concourent au même but.

La répression, autre qu'une répression morale, est presque impossible, sans toucher à la liberté individuelle. Pourtant, diverses propositions ont été faites et M. le garde des sceaux Baroche a demandé que la loi déclarât l'ivresse un délit. D'autre part, les économistes réclament des entraves à la consommation des liqueurs fermentées, par l'élévation des droits et tarifs. Enfin, les médecins avertissent.

Que tous redoublent d'efforts. Les Sociétés de tempérance, d'une efficacité si grande en Angleterre et en Amérique, n'auraient probablement aucun succès chez nous. Mais ne peut-on multiplier les moyens de faire arriver aux populations des avis si utiles ? Les Sociétés comme la nôtre, les Conseils d'hygiène, si compétents et à qui d'ailleurs ces questions incombent spécialement, ne peuvent-ils les mettre plus souvent à leur ordre du jour, et, par la presse ou la parole, faire connaître ces désastreux effets du poison alcoolique ?

Pour nous, médecins, qui en sommes si souvent les impuissants spectateurs, nous regardons comme un impérieux devoir de les signaler activement.

Dr E. LEMOINE.

NOTICE

sur

LA CONSTRUCTION DU PHARE DES TRIAGOZ.

———

L'utilité publique est la seule règle qui préside à la conception et à l'exécution des ouvrages des ingénieurs. Il ne leur est point donné de choisir leur théâtre au gré de leur amour-propre. Souvent leurs principales constructions, celles qui ont exigé le plus de calculs et d'efforts, sont élevées dans les lieux les plus sauvages et les moins visités. Le voyageur, emporté par la locomotive, se doute à peine qu'il franchit une profonde vallée à l'aide d'un monument plus grandiose que les œuvres les plus célèbres des Romains. Avec beaucoup d'attention, il n'aura vu que deux lignes de parapets. Quant au viaduc en lui-même, il pourra être visité par un autre ingénieur, comme sujet d'étude ; un touriste égaré dans la campagne pourra le découvrir, par hasard, et le crayonner sur son album ; mais, pour la masse, le chef-d'œuvre restera ignoré.

Appeler l'attention sur ces œuvres remarquables, est, à la fois, un acte de justice envers leurs auteurs et un service rendu aux vrais amateurs de l'art.

C'est à ce titre que nous présentons quelques observations sur la récente construction du phare des Triagoz.

A notre époque, les phares principaux sont destinés à signaler, non pas l'entrée d'un port, mais les dangers les plus redoutables pour la navigation ; c'est-à-dire, l'approche des côtes et des écueils isolés qui sont un prolongement sous-marin du continent. C'est donc sur les points les plus avancés, dans les parages les plus dangereux, que leur place est marquée. Aussi, plus que toute autre construction publique, ces monuments restent inconnus. Le navigateur pour lequel ils sont faits, bénit, la nuit, le rayon sauveur qu'ils lui envoient ; mais il n'aperçoit, de jour, leur silhouette élancée que pour s'en éloigner et fuir, avec elle, le danger qu'elle révèle. Quant au touriste, il lui faut une volonté bien ferme pour y aller chercher, en se faisant le compagnon de quelqu'un de nos intrépides pêcheurs, les émotions de la navigation, les difficultés de l'accostage et, souvent, les souffrances moins poétiques du mal de mer.

C'est cependant un spectacle qui mérite de fixer l'attention, et qui est tout à l'honneur de notre civilisation.

Il y a là deux ou trois hommes, anciens marins pour la plupart, qui, pour un mince salaire, se sont séquestrés du reste du monde. Quelques jours seulement par mois, ils vont, à tour de rôle, retrouver la terre habitée. Chaque nuit, l'un d'eux veille solitairement sur sa lampe. Il ne voit point et ne connaîtra jamais ceux que cette lumière a sauvés du désastre ; mais il sait que sa vivacité

et sa constance, la périodicité exacte de ses éclats, sont
l'élément de salut pour le marin, et il accomplit modestement le rôle de providence qui lui est confié par l'Etat.

Ces hommes, accoutumés à la vie rude du marin, ont
appris les soins minutieux qu'exigent des appareils dé-
licats. Aux habitudes souvent peu soigneuses de leur vie
de famille, on a fait succéder les recherches de la plus
exquise propreté.

Cette transformation, indispensable à la bonne tenue
du service, est due principalement à l'influence exercée
sur eux par le milieu où on les a placés. Tout ce qui
frappe leurs yeux est fait pour leur inspirer un profond sentiment de l'importance de leur service. L'édifice
qu'ils habitent est un véritable monument; non pas par
les recherches d'une décoration artificielle, mais par
les caractères de grandeur, de solidité, de résistance à
l'élément puissant qui l'entoure; par une ordonnance
savante des dispositions extérieures ; par un fini d'exécution qui signale une œuvre faite avec amour. Les
logements des gardiens sont restreints et simples, mais
l'aménagement et la décoration en sont d'une conve-
nance parfaite et d'une exécution soignée. Une chambre
un peu plus ornée est réservée à l'ingénieur : elle rappelle aux gardiens la présence du chef, et ennoblit la
résidence qu'ils partagent avec lui. Enfin, au sommet
de la construction, l'appareil d'éclairage trône dans un
sanctuaire. Un certain luxe, qui ne s'écarte pas de la
sévérité de l'œuvre, y est permis ; le marbre forme le
pavé et les parois de sa chambre.

L'éminent ingénieur qui dirige tout ce grand service
en France, a débuté, dans notre département, par un
chef-d'œuvre consacré par l'admiration universelle. Tous

ceux qui ont visité le phare des Héaux de Bréhat, y ont vu magnifiquement réalisé le programme que nous venons d'esquisser.

Allez aux Triagoz, et vous serez convaincus que, sous son habile direction, ses élèves n'ont point dégénéré.

Le plateau des Triagoz est situé au nord de la limite extrême ouest du département. Séparé du continent par un profond chenal de dix kilomètres de largeur au point le plus étroit, il forme une éminence sous-marine dont quelques pointes seulement affleurent et dépassent le niveau des mers. C'est le premier écueil que l'on rencontre en entrant dans la Manche, à une latitude aussi élevée. Placé au milieu du grand courant littoral des marées, il crée un remous puissant qui attire vers lui le navire, soit dans le sens général du courant, soit dans un sens opposé. Une fois amené sur ce plateau, le navigateur y trouve une mer violemment agitée, tourmentée de courants irréguliers ; il ne gouverne plus, et va bientôt périr contre une des pointes saillantes. C'est ainsi, du moins, que cela doit se passer ; car, malheureusement, personne n'a pu donner de nouvelles d'un sinistre de ce genre : le naufrage sur les Triagoz, c'est la mort.

Pour éviter ce danger, les feux existants à l'Ile-de-Batz, à l'Ile-aux-Moines, aux Héaux, ne sont que d'un secours insuffisant, parce que l'écueil est presque en ligne droite avec ces feux, et que, par conséquent, ils ne permettent pas de lever des angles définissant la position du navire. La Commission centrale des Phares a, en conséquence, décidé la construction d'un phare de troisième ordre sur l'une des roches saillantes faisant partie du plateau des Triagoz.

Il a une portée de 15 milles, et, pour le distinguer des autres feux en vue, sa lumière présente des éclats alternativement rouges et blancs, se succédant de demi-minute en demi-minute.

On a choisi, pour l'installer, la roche dite le *Guen-Bras*, l'une des plus hautes, située sur la limite sud-est du plateau. Elle s'élève à 8 mètres environ au-dessus des plus hautes mers. Ses faces sont presque verticales, sauf vers l'extrémité ouest; celles du sud et de l'est plongent à une grande profondeur dans la mer. Au nord-ouest seulement, elle se rattache par une suture à d'autres roches qui couvrent et découvrent à chaque marée. A mer basse, ces roches forment, au nord-est du *Guen-Bras*, une sorte de petit port dont on a tiré parti dans l'exécution. Son sommet présentait, dans son ensemble, la forme d'un ellipsoïde fort allongé. Quoique l'accostage fût facile, en temps calme, sur presque tout son pourtour, la direction verticale des parois ne permettait l'accès que par la pointe ouest et près du point d'attache avec les roches situées au Nord; encore, l'ascension n'en était possible qu'en s'aidant des pieds et des mains et en se suspendant par moments sur l'abîme. C'est ainsi que M. l'inspecteur-général, accompagné des ingénieurs, en fit la première reconnaissance, et put arrêter les principales dispositions de l'édifice.

Telle était la base sur laquelle M. l'ingénieur Pelaud fut chargé de projeter et d'exécuter la construction du phare.

Une description détaillée de toutes les parties de la construction serait peu intelligible pour le lecteur. Nous préférons le renvoyer au plan ci-joint, et à la photographie due à l'habileté et au courage de M. Capelle, de

Saint-Brieuc, qui s'est décidé à dresser ses appareils sur un des écueils voisins battu par la mer. Ces dessins suffiront pour suivre les quelques explications que nous allons donner sur l'esprit dans lequel l'œuvre a été conçue.

Le feu ne devant avoir qu'une portée de 15 milles, et le sommet du rocher étant déjà à 8 mètres au-dessus des plus hautes mers, il n'était point nécessaire de donner une très-grande hauteur à la tour qui doit supporter la lanterne. On a donc restreint au strict nécessaire les logements intérieurs. Un vestibule servant de magasin, une chambre pour le chef-gardien, une pour deux gardiens, la chambre de l'ingénieur et, enfin, la chambre de service immédiatement au-dessous de la tourelle renfermant l'appareil et supportant la lanterne ; telles sont les données qui ont fait composer la tour de cinq étages, portant le feu à 30 mètres au-dessus des plus hautes mers.

Des appartements aussi restreints laissaient fort à désirer pour le service et l'habitation, dans une situation pareille où l'on doit admettre que souvent les communications périodiques avec la terre seront empêchées par l'état de la mer. Il était donc très-utile, sinon nécessaire de créer des annexes, lieux de dépôts, magasin de vivres, etc.

On comprend, aussi, l'intérêt sérieux que pouvait présenter la création de promenoirs aussi étendus que possible pour le personnel condamné à vivre dans ce sauvage réduit. Ce n'est pas du luxe que de donner aux gardiens le préau libre et, s'il se peut, le préau couvert, que les maisons de détention ne refusent pas aux prisonniers.

D'ailleurs, le service même de la construction exigeait impérieusement la création de magasins pour les outils, les matières, les vivres, etc., et aussi celle de surfaces planes pour lieux de dépôts, aires et chantiers.

Au lieu de donner à ces moyens de construction un caractère provisoire et une existence temporaire, on a pensé qu'ils conserveraient toute leur utilité pour le service du phare, et l'on a été amené à les faire entrer dans le système général de la construction.

Le problème a été résolu, de la manière la plus complète et la plus heureuse, par M. Pelaud.

Le rocher ne présentait aucune face horizontale. On aurait pu en créer une, en le dérasant à un niveau inférieur ; mais ce travail, fort coûteux et fort difficile à raison de son extrême dureté, aurait rapproché du niveau des mers et de la projection des lames toutes les parties de la construction. D'ailleurs, toutes les annexes que l'on aurait eu à établir auraient diminué l'étendue de la surface libre pour dépôts d'abord et pour préau ensuite.

On a préféré créer artificiellement une plate-forme, en surélevant, au niveau du sommet du rocher, tout l'espace où l'inclinaison naturelle des parois ne rendait point ce travail trop difficile. Cette maçonnerie additionnelle est massive sous la tour et sous la zône qui l'entoure ; mais, en avant et en arrière, partout où la distance entre le rocher et la plate-forme permettait de réserver un vide utilisable, on l'a recouvert de voûtes. On a ménagé ainsi : à l'est, deux magasins prenant jour sur le front des maçonneries ; à l'ouest, une citerne et un petit réduit qui a servi de cuisine pendant la construction.

Par ce moyen, on a agrandi et élevé la plate-forme qui environne la tour et les préaux qui la précèdent et la suivent. Cet espace présente, en couronnement, une figure régulière et parfaitement symétrique qui rappelle un peu les formes compliquées qu'affectaient les terrasses des châteaux des derniers siècles. Mais ici cette disposition n'a rien d'artificiel : elle résulte de l'étude la plus approfondie de la nature de l'emplacement. Ce n'est qu'après de nombreux essais que l'ingénieur est arrivé à asseoir ces formes régulières sur une base qui l'était si peu, sans rien sacrifier des ressources disponibles pour étendre les dépendances du phare. On remarquera, par exemple, que l'une des retraites que présente l'enceinte, au nord-est, n'était point motivée par la forme du rocher, qui offre, au contraire, de ce côté, un excédant de largeur. Cependant, ce n'est pas un sacrifice à la symétrie : l'espace libre est occupé par un escalier latéral indispensable pour l'accès des magasins situés sous cette partie du préau.

La citerne, qui occupe l'extrémité opposée, est accusée extérieurement par la forme demi-cylindrique du massif. Cette pointe est celle qui est la plus exposée aux lames venant de l'ouest ; on avait intérêt à se garantir autant que possible, de ce côté, par des constructions au-dessus de la plate-forme. On a donc élevé, au-dessus de la citerne, une tourelle ronde, flanquée de deux petits corps carrés répondant à la forme du massif, et recouverte par une maçonnerie en pointement conique. Elle offre une retraite précieuse, comme salle de repos et de travail, abri contre la chaleur et le vent. Les deux annexes sont utilisés, l'un pour la pompe, l'autre pour les communs.

Au centre s'élève la tour du phare. Dans cette situation, elle n'est point exposée à l'action directe de la mer ; il devenait inutile de lui donner la forme cylindrique et la surface lisse qui est naturellement indiquée pour les phares dont la base plonge dans la mer, comme celui des Héaux. On a donc adopté la forme quadrangulaire qui présente moins de difficultés d'exécution et se prête beaucoup mieux à la distribution ou plutôt à l'habitation à l'intérieur. On a pu de même placer en annexe l'escalier tournant, dont l'enveloppe cylindrique fait saillie de moitié de son épaisseur sur une des faces. Chaque étage a pu ainsi être composé d'une pièce régulière de 4 mètres de côté. Les quatre étages inférieurs sont voûtés en arc de cloître ; l'étage supérieur, chambre de service, est voûté en cul de four sur pendentif.

Le tout est couronné par une corniche avec attique, formant le parapet d'une plate-forme sur laquelle s'élève la tour ronde, chambre de l'appareil et base de la lanterne. Cette plate-forme, qui sert à la visite extérieure de la lanterne, est aussi un promenoir et, de plus, un poste d'observation et de vigie en temps de guerre. Elle renferme d'ailleurs ici un autre moyen de salut offert au marin par la sollicitude de l'Etat. Souvent, dans les temps calmes, des brumes épaisses masquent à sa vue tous les objets qui pourraient lui servir de repère, et le jour est, pour lui, aussi dangereux que les plus sombres nuits. Emporté par les courants, contre lesquels la brise lui refuse son secours, il erre au hasard, et peut être jeté sur l'écueil avant de l'avoir aperçu. On a donc placé, sur le sommet de la tour, une sonnerie puissante dont le rhythme très-caractérisé ne se confondra avec aucun autre bruit. Elle sera mise en mouvement, dans ces circonstances, par un appareil d'horlogerie, et sa voix enverra au loin à l'oreille du marin le renseignement que la vue lui refuse.

La plate-forme a donc dû être étendue par une forte saillie de la corniche, soutenue par des modillons vigoureusement accentués.

Il ne restait plus à régler que les moyens d'accès. En haute mer, l'accostage du rocher est presque toujours impossible. Ce n'est qu'à basse mer, lorsque les roches voisines découvertes brisent les courants, qu'il règne un calme relatif dans la petite anse du nord-ouest dont nous avons parlé.

On y a donc créé un petit quai d'où l'on descend par quelques marches au niveau des plus basses mers. De ce quai de débarquement, deux volées d'escalier successives, épousant le relief du sol, conduisent à un pallier dominant la pointe extrême de la roche, d'où part une dernière volée, suivant l'axe de symétrie de la construction, et dont les dernières marches, creusées dans le massif, vous amènent en face de la porte d'entrée. Cette dernière partie de l'escalier est la seule qui soit apparente à l'extérieur. Les autres volées sont entièrement dissimulées par les saillies du rocher. A mesure que l'embarcation qui le porte s'approche du phare, le visiteur se demande si, comme dans certains châteaux, des génies, il ne faut point se munir d'ailes pour escalader ces remparts ; ce n'est qu'après avoir tourné la pointe et pénétré dans l'anse du nord-est, qu'il aperçoit les moyens d'accostage et d'accès, qui le conduisent si facilement au sommet.

On pardonnerait à l'auteur du projet d'avoir cherché cet effet par une sorte de coquetterie d'artiste ; mais on lui rend une justice plus digne de lui quand, après avoir examiné tout le pourtour de l'écueil, on reconnait qu'il a choisi l'endroit où l'accostage était le plus commode, et le seul où la montée pût être pratiquée avec facilité.

Que l'on nous permette d'insister un peu sur ces considérations. Les œuvres d'architecture sont souvent conçues au point de vue de l'aspect extérieur : on veut plaire aux yeux. On cherche les formes qui doivent atteindre ce but dans l'imitation des édifices consacrés par l'admiration des siècles. Les plus puristes se préoccupent du style, c'est-à-dire, de l'ensemble des détails adoptés par le goût des constructeurs à une époque déterminée. Le suprême de l'art consiste, pour eux, à s'interdire, dans la copie des monuments de cet âge, tout ornement, même heureux, qui aurait été inventé cent ans plus tôt ou plus tard. D'ailleurs, tel n'a de goût que pour les œuvres des Grecs, et copie, en l'honneur du culte chrétien, un temple de Vénus ou de Minerve ; un autre y place le marché où se cote la rente. Celui-ci n'aime que les cathédrales, et veut introduire le style ogival jusque dans nos habitations. La Renaissance a ses partisans, qui en appliquent partout les formes coquettes et les ornements fleuris. Il y en a d'autres dont le goût est éclectique, et qui, dans une même construction, placeront des ogives à un étage, des trèfles à un autre, et des fenêtres cintrées au-dessus. A Dieu ne plaise que nous critiquions tout cela. Mais nos projets sont soumis à d'autres règles : l'utilité, le service public, sont les seuls motifs qui justifient l'emploi des deniers de l'Etat ; la lutte avec les difficultés qu'oppose l'emplacement, l'utilisation de toutes les ressources qu'il fournit, voilà l'œuvre de l'ingénieur. Est-il démontré qu'il ne suive

pas ainsi la voie qui doit conduire au beau ? Je ne sais ;
mais il est certain qu'en voyant l'ordonnance du phare,
on la trouve si complètement en harmonie avec sa base,
que l'on se demande si la construction n'est point dé-
coupée dans le rocher, ou si la roche elle-même n'est
pas la fondation cyclopéenne de l'édifice.

Il en est de même du choix des matériaux, de leur
préparation, de la décoration extérieure qui en résulte.
Il n'était point ici question d'appeler la sculpture au
secours de la décoration architectonique, ni même de
chercher au loin, dans des carrières privilégiées, des
matériaux précieux, pour les assembler en vue d'une
décoration polychrome. Toute recherche de ce genre
était interdite : il fallait utiliser les ressources des carrières voisines. Or, notre sol de granit fournit, sans
doute, les matériaux de construction les plus durables ;
mais on sait que leur couleur sombre et leur dureté se
prêtent difficilement à la décoration des édifices. Maintenant, beaucoup de constructeurs font venir, de Nor-
mandie, des calcaires moins précieux en eux-mêmes,
mais qui se prêtent mieux aux fantaisies du dessinateur.

Il ne faut pas, toutefois, dédaigner les éléments qui
sont à notre portée ; le succès, ici comme ailleurs, appartient à qui sait le chercher.

Du haut du *Guen-Bras*, on voit devant soi la côte
rocheuse de Trégastel et de Perros ; à l'ouest, les belles
carrières de granit blanc bleuâtre de l'Ile-Grande et des
îlots voisins ; au centre, les roches rouges de Plouma-
nac'h ; à l'est et près du chantier à terre, les carrières
de moëllon brut d'une teinte sombre. C'était là qu'il
fallait puiser. Les premières ont fourni la pierre de taille ;
la seconde, le moëllon de parement de la tour et des

annexes ; les dernières, le moëllon brut des massifs et de la substruction.

Les difficultés du débarquement et du montage des gros matériaux devaient faire réduire, autant que possible, l'emploi de la pierre de taille. Grâce à l'emploi du ciment de Portland, on a pu, sans crainte pour la solidité du phare, étendre à presque toutes les parties la maçonnerie en moëllon ordinaire. Il en est résulté la nécessité d'augmenter l'épaisseur des murs de la tour; et, par conséquent, ses dimensions transversales apparentes.

Les parements du massif de la substruction, qui s'attachent directement au rocher, ont été exécutés en matériaux irréguliers et bruts, sans aucune sorte de préparation. Ces faces, qui s'appuient sur les points les plus avancés du rocher, s'en distinguent à peine et en paraissent le prolongement naturel.

Le niveau de la plate-forme est seul accusé par un cordon saillant en pierre de taille, qui supporte en partie, en encorbellement, le parapet, également en pierre.

Dans la tour et les bâtiments annexes, l'emploi de la pierre de taille a été restreint au socle, aux angles, aux encadrements des portes et fenêtres et à la corniche.

Tous les parements, sauf ceux des encadrements des fenêtres et de la corniche, sont restés bruts. On a taillé, au contraire, avec soin, les lits et joints qui constituent l'appareil, et ciselé les arêtes qui le définissent à l'extérieur.

De ces dispositions simples et logiques résulte une très-remarquable décoration. Le contraste des couleurs des deux natures de matériaux anime l'aspect de l'édifice, sans lui ôter de sa gravité ; les puissants bossages de la pierre de taille lui donnent un caractère de vigueur et de résistance ; les parements bruts s'harmonisent avec le site sauvage et les formes déchirées du rocher ; toutes les lignes de la construction sont fortement accusées, et sont nettement perçues en mer à la distance considérable qui sera le point de vue habituel du monument. La corniche, qui paraît exagérée sur un dessein d'élévation du phare, n'a plus, dans cette situation, que la proportion convenable.

On rapporte que deux sculpteurs d'Athènes exposèrent en concours, au public, le modèle d'un buste destiné à être placé au sommet d'un édifice élevé. L'un d'eux obtint le suffrage unanime par la finesse de la sculpture ; le second excita le rire par la grossièreté des traits. Un nez énorme, des lèvres épaisses, de gros yeux sous de lourds sourcils, ne constituaient qu'une caricature pour ce peuple habitué au plus beau type de la nature humaine. — « Citoyens, dit l'artiste, suspendez » votre jugement. Est-ce à portée de la main que vous » devez placer la statue ? Nullement ; c'est là-haut sur » ce faîte et se dessinant sur le ciel. Mettez les deux » bustes à leur place, et vous prononcerez. »

Les Athéniens étaient des hommes comme nous ; ils écoutaient la raison quelquefois. On suivit le conseil du sculpteur. Mais alors le joli buste ne parut plus qu'une pâle figurine, où la forme humaine était à peine saisissable ; tandis que les traits de l'autre frappèrent les yeux, et toute la figure resplendit du caractère de majesté que le génie de l'artiste lui avait imprimée.

Telle est la tour érigée sur le *Guen-Bras*. Ce n'est point le pavillon d'un palais, encore moins le kiosque d'un jardin public : c'est un phare en pleine mer, sur un rocher sauvage, au milieu d'un groupe d'affreux écueils. C'est dans ce cadre immense qu'il faut le voir et l'apprécier.

L'ensemble de la construction rappelle aux yeux ces anciens nids d'aigles, repaires de forbans et d'écumeurs de mer, effroi du navigateur. On y retrouve la ligne continue des remparts, la gorge d'entrée, le poste de vigie et, enfin, le donjon central. Mais ce n'est plus une menace pour le marin ; c'est un monument protecteur, sur lequel il ne jette plus qu'un regard reconnaissant.

La conception du projet n'est qu'une partie de l'œuvre de l'ingénieur : l'exécution le met en face de difficutés nouvelles. On comprendra sans peine combien elles étaient sérieuses.

Les personnes, même les plus étrangères au métier du constructeur, ont consacré quelques heures de loisir à suivre le mouvement d'un chantier de travaux. On y a remarqué avec intérêt les appareils de montage, les chemins d'accès pour l'apport des matériaux, et le développement considérable des lieux de dépôt et de préparation placés à proximité de l'édifice et concentrés sous une seule surveillance. Là, cependant, la tâche est ordinairement divisée : les ingénieurs et les agents de l'Etat veillent à la bonne exécution des ouvrages, aux mesures de sécurité, aux dispositions qui assurent la célérité des travaux et leur achèvement en temps opportun ; l'entrepreneur est chargé, à ses risques et périls, des procédés matériels d'exécution, des marchés de fournitures, de la réunion et du paiement des ouvriers. Ceux-ci, d'ailleurs, se logent où ils peuvent et se nour-

rissent comme ils veulent. Si la localité ne présente pas
de ressources pour cet objet, l'industrie privée ne tarde
pas à y suppléer. Ce n'est jamais le cabaret qui fait défaut au besoin.

Les conditions sont ici fort différentes. Les chances
impossibles à prévoir sont telles, qu'aucun entrepreneur
ne peut les courir. Les travaux s'exécutent nécessairement en régie, et l'ingénieur est chargé de tous les détails et de toute la responsabilité. Il lui faut non-seulement faire tous les marchés et s'assurer le personnel
d'ouvriers nécessaires, il faut qu'il organise les moyens
de les nourrir et, plus tard, de les loger sur le rocher;
car l'empressement que mettent tant de gens pour vendre à manger, et surtout à boire, n'a point encore été
jusqu'à fonder une auberge sur une pointe de rocher
au milieu de la mer.

L'ingénieur doit, en outre, se faire armateur et organiser les transports par mer. Mais il ne s'agit point de
porter les matériaux d'un port à un autre, de les déposer
sur un quai fait exprès dans un lieu abrité. Le but du
voyage, le port de débarquement, c'est un écueil, c'est
un danger que le navigateur ordinaire doit fuir, et que
l'on se propose précisément de lui faire éviter. Il faut
exécuter ces transports presque quotidiens, dans une
mer dangereuse et dont la violence nous réservait des
obstacles que des marins expérimentés eux-mêmes
étaient loin de prévoir.

Telles sont les principales difficultés de ce genre de
travaux, auxquelles se joignait ici l'exiguité de l'espace
qui suffisait à peine à la construction, et où l'on ne pouvait déposer une pierre qu'après avoir exécuté une maçonnerie pour la recevoir. Voici l'organisation à l'aide
de laquelle on a pu en triompher.

On a choisi, pour chantier à terre et port d'embarquement, la rade de Perros. Le point de départ était
ainsi à 21 kilomètres du phare ; mais, malgré l'inconvénient très-réel de ce grand éloignement, l'emplacement présentait des avantages que nul autre n'eût pu
réaliser. Là, les embarcations étaient à l'abri des tempêtes qui pouvaient survenir pendant la période des
travaux. On pouvait sortir facilement de cette belle rade
par tous les temps où l'état de la mer ne rendait point
inutile la tentative du voyage. Enfin, l'embarquement
devant nécessairement se faire en haute mer, et l'accostage au rocher ne pouvant avoir lieu qu'en basse mer,
les courants de jusant et de flot portaient naturellement
les navires, tant à l'aller qu'au retour ; et cette force,
constamment favorable, permettait de lutter contre les
chances variables des vents.

Le chantier est une grève insubmersible de galets,
située en dehors de la petite jetée de Lanquin qui forme
le port de Perros. On a construit, près l'enracinement
de cette jetée, une maisonnette servant de magasin et
de bureau pendant la construction. L'ingénieur a dû s'y
installer, chaque campagne, pour la direction des travaux. Elle conserve, après la construction, son utilité
comme magasin du service de balisage dans cette contrée ; une famille de gardien du phare y trouvera son
logement.

Un embarcadère spécial a été construit pour le char-
gement, sur les gabarres, des matériaux qui y étaient
conduits par un petit chemin de fer. Cet embarcadère
subsiste, et rend les plus grands services aux équipages
des nombreux navires qui viennent chercher, dans la
rade, un abri contre la tempête ; car, dans toute cette

entreprise, on n'a jamais négligé l'occasion de tirer un parti utile, pour l'avenir, des dispositions commandées par les circonstances présentes.

Trois gabarres frétées pour ce service et la petite goëlette à vapeur l'*Etoile* étaient destinées aux transports. Mais on s'était, avec raison, effrayé de la durée du voyage et du peu de temps qu'il permettrait de consacrer à la construction. Aussi, pour la première période des travaux, pendant laquelle il n'existait sur la roche ni lieu de dépôt, ni abri possible, on avait songé à employer un système qui nous avait parfaitement réussi dans la construction des tourelles du Grand-Léjon et de la Longue, dans la baie de Saint-Brieuc. Un lourd bateau de transport de la marine impériale, dit *bugalet*, devait être mouillé à quelques centaines de mètres du rocher. Il devait servir de lieu de dépôt des matériaux, de cantine et d'auberge pour les ouvriers, qui n'auraient eu, chaque jour, qu'un court trajet à faire pour se rendre à la roche avec les matériaux nécessaires à chaque voyage. Le bugalet aurait été constamment approvisionné par le service des gabarres.

Le bugalet avait été muni d'ancres et de chaînes d'un échantillon bien supérieur à ce que son tonnage paraissait exiger, et le très-habile capitaine qui le commandait pensait bien y braver en sécurité les plus mauvais temps. Mais l'expérience démontra vite combien on s'était abusé. Malgré de nombreux efforts et des tentatives renouvelées, le bugalet ne put jamais tenir huit jours de suite au mouillage, et il finit sa campagne, après avoir perdu successivement deux ancres et 80 mètres de chaîne et avoir failli se perdre contre le rocher, sans avoir pu, une seule fois, remplir sa destination.

On reconnut d'ailleurs que les débarquements et embarquements, au *Guen-Bras*, ne pouvaient se faire avec sécurité que lorsque la mer était suffisamment basse, ce qui réduisait, dans tous les cas, à trois heures environ le séjour possible pour des ouvriers obligés de coucher ailleurs ; et, enfin, que les courants de marée que l'on devait nécessairement traverser entre le bugalet et la roche auraient, presque toujours, fait échouer la tentative de transport entre ces deux points.

On fut donc réduit, pendant toute la campagne de 1861, à transporter chaque jour les ouvriers, les matériaux, les outils, à 21 kilomètres , pour obtenir trois heures de travail, dont une partie était perdue par le déchargement des matériaux. Souvent on ne faisait que cela, et l'état de la mer forçait de rembarquer immédiatement ; quelquefois le voyage était inutile et l'accostage impossible.

Par ces moyens longs et dispendieux , on parvint cependant à élever le massif plein sur lequel devait reposer la tour. On y installa un mât de charge, sur lequel nous reviendrons, et autour de ce mât, dans l'emplacement qui devait former le vide du rez-de-chaussée de la tour, on construisit une cabane en charpente. Dans cet étroit espace, on parvint à disposer dix-huit couchettes et hamacs échelonnés en trois étages superposés, le dépôt de vivres et la cuisine. On laissa cependant cette construction, tout un hiver, exposée aux plus violentes tempêtes. Au commencement de la campagne suivante, sa résistance étant suffisamment constatée, on put l'habiter ; un employé s'y installa avec un nombre suffisant d'ouvriers, et, dès lors, la construction put marcher régulièrement. Les gabarres purent constamment approvisionner ce chantier, dont les travaux furent à peine gênés par les tempêtes qui interdisaient toute communication avec la terre. Après la plus longue interruption, qui dura moins de huit jours, on retrouva l'atelier ayant épuisé ses matériaux, sa provision de vin et réduit aux vivres de mer, mais bien portant et sans émotion.

Lorsque le rez-de-chaussée, enveloppant de toutes parts la cabane provisoire, fut complètement terminé, celle-ci fut démontée, et les ouvriers, ainsi que le chef d'atelier, profitèrent successivement de toutes les pièces principales et annexes, à mesure de leur construction.

Les appareils pour le débarquement et le montage étaient le point capital de l'opération. Le système adopté par M. Pelaud est de la plus grande simplicité, et a eu le plus heureux succès. La photographie de M. Capelle, prise au moment où l'on mettait la dernière main aux travaux de construction, représente deux de ces appareils. Un groupe d'ouvriers est occupé à élever, à l'aide de l'un d'eux, un certain nombre de barils de ciment. On voit qu'ils se composent d'un mât vertical scellé au rocher et solidement haubané, et d'une corne inclinée terminée inférieurement par une fourche qui embrasse le mât vertical, et reliée avec lui à la tête, de manière à pouvoir tourner librement. Cette corne porte à son extrémité la poulie de renvoi du câble, qui supporte le fardeau à élever au moyen d'un treuil solidement fixé au rocher. La corne est amenée au droit du navire fixé à quatre amarres près de la roche. La pierre est saisie à bord et attachée au palan ; elle est élevée ainsi verticalement jusqu'à la hauteur de la plate-forme, où la corne vient la déposer au pied de la tour, par un mouvement de rotation.

Un autre appareil semblable, installé au centre de la tour, reprend la pierre, et la porte directement, par le même procédé , jusqu'à la place qu'elle doit occuper dans la construction.— Ce dernier appareil , qui a disparu avec l'achèvement du phare et ne figure point sur la photographie , a été lui-même successivement élevé sur les parties déjà construites de la tour, suivant les progrès de l'œuvre.

Lorsque la première pierre du socle, qui pesait plus de 3,000 kil. , fut ainsi débarquée, élevée et mise en place par un mouvement régulier, tout l'atelier, qui l'avait suivie avec une anxiété visible, fit éclater sa joie. Le cri du soldat et du marin français : *Vive l'Empereur !* sortit de toutes les bouches, et fut aussitôt suivi de celui de : *Vive l'Ingénieur !*

C'est que tous ces hommes savaient ce que le problème résolu renfermait de difficultés , d'obstacles , de périls même ; c'est que, sous l'apparente simplicité des moyens, ils pouvaient juger le travail d'étude qui les avait appropriés aux circonstances. Ces machines, réduites à leur plus simple expression , étaient peut-être les seules que l'on pût convenablement mettre en usage, et ce n'était point sans peine qu'on les avait installées. Le mât de charge placé au sud, et qui a soulevé tous les lourds fardeaux, dominait une face verticale ; le treuil et les hommes qui le manœuvraient étaient placés sur un étroit balcon scellé au rocher et suspendu sur l'abîme. Tout était commandé : la portée de la corne, qui devait prendre la pierre dans le navire, à la seule place où il pût être dans une sécurité relative, et la déposer au pied de la tour ; les moyens de fixer momentanément la gabarre pour diminuer le roulis qui l'exposait à se briser contre la pierre soulevée, de l'éloigner ensuite rapidement pour la soustraire aux périls d'une chute possible de la masse ascendante. Tout avait été calculé ; et tous saluaient le succès qui proclamait le mérite de la solution adoptée.

Une part du succès appartient aux marins des diverses embarcations attachées au travail. On est heureux de commander cette énergique population, ces cœurs d'or sous une enveloppe de fer. Il faut les avoir vus à l'œuvre, pour savoir ce que leur métier pénible a développé en eux d'adresse, de ressources, de courage et de sang-froid.

Un jour, une des gabarres arrivait la dernière près du rocher. Son canot fut mis en mer pour jeter l'amarre sur une des bouées mouillées à cet effet. La violence du courant retardait cette manœuvre, et, pendant ce temps, la gabarre, emportée par son erre, courait vers les roches voisines du *Guen-Bras*. Tous l'observaient avec effroi ; elle approche, elle va toucher. Un cri unanime se fait entendre ; toutes les embarcations sont aussitôt à la mer pour porter secours aux naufragés. Mais, au même moment, les marins du canot, à force de rames, ont pu joindre la bouée et y jeter l'amarre : « Hale à bord, » crient-ils ; et la gabarre est enfin arrêtée dans sa course périlleuse. Un seul homme n'a pas tremblé, c'est le patron dont la fortune et la vie étaient en jeu. Il a mesuré le péril avec sang-froid ; il a exécuté, au moment précis, la manœuvre de salut, et, sans plus d'émotion que s'il se fût agi d'une traversée ordinaire, il continue à manœuvrer, de manière à venir se placer sous le mât de charge et opérer le débarquement des matériaux. Le lendemain, c'est lui qui eût été ému, anxieux, empressé, si son camarade eût été dans la même situation.

C'est, du reste, une des heureuses conditions de ces travaux exceptionnels, de faire voir la nature humaine sous ses meilleurs côtés, et, grâces au ciel, ils sont réels.

Tous les ouvriers employés à ces travaux difficiles, soumis à un régime plus dur que leur existence habituelle dans nos champs, dans nos ateliers, loin de se refuser aux exigences de la situation, y mettent, au contraire, une ardeur spéciale, et tiennent à honneur leur participation à une œuvre de cette importance.

Certes, il est difficile de concevoir une situation moins commode que celle des ouvriers installés à demeure, au milieu de la mer, sur une pointe aiguë de rocher, n'ayant pour tout abri qu'une cabane en charpente, où ils sont rangés comme dans un casier. La mer furieuse gronde à l'entour, et ses lames viennent battre et couvrir leur abri. Tout secours, en cas d'accident est impossible ; toute communication avec la terre est momentanément défendue ; et, cependant, pas une plainte n'est proférée ; pas un seul, après ces épreuves, ne demande à quitter son poste.

De telles campagnes créent, entre les ingénieurs et les hommes qu'ils ont commandés, d'autres liens que ceux d'une construction ordinaire. C'est avec une affection sérieuse que l'ingénieur les dirige, c'est avec un respect presque filial qu'ils obéissent. Et, quand l'œuvre est terminée et que le chantier doit être congédié, ce n'est pas sans émotion mutuelle que se fait la séparation.

Que tous reçoivent ici le témoignage d'une affectueuse sympathie : ils ont bien fait leur devoir.

Citons surtout, avec éloges, les deux collaborateurs de M. Pelaud : le conducteur Abgrall, qui a suivi tous les travaux, et qui s'est constamment partagé entre le chantier à terre et la construction sur le rocher ; l'employé secondaire Le Pezron, qui a partagé, depuis le commencement jusqu'à la fin, l'existence pénible des ouvriers logés sur l'écueil.

Quant à M. Pelaud, quelque honneur que lui fasse cette opération, nous sommes convaincu que sa plus douce récompense est dans le dernier détail qu'il nous reste à donner. Grâce à sa prudence, à l'excellence de son organisation, la construction du phare des Triagoz, accomplie en quatre campagnes, n'a été signalée par aucun sinistre. Pas une mort, pas une blessure n'attriste le souvenir de ses succès.

Enfin, tous ces dévouements ont atteint leur but. Le phare des Triagoz est allumé depuis le 15 Novembre. La France compte une étoile de plus dans la ceinture lumineuse qui signale l'approche de ses rives hospitalières.

DES

LECTURES D'AGRÉMENT

Que n'a-t-on pas dit, Messieurs, et on n'a rien dit de trop, sur l'influence des livres, qui pénètrent l'âme peu à peu, et s'en emparent, à la longue, par la raison, par l'imagination et par le cœur !

Il y a telle lecture qui a imprimé son cachet indélébile au génie et à la destinée d'un homme : Bernardin de Saint-Pierre devait peut-être à la *Vie des Pères du Désert* ce parfum de tristesse et de rêverie qui lui donne tant de charme ; et, sans la Bible, que notre illustre Lamartine lisait, enfant, sur les genoux de sa pieuse mère, ses plus belles poésies auraient-elles ce caractère spiritualiste et religieux qui a fait leur gloire ?

Qui d'entre nous, en remontant le cours de ses jeunes années, n'y retrouve pas la trace profonde de quelque

(1) Cette conférence a été faite dans l'assemblée générale de la Société d'Emulation des Côtes-du-Nord, le 13 Décembre 1864, par M. l'abbé Dauphin, chanoine du Chapitre impérial de Saint-Denis.

livre, peut-être médiocre, peut-être ignoré, auquel se rattachent pourtant telles qualités de son cœur, telles directions de son esprit, telles jouissances de son âme, et, peut-être, tels événements de sa vie ?

Or, ces lectures, dont l'influence est si réelle, si durable, elles se peuvent diviser en deux espèces générales :

1º Les lectures sérieuses ou d'instruction, ouvrages d'histoire, de biographie, de science, de morale, d'éducation ;

2º Les lectures délassantes ou d'agrément, poésies, drames, contes, nouvelles, voyages, romans.

Je devrais vous parler des premières, si je ne consultais que mes goûts et mon sacerdoce ; mais, me plaçant au point de vue d'une application plus générale, et mettant à profit l'expérience exceptionnelle qu'ont donnée au prêtre vingt années passées dans l'enseignement des lettres, j'ai cru, Messieurs, qu'il valait mieux vous parler des lectures d'agrément.

Je désigne sous ce nom générique tous les ouvrages d'imagination, et c'est vous dire d'avance que, dans cette catégorie de lectures, il se trouve d'excellents livres, éternel honneur de l'esprit humain, que je suis loin de déprécier, encore moins de proscrire. Que Dieu nous garde, certes, de condamner le culte du beau, qui élève l'âme et spiritualise la vie ! Que Dieu nous garde de réduire l'activité humaine tout entière à cette réalisation de l'utile et du confortable qui absorbe si tristement, de nos jours, tant d'esprits distingués, mais incomplets !

L'enthousiasme est un des beaux et grands éléments de la vie humaine, et si nous voulions supputer les résultats à la façon des statisticiens, il nous serait facile de montrer que c'est aux âmes ardentes que l'humanité doit ses plus nombreux et plus importants progrès, les grandes découvertes, les grandes réformes, les grandes institutions. Il en est, Messieurs, de la marche des sociétés humaines à travers les siècles, comme de la marche d'une armée à l'assaut d'un camp ou d'une forteresse : les plus impétueux font la trouée, les plus positifs marchent après et achèvent la conquête.

Nous apprécions à leur valeur les progrès de l'industrie ; nous aimons, sans arrière-pensées, les sciences positives ; mais nous honorons, comme de nobles choses, l'art et la poésie, et nous croyons, à vrai dire, que les génies inspirés qui s'appellent Homère, Dante, Corneille, Michel-Ange ou Mozart, ne perdent rien de leurs droits à l'admiration universelle, parce que Lavoisier et Thénard ont fait progresser la chimie, Laplace les mathématiques et Papin les machines à vapeur.

Laissons donc aux livres d'imagination leur ancienne et légitime place. Moyennant la sagesse dans le choix et la sobriété dans l'usage, ils concourent, pour leur part, à la formation intégrale de l'homme.

Shakespeare a écrit quelque part cette pensée originale et profonde : « Je plains l'homme qui n'a pas en » lui une certaine musique intérieure, car il fait noir » dans son âme. »

Ne pourrait-on pas généraliser cette pensée et dire : Je plains l'homme dépourvu de ce vif sentiment du beau qui s'appelle poésie, car son âme n'a point d'ailes, ni sa vie de soleil ? Là où d'autres volent, il marche lourdement ; là où il serait doux de sentir, il calcule ; là où la foi pourrait le transporter, il est embarrassé de doutes. Rien de grand ni de fort ne peut sortir de cette nature compassée qu'aucun élan ne soulève, qu'aucune noble passion n'excite, et qui manque de ces vives joies de sentiment qui restaurent et multiplient les forces de la volonté.

Outre cet accroissement et cette prédominance de la vie morale, les bonnes lectures d'imagination ne développent-elles pas aussi le tact dans les habitudes, le goût dans les appréciations, la noblesse dans les sentiments, la distinction du cœur, de l'esprit et des manières?

Toutes ces qualités affectueuses, délicates, bienveillantes, qui répandent un si grand charme sur l'ensemble de la vie, ce ne sont pas toujours les livres sérieux qui les inspirent ; c'est plus ordinairement l'impression de quelque belle poésie, l'entraînement d'un drame qui met en jeu les ressorts généreux de l'âme, ou même les émotions honnêtes d'un roman qui ne blesse ni les vraisemblances ni la pudeur.

Honneur à qui comprend de la sorte les œuvres d'imagination ! Honneur à qui les produit dans ce but élevé de donner aux âmes de l'élan, de la noblesse, des consolations et des joies morales !

Mais ce que nous déplorons, Messieurs, c'est d'abord le discrédit presque général de la littérature sérieuse, puis le règne chaque jour plus envahissant et la corruption malheureusement croissante de la littérature frivole et romanesque. Que lit-on et qu'écrit-on en France depuis un certain nombre d'années? Hélas ! j'ai quelque honte d'en faire l'aveu, et c'est, je pense, un grand sujet de triomphe pour les jaloux de notre gloire littéraire : à part un petit nombre d'esprits sérieux qui gardent le culte et la tradition des bonnes lettres, le public avide ne dévore que les recueils du théâtre, les feuilletons du journal et les romans du cabinet de lecture.

Aussi, voyez avec quelle désolante profusion et quelle vénalité scandaleuse la foule des écrivains fomente et exploite ce goût dépravé du public : de toutes parts et sous toutes les formes, les ouvrages romanesques nous réclament et nous inondent ; c'est un marché, une averse, un déluge. Non-seulement on n'écrit plus que ceux-là, mais on les fabrique, si j'ose le dire, tant est grande la fécondité et la vitesse de leur confection. Le talent est devenu un procédé, la littérature une industrie ; et nous avons maintenant des artisans intellectuels, des manufactures littéraires et des livres de pacotille. Aussi n'est-ce pas précisément l'écrivain qui forme le public, qui l'instruit, qui le domine, qui l'élève jusqu'à sa pensée ; c'est plutôt la fantaisie du public qui s'impose à l'écrivain, plus soucieux, en général, de la mode que du bon goût, plus avide du profit que de la gloire. Il est probable que nos faiseurs intarissables se demandent quelquefois : Mon livre est-il bien fait ? mais il est certain qu'ils se demandent toujours : Mon livre se vendra-t-il ?

Dans ce trafic odieux qui fait boutique des plus beaux dons de l'intelligence, où est la place du talent consciencieux et délicat ? où est la gloire qui le stimule, où est l'influence qui l'encourage ? S'il étudie sérieusement, la pauvreté s'empare de sa vie ; s'il se hâte d'écrire, on le lit à peine, et les prôneurs officiels lui refusent le bienfait de la renommée. Que peut-il faire, ayant ainsi contre lui l'indifférence des sots et la jalousie des trafiquants ? Il cultivera son champ, s'il en a un ; il fera du commerce, de l'industrie, de la médecine, du barreau, une profession quelconque, et avec cela, s'il peut, quelques œuvres charitables ; mais il renoncera, soyez-en sûrs, à faire des livres, et la littérature restera, en général, une grande et humiliante exploitation.

A Dieu ne plaise, toutefois, que je sois ingrat ou injuste envers les talents glorieux qui honorent aujour-
d'hui les lettres. Je reconnais que, même dans les rangs
des exploiteurs, il y a une dépense énorme ou plutôt
une profanation déplorable d'imagination, de sentiment,
de style, de génie. Je reconnais surtout qu'en dehors et
au-dessus de la littérature mercantile, il y a encore,
Dieu merci, des savants utiles, des écrivains sérieux et
des hommes éminents que tous nomment dans leur admiration et dont la postérité ratifiera la gloire.

Mais je dis, et beaucoup s'en plaignent, que cette littérature courante, féconde, tumultueuse, qui a pour elle
les journaux, les théâtres, la librairie et la vogue, est
généralement exploitée par des hommes sans dignité et
sans conscience.

Aussi, voyez comme tous procédés lui sont bons pour
réveiller le goût blasé des lecteurs qu'elle sature. Quand
la passion ne suffit plus, elle y emploie les sens, et dans
l'impuissance d'émouvoir les âmes, elle les galvanise.
L'assassinat, le poison, le suicide, l'inceste, l'orgie, l'é-
meute, les galériens, les débauchés, les fous, les escrocs,
les femmes perdues, tout ce qu'il y a d'horrible, d'atroce,
de monstrueux, d'exceptionnel ou de grotesque, voilà,
si j'ose le dire, les ingrédients les plus ordinaires de
cette mixtion surexcitante et empoisonnée que nous ap-
pelons la littérature romanesque.

Aussi funeste dans son exagération qu'elle est pla-
giaire dans ses moyens, monotone dans son apparente
fécondité, immorale dans son esprit, elle ne respecte ni
la religion, ni la nature, ni l'histoire. La vraisemblance,
la simplicité, le sentiment, elle les heurte par ses couleurs chargées et ses ardeurs fiévreuses ; les faits et les

caractères, elle les dénature en ne tenant compte que des exceptions ; les mœurs et les croyances, elle les déprave par son cynisme éhonté.

Que de ravages cette littérature n'a-t-elle pas exercés déjà sur l'esprit et le cœur de la portion la plus impressionnable et la plus faible de la société, le peuple, les enfants, les femmes !

La profusion et la circulation du roman est donc une chose qui navre et qui épouvante tout homme de bien. Regardez aux étalages des libraires ou sur le guéridon du salon confortable, dans les cabinets littéraires ou dans la hotte du colporteur, partout le roman ; j'allais presque dire, rien que le roman. La grande dame en amuse son oisiveté, le pauvre artisan lui sacrifie plus d'une fois ses heures de travail, l'homme affairé s'y délasse, la jeune fille l'obtient comme une récompense, et l'écolier se cache pour y perdre le goût de l'étude, son avenir, son innocence, son salut.

Le roman se multiplie et se répand jusqu'aux plus modestes foyers, jusqu'aux plus lointains villages, relié, broché, illustré, en petits volumes portatifs ou en éditions de luxe, sous tous les formats et à tous les prix. Il s'étale dans la revue, il se glisse dans l'almanach, il règne dans le journal. Chaque jour, vingt ou trente mille facteurs sillonnent tous les chemins de la France, portant, à six ou sept cent mille lecteurs, une fraction de roman qu'on appelle un feuilleton. Et ce feuilleton, où se déroulent des intrigues passionnées, où se développent des scènes voluptueuses, il repose, sans préservatif, sur la table paternelle ; l'enfant lui-même peut en repaître sa curiosité, et il ne le fait que trop souvent.

Quelle force prodigieuse, Messieurs, ou plutôt quel

redoutable dissolvant que cette vaste propagande des lectures romanesques ! Quelle ivraie dans le champ de la famille ! Quelle source, pour les moralistes, de luttes stériles; de cruelles impuissances et de cuisants chagrins !

Je distingue deux effets principaux, et tous deux fu-nestes, de ces sortes de lectures : un effet moral ou de conscience, un effet psychologique ou d'éducation.

Le premier s'attaque aux mœurs, qu'il corrompt ou énerve ; le second s'attaque aux facultés, dont il arrête ou fausse le développement.

Je dis d'abord que les lectures romanesques corrom-pent ou énervent les mœurs. On ne le conteste pas, en général, et pourtant il y a une foule de romans auxquels on refuse d'en faire l'application. Ces réserves peuvent être quelquefois justifiables ; le sont–elles toujours ? De quoi est-il question, après tout, dans ces livres si facile-ment tolérés ? De passions mauvaises, de beautés sen-suelles, d'aventures galantes, de tableaux dangereux qui allanguissent quand ils n'enflamment pas. Suffit-il donc qu'un roman ne soit pas obscène pour être jugé inof-fensif ? Toutes ces images qui éveillent d'indiscrètes curiosités, tous ces attendrissements dont la source n'est pas pure, toutes ces descriptions qui font rêver des amours imaginaires, les comptez–vous pour rien ? Ne savez–vous pas que l'homme en général, que le jeune homme surtout, a besoin de toutes les énergies de sa volonté pour rester bon et chaste malgré les penchants de sa nature dégradée ?

Si vous laissez l'âme de vos fils respirer sans obstacle cette atmosphère énervante des romans, s'ils ont lu ceux que vous jugez les moins coupables, s'ils vous ont entendu parler des autres comme de fruits défendus, mais délicieux, pourquoi vous étonnez-vous ensuite que leurs passions éclatent violemment, et que toute leur existence s'en aille en désordres ou en folies, comme la vie de ces héros imaginaires qu'ils ont tant admirés ?

Ce n'est pas tout : en provoquant la tentation, ces funestes lectures enlèvent à l'âme ce qui la pourrait préserver, la pudeur, l'horreur du mal. La religion, Messieurs, a retenu de saint Paul un mot plein de profondeur : « Que le péché, dit-elle, ne soit pas même nommé parmi vous : *Nec nominetur inter vos.* » C'est qu'en effet parler du mal avec complaisance, c'est en diminuer la honte ; de même que le commettre avec facilité, c'est en inspirer le désir. Entre le scandale et le roman, il y a plus d'analogie qu'on ne pense : au fond, le roman n'est qu'un scandale écrit. Ne croyez pas que ces continuelles exhibitions des plaies intérieures, des grandes misères sociales, soient sans danger pour les âmes : à force d'y accoutumer ses yeux, on finit par y accoutumer sa conscience ; la pudeur s'en va, le sentiment du devoir s'efface, et le mal finit par n'apparaître plus que comme l'accompagnement inévitable de toute existence.

Que dire, après cela, de cet étrange prétexte de quelques romanciers, qui ne décrivent le mal, affirment-ils, qu'afin d'en inspirer le dégoût et d'en provoquer le remède ? Est-ce donc que la pleine connaissance des tristes réalités de la vie est supportable sans la maturité de l'âge, sans la longue habitude du bien, sans le courage acquis par les années et par la lutte ? Est-ce donc que l'enfance ingénue, la jeunesse exclusive, l'ignorance populaire sont préparées à tout savoir ? n'ont-elles pas besoin, au contraire, de nobles illusions ? Ah ! laissez à toutes ces âmes vierges leur délicate pureté ; n'allez pas les ternir pour le triste plaisir de prouver que le monde est mauvais.

Au fond des lacs les plus limpides, il y a une vase qui dort sans altérer la clarté des ondes ; que penseriez-vous de l'homme malveillant et absurde qui, pour démontrer que cette vase existe, s'en irait la remuer tristement et troubler de la sorte ce beau miroir où tout à l'heure se réflétait le ciel ?

Au reste, Messieurs, ces altérations de la pudeur, ces surexcitations sensuelles que je viens de vous signaler, ne sont pas les seuls dangers qui menacent les mœurs dans les lectures romanesques.

Outre les étranges paradoxes et les doctrines impies dont une foule de romans et de drames se font les organes, outre ces interventions sacrilèges ou ces stupides travestissements de nos cérémonies les plus saintes, de nos plus belles institutions religieuses, il y a encore deux impressions funestes qui ressortent ordinairement de ces lectures : c'est le fatalisme et la glorification du mal.

Tout ne se passe-t-il pas, en effet, d'une manière fatale, c'est-à-dire nécessaire, dans la plupart de nos romans et de nos drames ? Cette intrigue criminelle, elle s'est ourdie et compliquée de telle sorte qu'elle ne pouvait pas aboutir à un autre résultat ; cette catastrophe odieuse, elle a été amenée par une série de circonstances inévitables ; ce caractère dépravé, il s'est développé sous l'influence d'une organisation invincible. Toujours la nécessité, jamais la faute. Les actions les plus atroces n'excitent plus l'horreur, mais les larmes ; les héros les plus pervers, on ne les blâme plus, mais on les plaint : que dis-je ? on les admire !

Oui, Messieurs, on les admire ! et voilà le déplorable tour de force de nos écrivains romanesques, voilà leur triste chef-d'œuvre, la glorification du mal ! Ne pensez pas que j'exagère. Comment se passent, en effet, les choses dans la vive imagination des jeunes gens et du peuple ? Tout cela ne leur semble-t-il pas glorieux, qui réveille en eux une idée de grandeur, de force, de puissance, d'héroïsme ? Eh bien, le crime est grand dans nos livres romanesques, il est beau, il est fort, il est héroïque, il est puissant. A lui les honneurs du drame, à lui les préférences du poète, à lui les vastes proportions, les hautes facultés, la stature colossale. Tous les fils de cette intrigue compliquée, c'est lui qui les fait mouvoir ; tous les personnages de cette immense tragédie, c'est pour le rehausser qu'ils agissent. La générosité, le dévouement, la profondeur, l'intelligence ne se trouvent qu'en lui, ou s'y trouvent en des proportions éminentes. Et, toutefois, c'est bien le crime, impossible de s'y méprendre ; car c'est un libertin, un suicide, un faussaire, une prostituée, un apostat... Dispensez-moi de vous dire ses noms : ils sont à la tête de cent drames, de mille romans, et peut-être aussi sur bien des lèvres d'où ils pourraient s'échapper.

Ne dirait-on pas, Messieurs, que la littérature romanesque a pris à tâche d'honorer toutes les hontes, de réhabiliter toutes les infamies ? Dans cette espèce de pandémonium où elle fait trôner tant de choses dignes de l'enfer, a-t-elle parfois la fantaisie d'introduire quelque honnête personnage ? Celui-là sera niais, stupide, difforme, maussade ; il n'inspirera que la répulsion ou le dédain, et l'admiration ne se reportera que plus vive vers le vice dramatisé, anobli, poétique, attrayant.

Est-ce tout, Messieurs ? Ai-je dit tous les effets désastreux des lectures romanesques ! Hélas ! non, car je n'ai parlé encore que de leur influence morale, c'est-à-dire du mal qu'ils font à la conscience. Devant Dieu et même devant les hommes, ce mal est le plus grave, je le sais, et, à lui seul, il suffit pour tenir en éveil la sollicitude des familles, des magistrats et des pasteurs.

Toutefois, je ne dois pas omettre un autre effet des lectures romanesques que j'ai appelé psychologique, parce qu'il s'attaque aux facultés mêmes de l'âme.

Je pourrais appuyer d'abord sur l'étroite connexion qu'il y a entre l'état de la conscience et le développement intellectuel ; je pourrais vous montrer le contre-coup du vice, et surtout du vice sensuel, sur les plus beaux dons de l'esprit. Qu'il me suffise de l'indiquer seulement et de rappeler à tous ces graves paroles qu'on ne lit jamais sans une sorte de terreur : « Le premier effet,
» l'effet inévitable des habitudes voluptueuses, c'est de
» lier les puissances de l'âme et d'en exclure toute autre
» pensée que celle des vils plaisirs dont elle s'est rendue
» l'esclave. Distrait par des désirs sans cesse renaissants,
» obsédé d'impurs fantômes, l'esprit perd sa vigueur
» et sa fécondité ; tout s'altère et dépérit, la mémoire
» s'éteint, le caractère s'énerve, le cœur se dessèche...
» On dirait que la vie tout entière s'est réfugiée dans
» les organes. » (*Essai sur l'Indifférence*, T. I, p. 291.)

Mais je vais plus loin : je suppose que les lectures romanesques aient été inoffensives, et qu'elles aient laissé au cœur toute son innocence, à la conscience toute son intégrité. Je dis que, même en ce cas, elles auront encore débilité les facultés de l'âme et porté un préjudice grave à leur complet développement.

Quelle est la condition indispensable et la meilleure garantie du progrès intellectuel ? C'est le travail, tout le monde en convient ; mais le travail sérieux, constant, opiniâtre, ce *labor improbus* des anciens qui surmonte tous les obstacles, car il y en a dans l'étude, comme il y en a, en général, dans la vie. L'instruction a ses dégoûts, la science a ses aridités ; tout n'est pas roses, il s'en faut, dans les vastes champs de l'esprit. Rien n'y peut dispenser de l'attention sévère, de la réflexion, des efforts énergiques. Or, obtiendrez-vous tout cela de celui qui s'est nourri surtout de lectures romanesques ? Cette âme paresseuse et frivole qui ne se plaît qu'à suivre mollement le cours capricieux d'une intrigue, sera-t-elle capable de s'appliquer et de réfléchir ? Cette imagination exubérante que tant de rêves ont bercée, laissera-t-elle encore quelque place à la raison solide ? Hélas ! Messieurs, qu'elle est revêche au travail, qu'elle est inaccessible à l'effort, cette mollesse morale qui est le résultat inévitable des lectures romanesques ! Dans ces pauvres natures énervées, il n'y a plus ni force, ni élan, ni profondeur ; il n'y a que le besoin de jouir, l'horreur de toute contrainte, le dégoût du devoir et un incurable égoïsme. Car il est remarquable que la profusion même du sentiment en tarit bientôt la source ; l'enthousiasme s'affadit, les nobles ardeurs s'éteignent sous les flots d'une sentimentalité factice. C'est comme un parfum qu'on a trop respiré, c'est comme une plante qui s'est étiolée aux ardeurs anormales d'une serre chaude, c'est comme un vin généreux que la fermentation fortifie et que l'évaporation annule.

Il faut, Messieurs, que l'âme ne jette ni trop tôt ni à tout vent ces trésors d'affection et de poésie qui ont bèsoin d'attendre l'occasion et l'heure ; il faut qu'elle songe moins à jouir qu'à se travailler profondément elle-même, comme une terre qui doit être labourée et ensemencée à la sueur du front, avant de porter des moissons abondantes.

Je me résume, Messieurs, et je finis.

Parmi les lectures d'agrément, gardons-nous de repousser celles qui développent les nobles qualités de l'imagination et du cœur ; mais soyons sobres dans l'usage, scrupuleux dans le choix, usons, n'abusons pas. Quant à cette littérature romanesque qui n'a ni conviction, ni mesure, ni pudeur, qui tue la bonne et grande littérature, corrompt le goût et déprave les mœurs, au nom de la conscience, du bonheur et de la gloire, éloignons-la sans pitié.

L'Abbé DAUPHIN.

L'AMIRAL CHARNER

M. SAULLAY DE L'AISTRE.

L'élévation de l'amiral Charner à la première dignité de la marine fut connue à Saint-Brieuc au moment où la Société d'Emulation s'apprêtait à tenir sa séance publique du 13 Décembre 1864.

Pour répondre au sentiment de tous, le Président réunit à la hâte quelques données sur cette existence devenue tout-à-coup illustre, de modeste qu'elle s'était faite jusque-là.

Voulant conserver quelques traits de cette grande physionomie, la Société décida que le passage du discours de son Président relatif à l'amiral Charner, et le résumé des Campagnes de Chine et de Cochinchine, lu dans la séance suivante, seraient insérés au premier volume des *Mémoires*, dont l'impression était presque terminée.

Cette décision s'étendait à l'hommage rendu par le Président à la mémoire d'un homme, qui a fortement contribué, en ce pays, à ramener les esprits vers l'étude du passé.

Extrait du Discours prononcé par M. le Président de la
Société dans la Séance du 13 Décembre 1864.

MONSEIGNEUR, MESDAMES ET MESSIEURS,

.... En vous entretenant des intérêts scientifiques de
ce pays, pourrais-je oublier la perte regrettable qu'il
a récemment faite ?

Esprit fin et orné, érudit de bon aloi, causeur char-
mant, plein de tact, de goût et de saillie, M. Saullay
de L'Aistre était, à la fois, l'homme des salons et des
Assemblées savantes. Vous surtout, Mesdames, vous sa-
viez apprécier les discours qu'il a prononcés comme
président de la Société Archéologique, tantôt dans les
séances trop rares de cette Assemblée, tantôt dans les
congrès de l'Association Bretonne. Que de savoir habilement mis en scène ! Quelle touche vigoureuse et brillante ! Que d'art, de verve et de trait ! Chacun de ces
morceaux est un petit chef-d'œuvre littéraire, semblable
à ces fines mosaïques florentines, dont les nuances sont
si délicatement fondues qu'on n'y soupçonne plus le
travail de l'ouvrier.

Représentant, en ligne directe, des de Robien, des de
Blois, des La Fruglaye et des de Kergariou, comme
eux, il a trop peu écrit. Ces vieux soldats de la science
ont été inhumés avec leurs armes ; ils ont emporté dans
la tombe les trésors de leur érudition ; et les richesses
bibliographiques, archéologiques et minéralogiques

qu'ils avaient si péniblement amassées sont déjà disper-
sées aux quatre vents du ciel.

Il y a un peu plus de vingt-deux ans que nous fon-
dions, avec M. Saullay de L'Aistre, la Société Archéologique et Historique des Côtes-du-Nord. Combien il est
triste, Messieurs, de jeter à cette distance un coup-d'œil
en arrière ! Que de compagnons disparus ; que de mains
aujourd'hui glacées qui serraient alors la nôtre ; que de
labeurs inachevés qui se mêlaient à nos labeurs ! Sur
les trente-huit membres qui étaient, ce jour-là, réunis
dans cette même enceinte, vingt-deux ne sont plus. —
Vous me pardonnerez, Messieurs, ce souvenir à des
amis d'autrefois. — Sur les seize qui ont survécu, deux
ont pris rang parmi les Princes de l'Eglise, et continuent au loin le double apostolat de la Science et de la
Foi. Trois autres, qui déjà appuyaient nos premiers pas
de l'autorité de leur âge et de leur expérience, sont encore modestement assis au milieu de vous ; mais leurs
têtes blanchies resplendissent de la triple auréole de la
vieillesse, du travail et d'une vie sans tache. N'avez-vous
pas tous nommé déjà MM. Souchet, Marée et de Calan?

Si un pays s'honore d'hommes comme ceux que je
viens de citer, le nôtre doit être encore tout ému de
voir un de ses fils appelé au premier rang de nos marins : la terre des Duguesclin et des Budes de Guébriant
vient aussi de donner un amiral à la France.

Léonard-Victor-Joseph CHARNER est né à Saint-Brieuc,
le 13 Février 1797. C'était une triste époque, celle-là,
Messieurs. La France cherchait à échapper aux étreintes

de la Terreur ; mais les hommes violents dominaient toujours à Paris, et, au 18 Fructidor, les baïonnettes d'Augéreau leur donnaient raison. Le chef de l'église schismatique des Côtes-du-Nord était, pour prix de sa faiblesse, frappé par la Révolution, cette maîtresse tyrannique qui exigeait d'autant plus qu'on lui cédait davantage. Entre ces murs, tour-à-tour siégeaient, à huis-clos, diverses sociétés secrètes, les Panthomates et autres, qui, sous prétexte d'expériences scientifiques, poussaient trop souvent au dévergondage des mœurs. Au dehors, la foule suivait docilement les fêtes des Théophilantrophes, plus niaises encore que leur doctrine ; et une administration ÉPURÉE préparait, par de brutales vexations, une troisième guerre civile. Voilà ce qu'étaient ici les derniers jours de l'anarchie révolutionnaire.

Mais ce système usé ne pouvait se prolonger longtemps. Le jeune Charner grandit au milieu de la réorganisation et des splendeurs du Consulat et de l'Empire.

Ce fut au commencement de la grande et terrible année 1812 qu'il entra à l'Ecole navale de Toulon, et, en 1815, il fut promu aspirant de 1re classe. La France, écrasée sous le nombre, rentrait au fourreau les tronçons de sa vaillante épée : le soldat n'avait plus qu'à se résigner, en attendant des jours meilleurs. Mais, pour le marin, l'arène reste constamment ouverte : il doit vaincre un ennemi toujours indompté ; chaque jour, il faut modifier les moyens dans sa lutte contre ce qu'il y a de plus changeant au monde, les hommes et les flots.

Aujourd'hui que la vapeur sillonne l'Océan avec une régularité presque égale à celle de nos rails-way ; aujourd'hui que la cuirasse des navires de guerre, leurs formidables engins, rendent la défense des côtes à peu près impossible, et ramènent toute rencontre navale au choc de deux masses dont la plus pesante doit presque inévitablement couler l'autre, on se fait difficilement l'idée de tout le génie que la marine réclamait dernièrement encore.

Une parole élégante et facile vous retraçait, il y a quelques mois, les efforts prodigieux de l'homme pour s'emparer de la force des vents et des courants avec un faible morceau de toile ; pour tracer avec certitude la topographie des montagnes et des vallées sous-marines ; pour se guider à travers les écueils à la lumière incertaine des astres, alors que les instruments perfectionnés ne nous avaient pas encore livré tous les secrets du ciel, et qu'un savant réseau de balises et de phares n'avait pas tracé, autour des côtes, des chemins aussi sûrs de nuit que de jour. Cependant, ce n'était pas tout pour le marin-militaire : non-seulement il fallait naviguer, mais il fallait vaincre. Avec les moyens d'action les plus faibles, avec des canons sans fixité comme sans portée, il fallait manœuvrer des flottes, forcer des rades, dérober à l'ennemi les avantages du vent, éviter ou imposer l'abordage. Après tant de difficultés vaincues, peut-on s'étonner de voir les vieux marins traiter parfois la navigation à vapeur avec le dédain des anciens preux pour les premières armes à feu ?

Le lieutenant de vaisseau Charner n'était pas de ceux qui acceptent le progrès à contre-cœur. Après avoir publié, en 1830, sur les évolutions navales, un Mémoire qui donne le dernier mot de la tactique des flottes à voiles, il aborda, avec la même sûreté de coup-d'œil et la même ténacité dans le travail, la navigation à vapeur, dont il posséda bientôt tous les secrets. La pratique, chez lui, ne le cédait en rien à la théorie : toujours embarqué, il prit une part brillante aux actions de guerre de cette époque, notamment aux faits d'armes hardis d'Alger et d'Ancône.

Ce ne fut pas seulement au marin consommé, ce fut aussi à l'homme de principes sûrs, à l'homme offrant toutes les garanties, que le roi Louis-Philippe et la reine Amélie confièrent leur fils, quand le jeune prince de Joinville voulut s'initier au rude métier de la mer. Pourquoi tairais-je, à l'honneur de tous deux, que l'élève conserva toujours pour son maître une reconnaissance mêlée d'affection et de respect ?

La Révolution de 1848 ouvrit une phase nouvelle dans l'existence du capitaine de vaisseau Charner. Appelé, par ce département, au Corps-Législatif, il s'y fit remarquer surtout dans l'enquête destinée à mettre en lumière les causes d'infériorité de notre marine, et à rechercher les moyens propres à la replacer au premier rang des puissances maritimes. Le nouveau ministre, M. Ducos, nomma Charner contre-amiral, en 1852, et en fit le chef de son état-major et de son cabinet.

J'ai eu plus d'une fois occasion d'entendre les hommes qui l'ont le plus approché dans ces fonctions délicates, rendre hommage à la droiture de son jugement, à la hauteur de ses vues, à son esprit d'équité et de bienveillance. Mais il goûtait peu la vie de bureau, et, au mois d'Août 1853, dix-huit mois après son entrée au ministère, il obtint de retourner à la mer, qu'il regrettait toujours.

Il reçut alors le commandement en second de la flotte de l'Océan, et s'y fit remarquer par l'Empereur lui-même devant Boulogne, lorsque, par une manœuvre habile, il parvint à assurer le salut de l'escadre au milieu d'une violente tempête.

Lorsque, l'année suivante, la France et l'Angleterre résolurent de pénétrer au fond de la Mer-Noire, et, à travers des périls encore pleins de mystères, d'y jeter deux armées avec leur matériel et leurs approvisionnements, chacune des deux flottes rivalisa d'ardeur pour montrer la première son pavillon dans ces parages, jusqu'alors fermés aux nations de l'Occident. Si bons manœuvriers que fussent les Anglais, le vaisseau monté par le contre-amiral Charner franchit le premier les Dardanelles.

Après avoir organisé notre première base d'opération à Varna, Charner fut chargé du débarquement des troupes en Crimée. Dans l'attaque générale contre Sébastopol, le 17 Octobre 1854, il se plaça, sur le *Napoléon*, à l'extrême gauche de la ligne française, en face du fort Constantin et des batteries adjacentes. Là, il se battit pendant cinq heures consécutives, et envoya plus de trois mille projectiles à l'ennemi. A la fin de l'action, son gréement était littéralement haché, tous ses bas mâts endommagés, et plus de quarante boulets avaient pénétré dans sa coque.

Durant son long séjour sur ces côtes inhospitalières, il eut à subir plusieurs de ces tempêtes comme nos mers n'en connaissent pas. Dans une de ces terribles convulsions des éléments, toujours calme, toujours prêt, toujours résolu, il sauva d'une perte certaine le vaisseau le *Tage* et la frégate à vapeur le *Caffarelli*, jetés à la côte par la tourmente.

Il dirigea l'expédition de Kertch, où se fit le premier essai des batteries flottantes. Ce vigoureux coup de main fit honneur au contre-amiral Charner ; mais ce qui lui en fit plus encore, ce fut le noble désintéressement qu'il montra dans cette circonstance, comme plus tard à Pékin. Le but de l'expédition étant d'enlever, au profit de notre armée, d'immenses approvisionnements à l'ennemi, l'amiral se vit bientôt entouré d'un riche butin. Il dirigea sur l'armée ou détruisit tous les magasins publics ; mais il rendit aux particuliers ce qui leur appartenait, en disant qu'il faisait la guerre, mais non la piraterie. Dans leur reconnaissance, les habitants voulaient le forcer à accepter des présents d'un grand prix : il refusa tout, excepté un vase sans valeur qu'il consentit à recevoir en souvenir d'eux. Plus tard, dans une circonstance solennelle, l'ambassadeur de Russie à Paris rendait hommage à cette belle conduite.

En Juillet 1855, notre compatriote fut promu au grade de vice-amiral, et rappelé en France pour présider le Conseil des Travaux de la marine. Il occupa ce poste important durant quatre années.

Au commencement de 1860, l'expédition la plus lointaine et la plus hardie des temps modernes quitta nos rivages : il s'agissait d'aller, avec une poignée d'hommes, venger, à l'autre bout du monde, une insulte faite à notre drapeau, et relever la Croix au milieu du vaste empire de la Chine. La marine avait une large part dans cette audacieuse tentative, qui nous reportait presque aux âges fabuleux de l'antiquité. L'Empereur confia à l'amiral Charner le commandement en chef de la flotte qui emportait de si graves intérêts et de si incertaines espérances.

Nous ne le suivrons ni dans cette campagne ni dans celle de Cochinchine, où il dirigea l'armée de terre avec non moins d'éclat que ses vaisseaux : les ouvrages qui relatent ces grandes actions feront l'objet d'une étude spéciale , dans l'une de nos plus prochaines séances. Bornons-nous à constater ici que notre illustre compatriote, grandissant avec sa fortune, se montra partout à hauteur de sa difficile mission.

Les récompenses qui vinrent tour-à-tour le chercher, son entrée au Sénat, ses diverses promotions dans tous les grades de la Légion-d'Honneur, la grand'croix d'Isabelle d'Espagne, les cordons du Bain d'Angleterre, du Metjidié de Turquie, du Nichan de Tunis, furent le prix de services signalés et jamais d'une flatterie. Aussi la marine tout entière a t-elle applaudi quand le bâton de maréchal a été décerné à ce type complet du marin, du soldat et de l'homme de bien.

« Rarement, disait à cette occasion le *Journal de la*
» *Flotte,* rarement un homme a su réunir d'aussi una-
» nimes sympathies. D'une rare modestie, malgré son
» grand savoir, d'une bienveillance égale pour tous,
» mais, en même temps, d'une rigidité de principes et
» d'une indépendance de caractère proverbiales dans
» la marine, l'amiral Charner, après avoir conduit d'im-
» portantes expéditions militaires, occupé des postes
» considérables, a toujours et partout été entouré de
» l'estime de tous et de l'affection de chacun. Sa nomi-
» nation ne peut rencontrer que des suffrages una-
» nimes. »

Vous savez si cet éloge est mérité, habitants de Saint-Brieuc, qui l'avez connu si simple et si bon dans la vie commune, soit qu'il vînt prendre à votre Conseil-Général une part aussi modeste qu'utile, soit qu'il vînt couronner vos enfants à la distribution des prix de votre Lycée.

Comme il était dans les tempêtes de l'Océan, dans le fracas des batailles, dans les plus effrayantes épidémies, vous l'avez vu, dans nos orages politiques, calme, ferme, l'œil tranquillement fixé sur les grands principes, toujours fidèle au pavillon de la France, qui flotte au vaisseau de l'Etat, quel qu'en soit le pilote.

Lorsque, à la tête d'une députation des vôtres, il est allé en cour solliciter — pour la première fois peut-être — l'exécution du chemin de fer de Saint-Brieuc à Napoléonville, vous l'eussiez vu respectueux, mais debout, là où tant d'autres rampent. L'Empereur, qui apprécie les caractères aussi bien que les talents, combla d'égards et d'affection ce Jean-Bart de bonne compagnie.

Et vous, Mesdames, qui n'avez pas craint d'affronter une séance où nous n'avons à vous offrir que des pensées sérieuses, vous demandez à une Société dont le but est de réchauffer dans les âmes l'amour du beau et du bien, vous lui demandez de tirer des conclusions de cette belle vie dont je viens de chercher à esquisser rapidement devant vous les principaux traits. J'en tirerai une seule, car vous avez hâte que je laisse enfin la place à la parole que vous venez écouter ici. Cette conclusion est celle qui couronne la vie du maréchal de Guébriant. Son historien, Le Laboureur, s'exprime ainsi en son vieux langage :

« La véritable noblesse naît de la seule vertu et n'a
» point de siège qu'en la vertu. Ainsi, il est plus glo-
» rieux de l'avoir acquise que de la prétendre par hé-
» rédité. »

RÉSUMÉ

DES

CAMPAGNES DE CHINE ET DE COCHINCHINE,

Présenté dans la Séance du 10 Janvier 1865.

———

Messieurs,

Dans votre dernière réunion, M. le Président vous a parlé de l'amiral Charner, et vous a cité les campagnes de Chine et de Cochinchine comme devant être l'objet d'une étude particulière, dans une de vos prochaines séances. Suivant le désir de mon père, je m'en suis chargé volontiers, comptant sur votre bienveillante indulgence.

Veuillez bien, Messieurs, excuser tout ce qu'il y aura de défectueux dans ce travail : c'est un jeune homme qui fait ses premières armes dans l'art difficile d'écrire, et qui est plus accoutumé aux évolutions d'un escadron qu'aux exercices de la plume.

Les expéditions de Chine et de Cochinchine ont eu lieu pendant les années 1860 et 1861. Leurs causes ont été à peu près les mêmes ; leurs résultats glorieux, mais différents. Dans la première, les gouvernements alliés, anglais et français, ont forcé l'empereur de Chine à un traité favorable au commerce, à la propagation de la religion chrétienne, au respect des Européens. Dans la seconde, les Espagnols ont réuni quelques troupes aux nôtres, et nous avons terminé la guerre par l'occupation d'une riche colonie.

En Juin 1859, à la suite d'insultes faites à des commerçants, de mauvais traitements envers des missionnaires, de réponses offensantes aux notes du gouvernement français, celui-ci se décida à une expédition qui vint échouer à l'embouchure du Peï-ho, grâce aux formidables ouvrages qui garnissaient déjà l'abord de ce fleuve.

L'opinion publique, en France et en Angleterre, s'émut de cet échec : la gloire du drapeau exigeait une prompte vengeance ; les intérêts commerciaux s'alliaient, cette fois, aux règles de l'honneur. Aussi, dès le mois de septembre, les cabinets de Saint-James et des Tuileries se décidaient à une expédition importante.

Dans le mois de Novembre, les préparatifs étaient terminés. 5,590 hommes d'infanterie, 1,200 hommes d'artillerie, 311 du génie, 50 cavaliers, des détachements de gendarmerie et du train des équipages étaient réunis sous les ordres du général de division Cousin-Montauban, et des généraux de brigade Jamin et Collineau. La flotte de combat, ayant 21 bâtiments de guerre, 16 canonnières démontées ; la flotte de transport, comptant plus de 100 navires de commerce nolisés par l'Etat, étaient sous les ordres du vice-amiral Charner, des contre-amiraux Protet et Page.

Les Anglais n'avaient pas moins de 80 navires de guerre et de 130 navires de commerce, commandés par l'amiral Hope, et leurs troupes, réunies dans l'Inde et commandées par sir Grant, comprenaient 11,293 hommes.

A la suite des souffrances d'une longue traversée, des forces aussi considérables ne pouvaient être prêtes à combattre qu'après quelques mois de repos.

Nous ne pouvons, Messieurs, entrer dans les détails de ces préliminaires de la campagne. Bornons-nous à dire que les Anglais transportèrent successivement leur base d'opérations à Hong-Kong et à Ta-lieu-Wann ; les Français, à Sang-haï et à Tche-fou. C'est ainsi que nous trouvons, dans la fin de Juillet, les alliés se faisant face aux extrémités sud et nord du golfe de Petche-li, au fond duquel tombent, à quelques lieues de distance, les fleuves du Peh-tang et du Peï-ho.

Ce fut le 1er Août que les troupes de débarquement quittèrent les navires pour être embarquées sur les chaloupes et les jonques. Ne croyez-vous pas, Messieurs, que c'est un instant solennel pour le soldat, celui où quittant le vaisseau qui l'a amené de France, sous le pavillon duquel il a vécu plusieurs mois comme dans une colonie française, il s'éloigne de ce navire, qui est encore pour lui presque la patrie ? La chaloupe qui le conduit vers la côte rase l'eau... Derrière lui, c'est encore le souvenir du pays natal ; devant lui, c'est l'inconnu, c'est le péril, c'est le champ de bataille, c'est la mort, peut-être...

Cette opération si difficile du débarquement sur les rives du Peh-tang s'opéra sans aucune perte : l'ennemi resta constamment à bonne distance des colonnes ; les canonnières tinrent les forts en respect ; et l'on put bivouaquer sur la vase molle du rivage.

Ce succès en assurait d'autres : on se remit en marche dès le 12 Août, afin d'aller attaquer par terre les forts qui défendent l'embouchure du Peï-ho, pendant que la flotte devait les canonner.

De là, une marche de huit jours, pendant lesquels on s'empara d'un camp retranché, défendu par un nombreux parti de Tartares, d'un village crénelé, d'un second camp, et, le 20 Août, nos colonnes se trouvèrent en arrière de ces formidables défenses accumulées sur les deux rives du Peï-ho, pendant que la flotte était en rade et que les canonnières venaient s'échouer en bataille à petite portée de canon.

Deux forts défendaient chacune des rives du fleuve ; les troupes alliées attaquèrent ceux de la rive gauche, sur laquelle elles se trouvaient.

Le feu s'ouvrit le 21 au matin. Les forts y répondirent avec une grande énergie ; mais le tir des Chinois, bon comme direction, manquait de portée ; aussi nos batteries rayées eurent bientôt démonté une partie des pièces ennemies, tandis que les canonnières faisaient sauter deux poudrières.

Dès que la brèche fut praticable, les colonnes d'assaut s'élancèrent ; mais les défenses accessoires les retinrent quelque temps exposées au feu encore bien nourri des défenseurs. Ces Tartares, qu'on a coutume, en Europe, de considérer comme de faibles troupes, repoussaient à coups de piques les premiers assaillants ; un grand nombre des défenseurs tombèrent à leur poste, et ceux qui se retirèrent le firent lentement, battant en retraite, mais ne fuyant pas.

Le cours du Peï-ho nous était désormais livré, et le cours du Peï-ho, c'est la route de Pékin. Une flotte n'eût pu attaquer seule de front les formidables ouvrages accumulés du côté de la mer ; on apprécia d'autant mieux le succès, quand les forts de la rive droite se rendirent, qu'on put à loisir examiner les moyens si nombreux de destruction rassemblés par les Chinois.

Le Peï-ho était barré par deux lignes de chevaux-de-frise en fer, à 200 mètres d'intervalle ; par une chaîne formée de gros madriers fixés les uns aux autres ; enfin, par une quatrième ligne formée de bateaux plats coulés. Les vases du rivage étaient semées de bambous pointus, de fossés pleins d'eau, de palissades, et de mille autres inventions qui font le plus grand honneur à l'imagination des Chinois.

Cependant ces forts furent appropriés à nos moyens de défense ; on en forma une base d'opérations, et la marche sur Pékin commença.

Une flottille suivait le fleuve ; deux colonnes marchaient le long de ses rives. La première ville fortifiée à traverser était Tien-Tsin ; elle se rendit dès le 24 Août, sans coup férir, grâce à l'initiative vigoureuse de l'amiral Charner.

Arrêtés dans cette ville par des semblants de négociations, les généraux en chef n'en repartirent que le 9 Septembre, décidés à ne s'arrêter qu'aux portes de Pékin.

Ils rencontrèrent bientôt deux nouveaux ambassadeurs, le prince Tsin et le ministre Muh, qui firent tomber des agents des ambassades alliées dans le plus

déloyal guet-apens. Attirés en avant de l'armée avec des
sauf-conduits, ces chargés d'affaires furent entourés, ainsi
que leur escorte ; les uns furent massacrés, les autres,
traînés de prison en prison, ne furent rendus qu'à la
paix. En même temps, la colonne expéditionnaire se
trouvait en face d'une armée nombreuse de Tartares,
rangée en fer à cheval ; là encore ces soldats se firent
tuer bravement et ne cédèrent qu'à la supériorité des
armes et aux mouvements tournants de nos ailes.

Le surlendemain, 21 Septembre, nouvelle bataille.
L'ennemi, occupant une vaste plaine, était encore disposé en demi-cercle, s'appuyant à deux villages, ayant
sa cavalerie aux ailes, son infanterie couverte de fortes
batteries au centre.

Les Français occupaient la droite, les Anglais la
gauche ; les premiers devaient attaquer de front le
centre de l'ennemi, les seconds devaient déborder par
l'aile droite et refouler cette partie des Tartares sur leur
centre. Un instant, la brigade Collineau fut compromise ;
mais les Tartares durent céder après une lutte acharnée.
Une nouvelle victoire venait illustrer nos aigles, et le
nom de Pa-li-Kiao restait comme le souvenir d'un des
plus brillants faits d'armes des troupes alliées en Chine.

L'amiral Charner, voyant la marche sur Pékin désormais assurée, retourna à la flotte, car l'hiver venait, et
là où menaçait le plus grand danger, là était toujours
l'amiral. Ce fut le moment des plus grandes souffrances
pour nos marins ; au moins nos soldats avaient les joies
de la victoire. Mais écoutons ce que dit, dans sa relation
remarquable, M. Pallu, lieutenant de vaisseau, de l'état-
major de l'amiral : « Sur une vaste nappe limoneuse,
battue par des grains continuels, hérissée de vagues

dures et courtes, sous un ciel morne, au centre d'un horizon confus, les mâts de quatre cents navires se dressaient comme une forêt dépouillée. Cette vue s'harmonisait avec cette nature inclémente et ne l'animait pas; mais les embarcations qui refoulaient péniblement le vent et la mer, quelquefois une petite canonnière qui franchissait la barre et que le roulis menaçait de faire sombrer, annonçaient que l'homme engageait la lutte et la soutenait. Tel était le cadre du mouillage du Peï-ho, et tel était le tableau qu'y présentaient les flottes alliées, mouillées en pleine côte, aux extrémités du monde. »

Nous avons laissé les colonnes anglaise et française aux portes de Pékin ; elles tournèrent la ville et marchèrent droit au palais d'été. Les Anglais s'égarèrent dans les bois, et le général Montauban fut le premier à entrer dans cette célèbre résidence, que l'Empereur avait abandonnée depuis trois heures à peine. Quelques domestiques fidèles en avaient seuls défendu l'entrée, et nos soldats purent contempler à l'aise les magnificences de cette étonnante merveille. Une immense enceinte entourait un grand nombre de collines artificielles, de lacs, de palais où étaient accumulées les soieries les plus riches, les tentures les plus remarquables : tout ce que l'art de la décoration, si avancé en Chine, a imaginé de plus fin et de plus délicat, tout ce que l'empire avait produit, pendant la suite des siècles, de plus merveilleux, était réuni dans cet immense musée, que les Anglais incendièrent le 18 Octobre, non sans en avoir auparavant enlevé de nombreux fourgons des marchandises les plus précieuses. On n'eût pu imaginer un châtiment qui fût plus pénible aux Chinois et particulièrement à leur Empereur.

Le 13, Pékin se rendit et les troupes alliées occupèrent la capitale de la Chine. Le prince Kong, dont le caractère de loyauté était apprécié par les chefs de l'expédition, se refusait encore à traiter. On menaça alors de brûler le palais de Pékin.

Cette menace et la médiation de la Russie décidèrent l'Empereur à autoriser le prince Kong à traiter.

La première clause fut en faveur des malheureuses victimes de l'attentat du prince Tsin et du ministre Muh. Ceux-ci furent destitués de leurs fonctions ; on rendit les prisonniers encore vivants ; on paya des indemnités pour les morts. On rouvrit l'ancienne église des Jésuites à Pékin ; on assura le commerce.

Du 1er au 9 Novembre, la capitale était évacuée ; des forces importantes furent laissées pour surveiller l'exécution du traité. D'ailleurs, l'hiver était dans toute sa rigueur ; les troupes devaient hiverner et se refaire pour commencer, dès le printemps, cette expédition de Cochinchine, qui devait être le complément de cette première campagne, si glorieuse pour nos marins et nos soldats.

Dans la campagne que nous venons d'examiner rapidement, nous avons vu la combinaison constante de la marine et des forces de terre. En Cochinchine, cette union devait encore être plus intime ; aussi le commandement en chef fut-il donné à l'amiral Charner, avec pleins pouvoirs de faire la guerre et la paix.

Depuis le premier Empire, aucun commandement aussi étendu n'avait été donné à un officier de marine : 158 bâtiments, 8,000 marins, 1,303 hommes d'infanterie, de cavalerie, d'artillerie et de génie, commandés par le général de Vassoigne, enfin, un corps auxiliaire d'Espagnols, étaient sous ses ordres.

La basse Cochinchine est un pays plat, coupé de canaux unissant les grandes rivières qui arrosent cette région.

Cette vaste contrée dépendait politiquement de l'empire d'Annam, mais était menacée sans cesse par les rois de Siam et de Cambodge, dont les provinces en bordent les deux flancs.

Deux grands centres dominent ce pays, Saï-gon et My-Thô. La première de ces villes était, depuis plus d'un an, défendue par une poignée de Français contre 40,000 Annamites. Repousser ces Annamites, entrer dans leurs lignes, dégager Saï-gon, c'est la première partie de la campagne ; prendre My-Thô, c'est la seconde.

Saï-gon est une ville d'aspect misérable, située sur les rives du Don-haï. Au nord, elle s'appuie sur l'arroyo ou canal de l'Avalanche ; à l'est, sur le fleuve ; au sud, sur l'arroyo chinois, qui l'unit, ainsi qu'une chaussée, à la ville chinoise, s'étendant à deux kilomètres le long des rives de l'arroyo. Une ligne de pagodes fortifiées reliait ces deux villes ; vis-à-vis se trouvaient les lignes continues de l'ennemi ; on ne les distinguait dans la plaine desséchée que par des cavaliers, qui en indiquaient les formes générales. En face Saïgon, les forts de Ki-Koa montraient leurs formidables défenses. — Couper la ligne ennemie en son point le plus faible et prendre de revers Ki-Koa, tel était le plan conçu par l'amiral Charner.

Le 24 Février, au matin, deux colonnes, formées l'une des troupes de terre, l'autre de marins débarqués, entraient par la brèche dans le fort de la Redoute, malgré la vigoureuse défense des Annamites.

Le soir même, on campait derrière le camp retranché de Ki-Koa, composé de deux immenses forts séparés par une traverse ; les défenses accessoires y étaient plus multipliées qu'ailleurs. Le pays qui l'entoure est nu, sans abri pour les tirailleurs, sans un pli de terrain pour l'artillerie.

Les batteries transportées de 1,000 mètres à 500 mètres, puis à 200 mètres, firent brèche ; mais le feu des Annamites, bon en hauteur et en direction, enlevait, à cette petite portée, des rangs entiers dans les colonnes engagées entre les trous-de-loup, les pieux, les fossés remplis de piquets et d'eau noirâtre.

Parvenues au pied de l'escarpe, nos troupes durent s'ouvrir un passage dans les broussailles épineuses qui en garnissaient le revêtement ; puis, au sommet des talus, passer par-dessus les chevaux-de-frise en madriers qui dominaient ces étranges fortifications.

Les Annamites, confiants dans tous ces éléments de destruction accumulés dans un si étroit espace, rejetaient à coups de piques les assaillants ou les abattaient à bout portant.

A force d'énergie, les colonnes d'assaut parvinrent à envahir les deux enceintes et on coucha, ce soir-là, sur le champ de carnage. Mais la victoire avait été cette fois bien chèrement achetée : le lieutenant-colonel Testard était tué, l'enseigne Laregnère, l'aspirant Frostin, notre brave compatriote, étaient tombés morts dans l'action.

La récompense des plus braves fut la mise à l'ordre du jour ; et nos soldats, songeant que le bruit de leurs triomphes et de leurs souffrances viendrait jusqu'à leurs parents et à leurs amis, se consolèrent de tant de sacrifices pour un regard de la France.

Les Annamites, dont une des précieuses qualités est de ramper à travers les bois les plus épais, les marais les plus inextricables, avaient gagné le large et s'étaient concentrés du côté de Tong-Kéou, où étaient leurs magasins.

Tong-Kéou se rendit le 28, après une forte canonnade; la ville était très-forte. L'armée de 40,000 Annamites était détruite ou dispersée; la première portion de la campagne était terminée.

Malgré les rigueurs de l'hiver, l'amiral résolut d'en entreprendre de suite la deuxième partie, l'expédition contre My-Thô.

La citadelle de My-Thô est située à l'angle sud-ouest d'un quarilatère formé par le cours du Cambodge, celui du Vaï-co occidental et les deux arroyos, Commercial et de la Poste, qui unissent les deux fleuves.

Or, l'arroyo Commercial présentant, à cette époque de l'année, trop peu d'eau pour soutenir une flottille, l'amiral Charner confia au commandant Bourdais la direction d'une expédition, composée de deux grandes canonnières, l'*Alarme* et la *Mitraille*, et de trois petites, d'une compagnie de débarquement, de 30 Espagnols et d'un obusier de montagne. Il devait remonter l'arroyo de la Poste et arriver ainsi juste vis-à-vis My-Thô, tandis qu'une flottille, commandée par le contre-amiral Page, l'attaquerait par le Cambodge.

Les trois petites canonnières purent seules s'avancer dans les vases du canal; elles devaient rencontrer cinq forts et neuf barrages.

Le 2 Avril, les deux premiers forts furent réduits, les quatre premiers barrages renversés. Les marins durent travailler la moitié du corps dans l'eau pour déblayer le canal, enlever les paniers de pierres coulés, arracher les pieux enfouis profondément. Le choléra attaqua quelques travailleurs, beaucoup d'autres furent atteints de fièvre et de dyssenterie.

Le 3 Avril, l'expédition réduisit le troisième fort et renversa les deux estacades qu'il commandait, l'une formée de quatre grandes jonques coulées en travers, l'autre de pierres et de madriers ; vingt-cinq radeaux, chargés de soufre et d'étoupes, se trouvaient entre elles.

Les difficultés augmentant, la colonne fut renforcée d'infanterie et d'artillerie légère ; le commandement en fut donné au capitaine de vaisseau du Quilio.

Le 6 Avril, la colonne déboucha des bois dans une plaine où une armée était en bataille, soutenue par des batteries de fusils de rempart ; le quatrième fort tirait sur la flottille.

L'action fut courte : les Annamites durent céder à l'élan des troupes alliées et à la supériorité de leurs armes ; le fort fut démantelé par les canonnières.

Mais il fallait s'ouvrir un passage dans un barrage long de 90 mètres, formé de jonques, de troncs de palmiers, sur une longueur de 1,100 mètres, et terminé par un neuvième barrage. Les hommes durent se mettre dans l'eau jusqu'aux épaules. Le choléra commença à frapper aussi les chasseurs et fit bientôt des progrès effrayants.

Un cinquième fort ne fut reconnu que lorsque les canonnières furent sous ses canons.

La canonnière 18 était en tête et portait le guidon du commandant Bourdais : elle envoie un boulet au fort, qui riposte par trois coups qui portent : l'un atteint le bord, l'autre blesse un homme, l'autre enlève le cœur et le bras gauche du commandant Bourdais. Le fort est bientôt pris, la route est ouverte jusqu'à My-Thô ; mais l'homme dont le moral d'acier avait vaincu le choléra, les obstacles du canal, les forts qui en bordaient les rives, paya de sa vie le succès. Il avait à peine 40 ans et allait être nommé capitaine de vaisseau. Lorsqu'on recueillit ses restes, on put retrouver son bras, mais jamais on ne retrouva le cœur.

On consacra un jour à ses obsèques, deux jours à préparer l'attaque de My-Thô ; mais, quand on arriva en vue de la place, le contre-amiral Page avait remonté le Cambodge, vaincu un grand nombre d'obstacles, et, profitant de l'effroi qu'avait produit l'approche si parfaitement combinée des deux flottilles, était entré dans My-Thô sans tirer un coup de canon.

La campagne était finie, mais non les souffrances de l'armée.

Les différents corps prirent leurs quartiers d'hiver à Saï-gon ; mais le choléra était revenu avec les pluies torrentielles, qui faisaient du pays un vrai lac. Le chef de bataillon du génie Allizé de Matignicourt succomba à l'épidémie ; ce fut un deuil pour toute l'armée.

La basse Cochinchine était à nous ; l'amiral songea à l'organiser. Profitant de ce que le pays était divisé en sortes de communes obéissant à des maires et à des magistrats qui remplissaient les mêmes fonctions que nos préfets, il laissa, autant que possible, ces places aux indigènes, ne donnant que les plus importantes à des officiers du corps expéditionnaire.

Cependant, le vice-roi faisait, dans le mois de mai, des propositions de paix. L'amiral lui posa, comme conditions préliminaires, le libre exercice du culte chrétien, la cession de la basse Cochinchine, le libre commerce, des garanties pour la sûreté des Européens et une indemnité de guerre.

Tel est, Messieurs, le résumé bien rapide et bien sec de cette longue série de travaux, de dangers, de souffrances, de maladies, d'actes de patience, de dévouement et d'héroïsme, qu'on nomme les campagnes de Chine et de Cochinchine.

J'aurais voulu que le temps me permît de caractériser, par quelques épisodes, les vertus de guerre qu'ont mises en relief ces grandes actions, accomplies en partie par des Bretons, par bon nombre d'habitants des Côtes-du-Nord, et notamment par trois enfants de Saint-Brieuc, l'intrépide aspirant Frostin, tombé au champ d'honneur; le brave commandant Monjarret de Kerjégu ; enfin, l'illustre amiral qui a su inspirer tous ces courages, toute cette résignation, toute cette discipline.

Lorsque, au prix de tant de sacrifices, la croix a été relevée, le pavillon national glorieusement vengé, et une belle colonie acquise à la France en ces lointains parages, l'amiral Charner, en quittant ses troupes, était fondé à leur dire, dans un langage qui puisait une grande force dans sa simplicité même : « Dans ma longue carrière, je n'ai jamais rencontré une réunion d'officiers, de marins et de soldats, qui fussent plus généreusement animés de l'ambition si noble de faire leur devoir. »

Albert GESLIN DE BOURGOGNE,

SOUS-LIEUTENANT AU 3e LANCIERS.

TABLE DES MÉMOIRES

CONTENUS

DANS CE VOLUME.

———

TABLE DES PLANCHES.

SAINT-BRIEUC, IMPRIMERIE ET LITHOGRAPHIE DE L. PRUD'HOMME. — 1865.

VILLA GALLO-ROMAINE DE CAULNES.

CARRELAGE DE LA PLATE-FORME

de l'hypocauste placé sous la pièce N.º 1.ᵉʳ.

Echelle de 0.ᵐ 005 pour 1.ᵐ

PLAN DES RUINES GALLO-ROMAINES DE CAULNES.

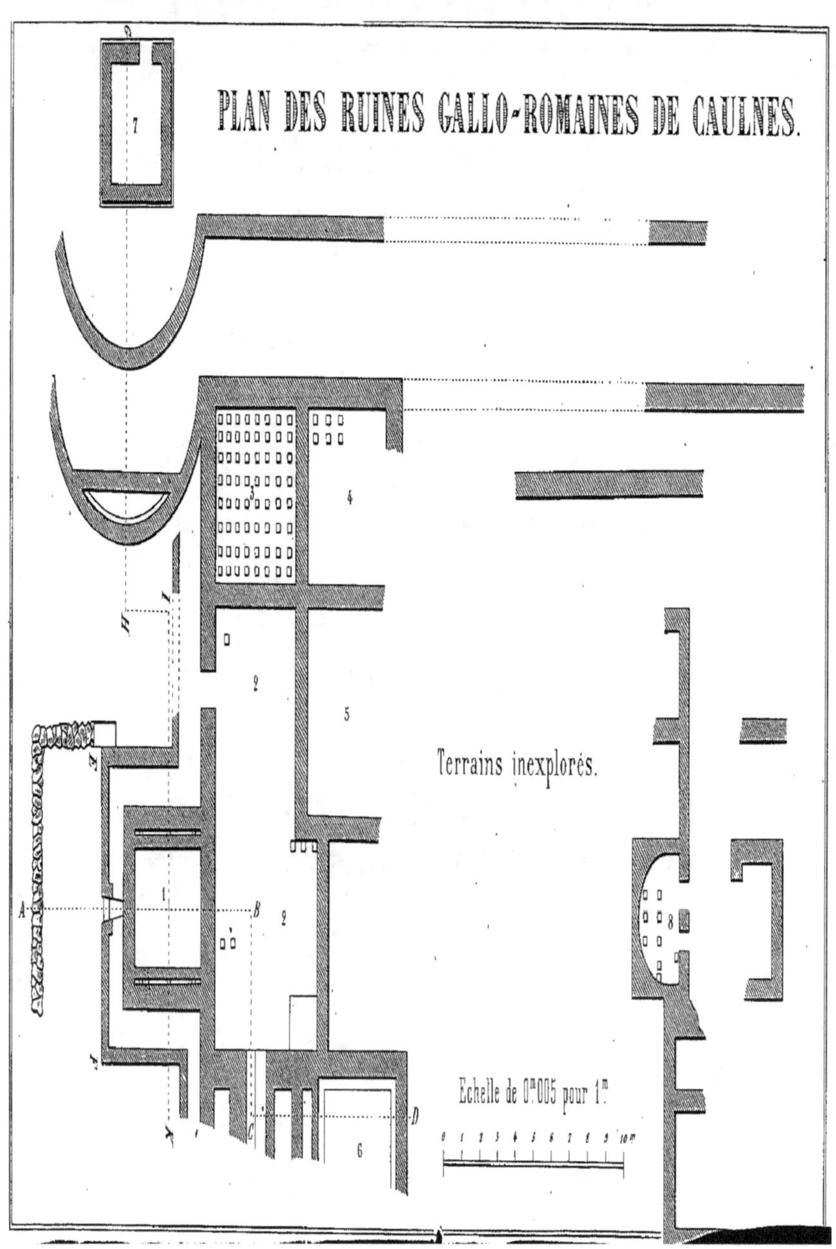

VILLA GALLO-ROMAINE DE CAULNES.

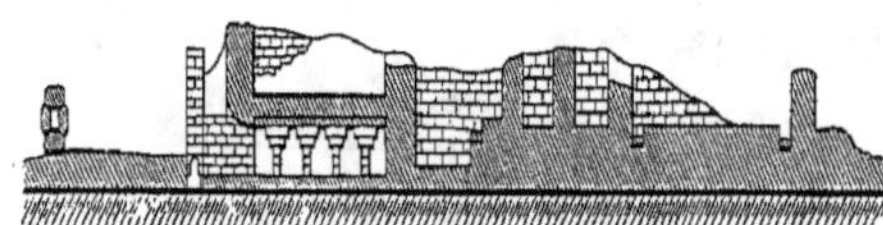

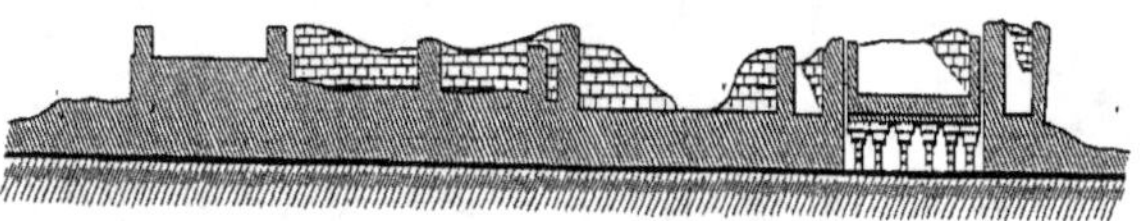

Echelle de 0ᵐ.005 pour 1ᵐ

LITH. L. PRUD'HOMME, ST BRIEUC.

LISTE DES CANTONS

Ordonnés suivant la proportion de réformés
pour défaut de taille.

(DE 1851 A 1859).

1 Ploubalay	3,17 sur 100	25 Plouagat	22,22 sur 100
2 Pléneuf	3,92	26 Loudéac	22,53
3 Lamballe	8,52	27 Mûr	22,59
4 Matignon	9,81	28 Pontrieux	22,63
5 Evran	11,06	29 Tréguier	22,98
6 Saint-Brieuc (Midi)	11,31	30 Lézardrieux	24,37
7 Plélan-le-Petit	11,50	31 Perros-Guirec	26,53
8 Saint-Brieuc (Nord)	11,51	32 Lanvollon	27,77
9 Moncontour	12,00	33 Lannion	28,40
10 Plancoët	13,18	34 Plouha	28,93
11 Merdrignac	13,60	35 Guingamp	29,72
12 Paimpol	13,72	36 Corlay	29,89
13 Etables	14,70	37 Plestin	30,00
14 La Chèze	14,76	38 Uzel	30,69
15 Jugon	14,91	39 Bourbriac	30,84
16 Chatelaudren	15,89	40 S.-Nicolas-du-Pélem	30,99
17 S.-Jouan-de-l'Isle	16,30	41 La Roche-Derrien	32,92
18 Quintin	18,15	42 Plouaret	34,20
19 Collinée	18,27	43 Rostrenen	34,57
20 Broons	18,78	44 Belle-Isle-en-Terre	37.75
21 Dinan (Est)	19,43	45 Gouarec	38,15
22 Plouguenast	20,10	46 Maël-Carhaix	38,40
23 Dinan (Ouest)	20,67	47 Callac	40,16
24 Plœuc	21,19 sur 100	48 Bégard	41,27 sur 100

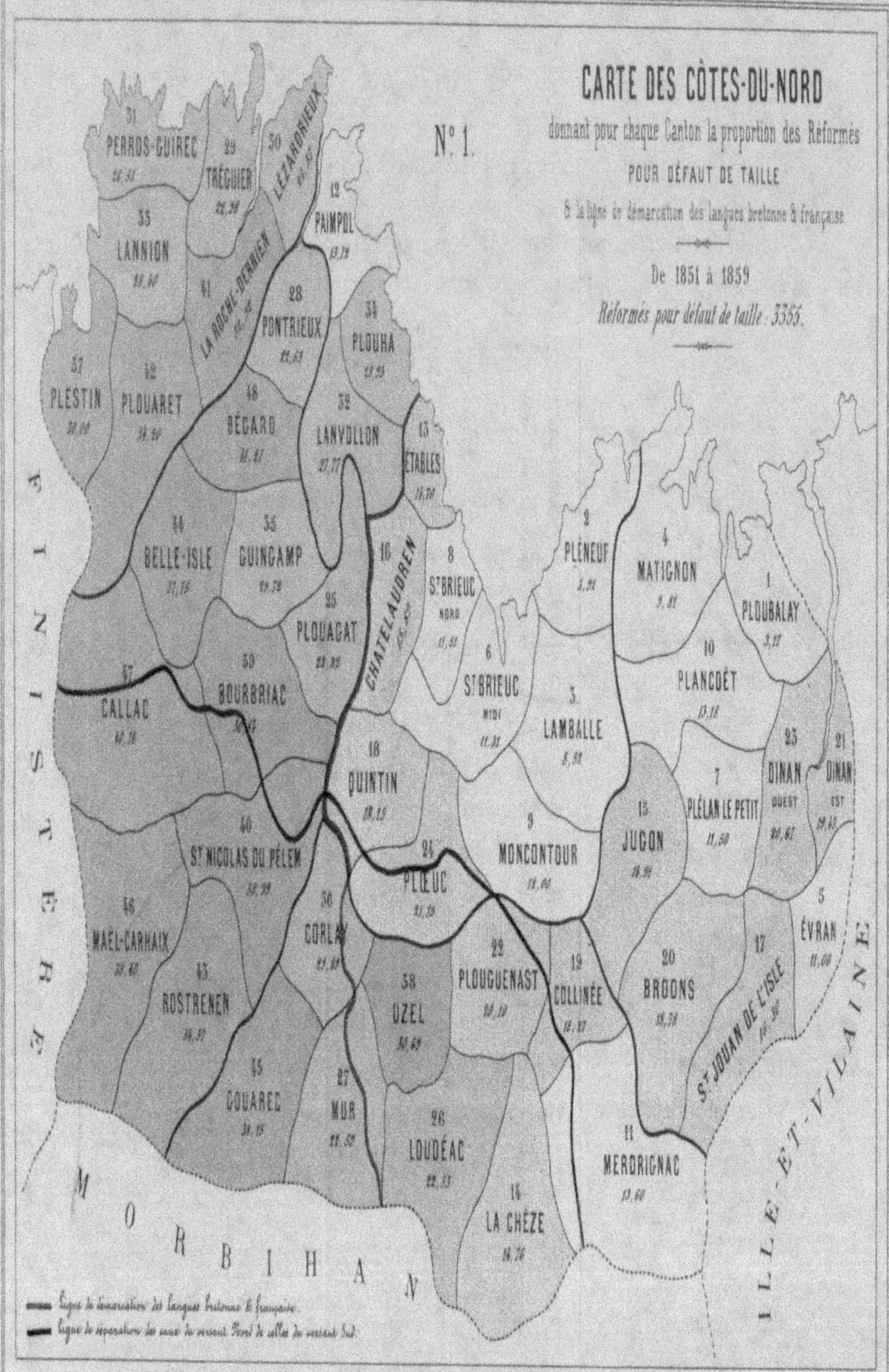
N° 1.
CARTE DES CÔTES-DU-NORD
donnant pour chaque Canton la proportion des Réformés
POUR DÉFAUT DE TAILLE
& la ligne de démarcation des langues bretonne & française
De 1851 à 1859
Réformés pour défaut de taille : 3355.
FINISTERE
MORBIHAN
ILLE-ET-VILAINE
31 PERROS-GUIREC
29 TRÉGUIER
30 LÉZARDRIEUX
12 PAIMPOL
35 LANNION
41 LA ROCHE-DERRIEN
28 PONTRIEUX
34 PLOUHA
37 PLESTIN
42 PLOUARET
48 BÉGARD
32 LANVOLLON
13 ÉTABLES
44 BELLE-ISLE
35 GUINGAMP
16 CHATELAUDREN
8 ST-BRIEUC NORD
2 PLÉNEUF
4 MATIGNON
1 PLOUBALAY
35 PLOUAGAT
47 CALLAC
39 BOURBRIAC
6 ST-BRIEUC MIDI
3 LAMBALLE
10 PLANCOËT
23 DINAN OUEST
21 DINAN EST
18 QUINTIN
40 ST-NICOLAS DU PÉLEM
24 PLÉUC
9 MONCONTOUR
15 JUGON
7 PLÉLAN LE PETIT
5 ÉVRAN
46 MAËL-CARHAIX
36 CORLAY
22 PLOUGUENAST
19 COLLINÉE
20 BROONS
17 ST-JOUAN DE L'ISLE
45 ROSTRENEN
38 UZEL
43 GOUAREC
27 MUR
26 LOUDÉAC
11 MERDRIGNAC
14 LA CHÈZE
Ligne de démarcation des langues bretonne & française.
Ligne de séparation des eaux du versant Nord de celle du versant Sud.
LITH. L. PRUD'HOMME, ST-BRIEUC.

LISTE DES CANTONS

Ordonnés suivant la proportion de réformés
pour maladies et infirmités.

(DE 1851 A 1859).

1 Matignon	28,17 sur 100	25 S.-Jouan-de-l'Isle	34,77 sur 100
2 Evran	28,23	26 Lanvollon	34,84
3 Chatelaudren	30,09	27 Merdrignac	34,84
4 La Chèze	30,16	28 Dinan (Ouest)	34,89
5 Lamballe	30,64	29 Belle-Isle-en-Terre	35,43
6 Plestin	30,75	30 Bégard	35,71
7 Bourbriac	30,78	31 Lannion	36,51
8 Loudéac	30,82	32 Plouaret	36,67
9 Pontrieux	30,83	33 Jugon	36,86
10 La Roche-Derrien	30,94	34 Ploubalay	37,00
11 Pléneuf	31,08	35 Tréguier	37,63
12 Plouguenast	31,52	36 Uzol	37,79
13 Broons	31,64	37 Etables	38,73
14 Dinan (Est)	31,64	38 S.-Nicolas-du-Pélem	39,14
15 Plouagat	31,89	39 Paimpol	39,28
16 Plancoët	32,28	40 Guingamp	39,56
17 Plœuc	32,38	41 Perros-Guirec	39,81
18 S.-Brieuc (Midi)	32,42	42 Maël-Carhaix	39,91
19 S.-Brieuc (Nord)	32,89	43 Corlay	40,08
20 Collinée	32,99	44 Lézardrieux	40,70
21 Plélan-le-Petit	33,14	45 Callac	41,23
22 Rostrenen	33,43	46 Gouarec	43,02
23 Moncontour	33,79	47 Mûr	45,87
24 Quintin	33,94 sur 100	48 Plouha	46,45 sur 100

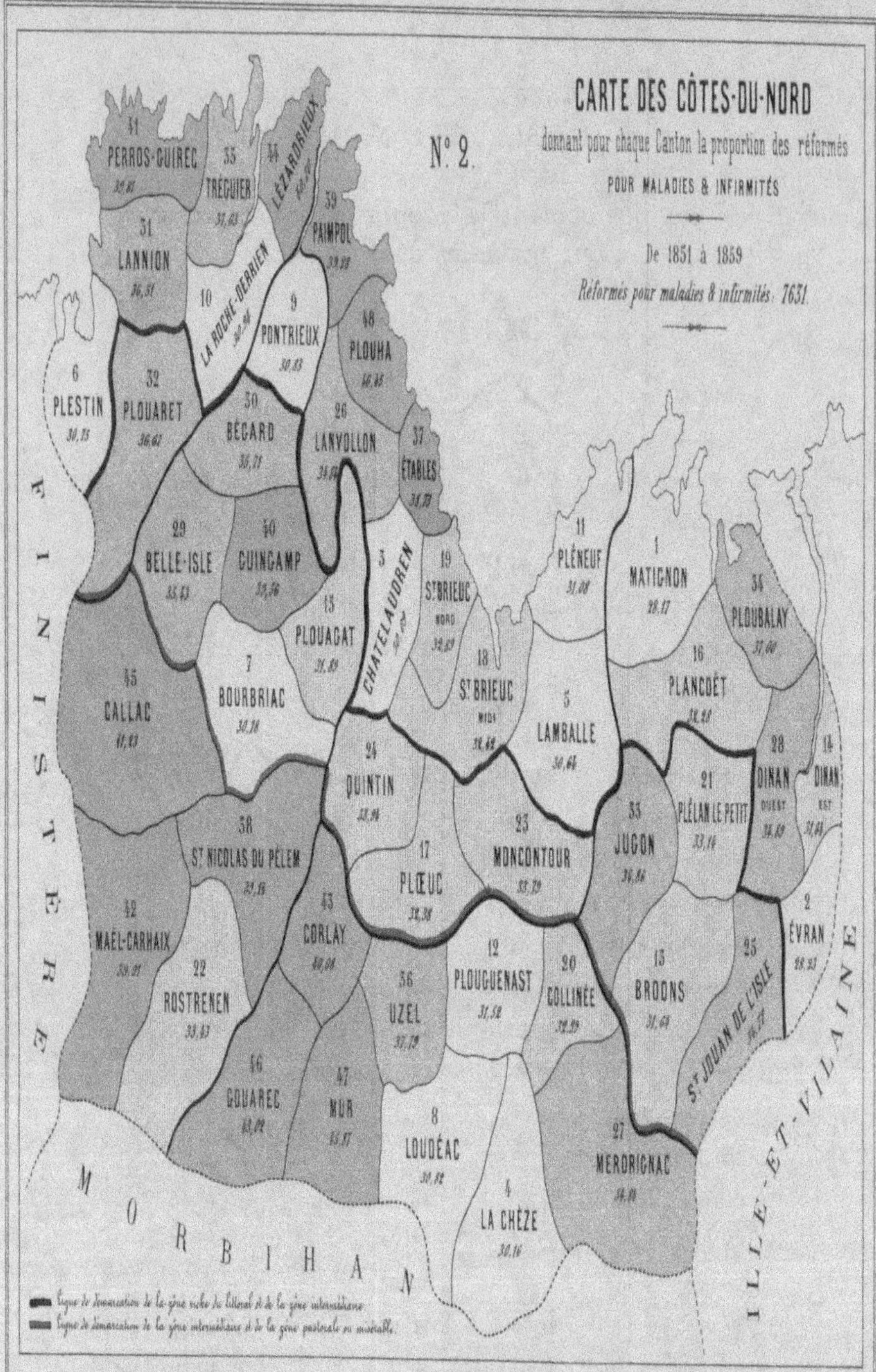

CARTE DES CÔTES-DU-NORD
donnant pour chaque Canton la proportion des réformés
POUR MALADIES & INFIRMITÉS
De 1851 à 1859
Réformés pour maladies & infirmités. 7631.
N° 2.
FINISTÈRE
MORBIHAN
ILLE-ET-VILAINE
41 PERROS-GUIREC
33 TRÉGUIER
34 LÉZARDRIEUX
39 PAIMPOL
31 LANNION
10 LA ROCHE-DERRIEN
9 PONTRIEUX
48 PLOUHA
6 PLESTIN
32 PLOUARET
30 BÉGARD
26 LANVOLLON
37 ÉTABLES
29 BELLE-ISLE
40 GUINGAMP
3 CHATELAUDREN
19 ST-BRIEUC NORD
11 PLÉNEUF
1 MATIGNON
34 PLOUBALAY
15 PLOUAGAT
7 BOURBRIAC
45 CALLAC
18 ST-BRIEUC MIDI
5 LAMBALLE
16 PLANCOËT
28 DINAN OUEST
14 DINAN EST
24 QUINTIN
23 MONCONTOUR
33 JUGON
21 PLÉLAN LE PETIT
38 ST-NICOLAS DU PÉLEM
17 PLŒUC
42 MAËL-CARHAIX
43 CORLAY
2 ÉVRAN
22 ROSTRENEN
36 UZEL
12 PLOUGUENAST
20 COLLINÉE
13 BROONS
25 ST-JOUAN DE L'ISLE
46 GOUAREC
47 MUR
8 LOUDÉAC
27 MERDRIGNAC
4 LA CHÈZE
Ligne de démarcation de la zone riche du littoral et de la zone intermédiaire
Ligne de démarcation de la zone intermédiaire et de la zone pastorale ou misérable.
LITH. L. PRUD'HOMME, ST-BRIEUC.

LISTE DES CANTONS

Ordonnés suivant la proportion de réformés
pour faiblesse de constitution.

(DE 1851 A 1859).

1 Chatelaudren.. . . .	6,00 sur 100		25 Tréguier.	10,47 sur 100
2 Ploubalay.	6,00		26 Plouha.	10,96
3 Pléneuf.	6,76		27 Uzel.	10,97
4 Paimpol.	7,52		28 Bourbriac.	11,42
5 Saint-Brieuc (Midi). .	7,82		29 Loudéac.	11,72
6 Evran.	7,83		30 Plœuc.	11,76
7 Matignon.	7,86		31 Plélan-le-Petit. . . .	11,82
8 Lanvollon.	8,13		32 Belle-Isle-en-Terre..	11,91
9 Plestin.	8,37		33 Perros-Guirec. . . .	12,00
10 La Roche-Derrien. .	8,40		34 Dinan (Ouest). . . .	12,13
11 Saint-Brieuc (Nord). .	8,47		35 Rostrenen.	12,28
12 Lamballe..	8,90		36 Jugon.	12,49
13 Plancoët.	9,12		37 La Chèze.	12,74
14 Pontrieux.	9,32		38 Merdrignac..	12,77
15 Broons..	9,36		39 Plouguenast.	12,85
16 Quintin.	9,59		40 Callac.	12,97
17 Bégard..	10,00		41 Plouagat..	13,23
18 Moncontour.	10,03		42 Etables.	13,50
19 Collinée.	10,20		43 Maël-Carhaix. . . .	13,75
20 Lézardrieux. !. . . .	10,42		44 Guingamp.	14,75
21 Plouaret.	10,47		45 S.-Nicolas-du-Pélem.	15,13
22 Dinan (Est).	10,53		46 Corlay..	16,41
23 Lannion.	10,57		47 Gouarec..	17,10
24 S.-Jouan-de-l'Isle. .	10,61 sur 100		48 Mûr..	22,57 sur 100

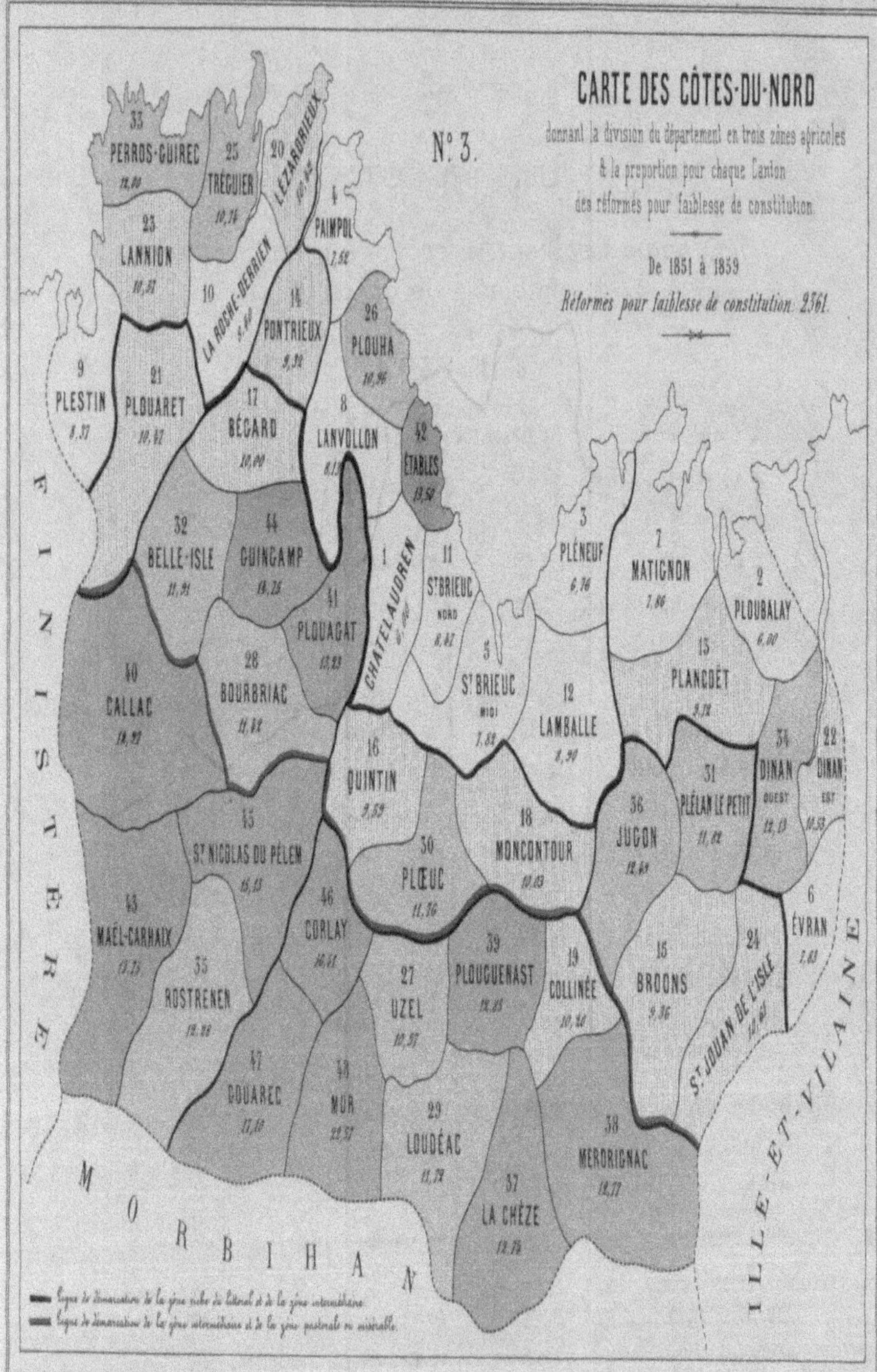

CARTE DES CÔTES-DU-NORD
donnant la division du département en trois zônes agricoles
& la proportion pour chaque Canton
des réformés pour faiblesse de constitution.
De 1851 à 1859
Réformés pour faiblesse de constitution. 2361.
N.º 3.
FINISTÈRE
MORBIHAN
ILLE-ET-VILAINE
33 PERROS-GUIREC 12,00
25 TRÉGUIER 10,14
20 LÉZARDRIEUX 10,42
4 PAIMPOL 7,52
23 LANNION 10,31
10 LA ROCHE-DERRIEN 6,44
14 PONTRIEUX 9,92
26 PLOUHA 10,96
9 PLESTIN 8,37
21 PLOUARET 10,82
17 BÉGARD 10,00
8 LANVOLLON 8,10
42 ÉTABLES 19,50
32 BELLE-ISLE 11,91
44 GUINGAMP 19,26
41 PLOUAGAT 12,83
1 CHATELAUDREN 4,10
11 ST BRIEUC NORD 8,82
3 PLÉNEUF 6,76
7 MATIGNON 7,86
2 PLOUBALAY 6,00
40 CALLAC 14,91
28 BOURBRIAC 11,82
5 ST BRIEUC MIDI 7,88
12 LAMBALLE 8,90
15 PLANCOËT 9,72
34 DINAN OUEST 12,13
22 DINAN EST 10,38
45 ST NICOLAS DU PÉLEM 16,13
16 QUINTIN 9,55
30 PLŒUC 11,36
18 MONCONTOUR 10,13
36 JUGON 12,49
31 PLÉLAN LE PETIT 11,82
43 MAËL-CARHAIX 19,75
46 CORLAY 16,51
27 UZEL 10,93
39 PLOUGUENAST 14,85
19 COLLINÉE 10,94
13 BROONS 9,36
24 ST JOUAN DE L'ISLE 14,61
6 ÉVRAN 7,43
35 ROSTRENEN 19,98
47 GOUAREC 17,10
48 MUR 22,57
29 LOUDÉAC 11,74
38 MERDRIGNAC 18,77
37 LA CHÈZE 19,76
LITH. L. PRUD'HOMME, ST BRIEUC.
Ligne de démarcation de la zône riche du littoral et de la zône intermédiaire.
Ligne de démarcation de la zône intermédiaire et de la zône pastorale ou misérable.

Tableau généalogique de la famille Boisgelin

Alain
- Olivier
  - Richard (vers 1409) ép. Sibille de Hillion
    - Geoffroy ép. Jeanne de Coetlogon
      - Tristan ép. J^e Bonnevoel
        - Jean ép. Jacq^te Le Floch (1398)
          - Robert (Partage de 1354) ép. Jeanne Le Page
            - François ép. Claude Conen
              - Robert ép. Sr de Méréilles
                - Robert ép. Anne Tolvais (1563)
                  - Gilles ép. 1. Anne de la Bondennaye, 2. Péligio Sallot (1625)
                    - Louis-Marcel (1633) ép. Agnès de Boisbaudry (1726)
                      - Pierre-Marie-Fidèle (1753) ép. Céleste Baude de St Père
                  - Robert ép. Jeanne Audrau
                    - Gilles ép. Mme Valois Audrau
                      - Claude ép. J^ne Riallay
                        - Gilles-Dominique ép. Marg^te de Lorme de Lapallière + 1794
                        - Thomas Vicaire g^l d'Aix - 1795
                        - Pierre-Louis Chev. de Malte
                - Gilles Sr de Kerdu, ép. Perronnelle Gourville
            - Thébaut Sr du Bois
          - Gilles Sr de Villefontaine, ép. F^se Le Boloy (1651), Sr de Kergomar
            - Pierre Sr de Boisgelin, ép. Marionette de Coëtnizan
              - Robert (1526) ép. Radegonde Garenot (1634)
                - Gabriel (1634) - François - Pierre - Gilles ép. Guillemette Oriot, St de Kermorvé, Sr de Kergoët, Sr de la Sauldraie
                  - Mathurin-Joseph (1670) ép. Anne Goërin (1694)
                    - René-Joseph (1694) ép. Charlotte Danno (1725)
                      - René-Gabriel (1798) - Charles-Eugène - Vincent-Alexandre ép. 1. Charlotte Tanqui de St Allenn, 2. Caët. Fleuriot, 3. Sainte de Boisgelin
                        - Bruno-Gabriel-Paul - Alexandre-Joseph ép. Cécile d'Harcouvais. Chevalier de Malte
          - Jean Sr de Kergomar
- Guillaume
  - Geoffroy ép. Catherine Conen
    - Yves Sr de Fontenelz, ép. Marg^te Le Borgne
      - Jeban ép. Marguerite de Rosmar (1456)
        - Amaury - Alain - Jeban - Pierre ép. Françoise Conen (1502)
          - Christophe ép. Mlle de Méhaud. - Jean Sr de la Vraie. (Partage de 1565)
            - Thébaut ép. Radegonde Nesmalec - François S^r d'Esquivoy, ép. Anne Brievaut (Partage de 1585)
              - Jean - Yves - Vincent - François ép. Gilonne Martin (1578)
                - Jean ép. 1. Renée Besin (1647), 2. Marg^te Bergevero
                  - Gabriel - Charles ép. Anne de la Bourdonnaye (1672)
                    - Renaud-Gabriel ép. 1. J^ne du Percil (1723), 2. J^ne d'Harcouat
                      - Anonyme + 1758 - Jean de Dieu Archev. d'Aix + 1804 - Louis-Bruno Baron de la Roche-Bernard, ép. Mlle Caët. de Boufflers - 1794.

Branche de Kersa.   Kerdu.   Plébédel.   Cucé.

N. – Le date qui suit, sans annotation, un nom masculin indique la naissance;
———— un nom féminin indique le mariage.

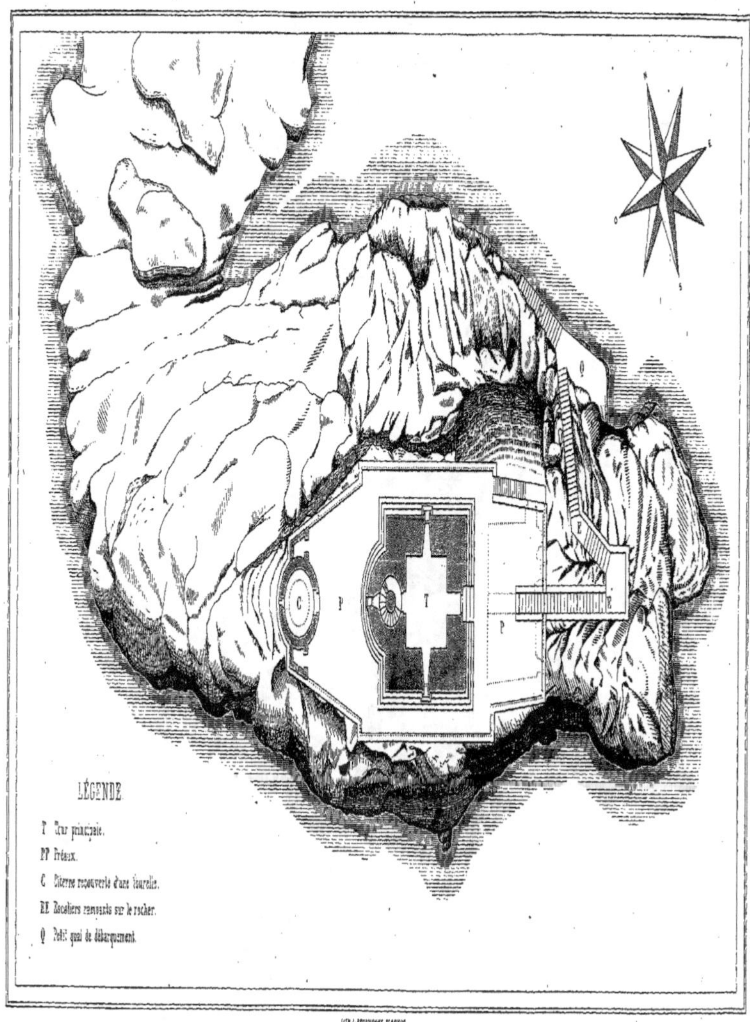
LÉGENDE
T   Tour principale.
PP Préaux.
C   Citerne recouverte d'une écuelle.
RR Rochers remontés sur le rocher.
Q   Petit quai de débarquement.

EXPÉDITION DE CHINE.

Croquis explicatif de la prise des forts du Pei-ho
et de la marche sur Pékin.

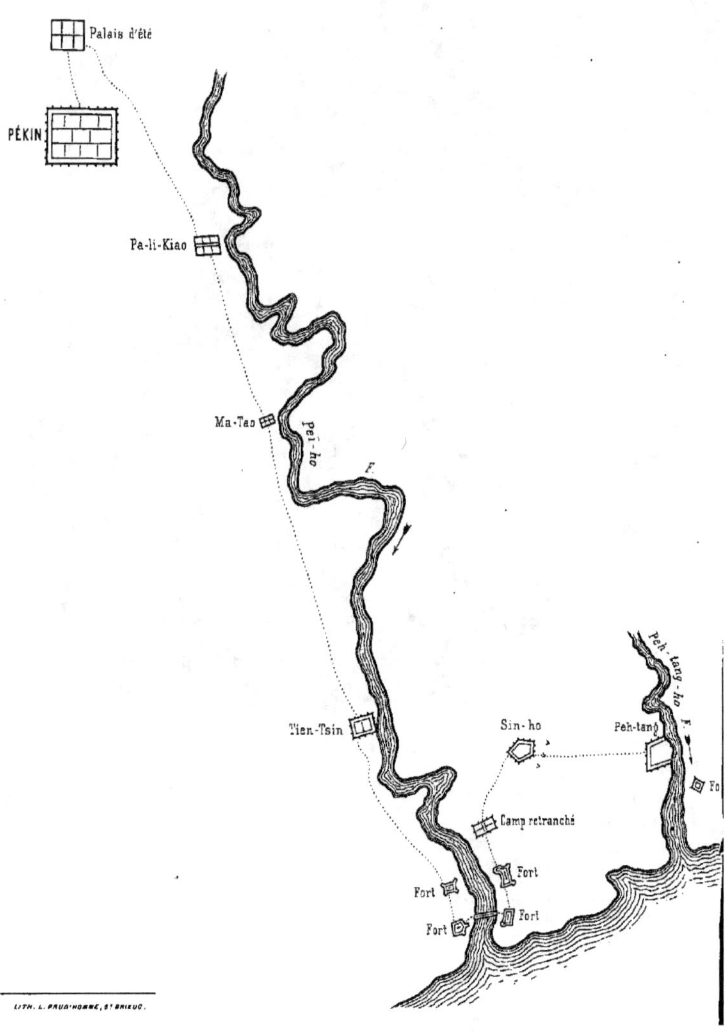

EXPÉDITION DE COCHINCHINE.

Défense de Saï-gon et prise des forts de Ki-Hoa.

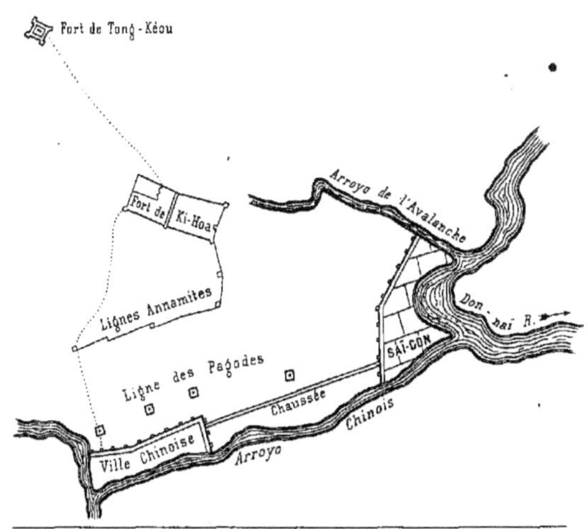

PRISE DE MY-THÔ.

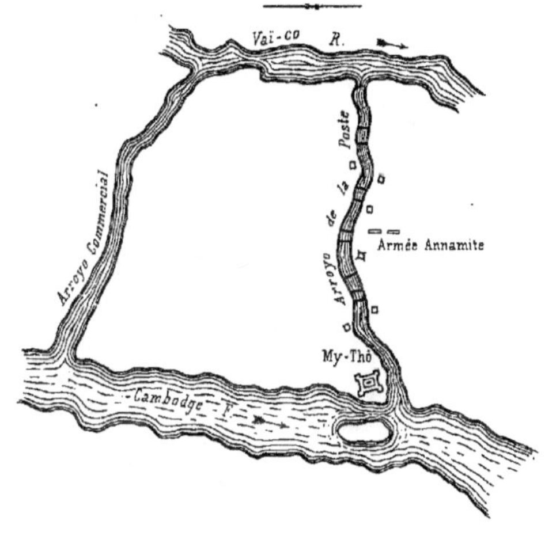